NHK出版 これならわかる
ロシア語文法
入門から上級まで

匹田 剛
Hikita Go

NHK出版

はじめに

ロシア語は、とかく「難しい」言語だと言われます。そう言われる理由の大部分は文法にあると言っても過言ではありません。でもそれは、半分は真実ですが、半分は間違いです。日本人にとって確かに難解な部分はありますが、その一方で「気づきもしないくらい当たり前で簡単」な事項もたくさんあるのです。

本書はロシア語の文法について調べるための「文法書」です。文法に関してわからないことが出てきたとき、この本で調べることによって明確な知識を蓄え、自信を持って次のステップに進んでいただくことができたら、この本を執筆した目的は達成できたと考えています。

また、外国語を学ぶ際には「習うより慣れよ」の学習と、精密にその仕組みを理解していく学習という2つのアプローチがありますが、本書は後者のために作られています。あらかじめ学習経験のある方を想定して書かれた記述もありますので、本書一冊でロシア語をゼロから学ぶのには向いていませんが、「習うより慣れよ」の学習を優先してきた方は、最初から最後まで通読することによっても大きな成果を得られることと思います。そうしていただけたら、それは著者にとって望外の喜びです。

本書の執筆に際し多くの文献を参考にしました。学史上の先人や私の恩師、先輩によるものがあるのはもちろんですが、若い研究者、さらには私が「教え子」と呼んでいい若手研究者によるものもあります。教え子から学びながら本を書く、これを「教師冥利に尽きる」と言わずに何と言いましょう。

ロシア語監修をご担当いただいたアナトリー・ヴァフロメーエフさんは、校正のみならず言語学者としての学識に基づくアドバイスも多数下さいました。また、ツォイ・エカテリーナさんとナディヤ・コベルニクさんにも、母語話者として、言語学者としてのアドバイスを頂きました。あわせて御礼申し上げます。

編集担当の小林丈洋さんには計画の段階からアドバイスを頂きながら、本書の具体化にご尽力頂きました。小林さん抜きで本書は形になりませんでした。篤く御礼申し上げます。

匹田 剛

目次

はじめに ……………………………………………………………… 2
本書の使い方 ………………………………………………………… 10

第0章 文法学習を始める前に
1 正書法の規則 …………………………………………………… 12
2 母音の硬軟 ……………………………………………………… 13
3 子音交替 ………………………………………………………… 14

第1章 名詞その1　性と数
1 名詞の性 ………………………………………………………… 16
　(1) 性はなぜ存在するのか …………………………………… 16
　(2) 数と性 ……………………………………………………… 18
　(3) 名詞の性の見分け方 ……………………………………… 18
　(4) 総性名詞 …………………………………………………… 22
　(5) 男性名詞が女性のように振る舞うとき ………………… 22
2 名詞の数 ………………………………………………………… 23
　(1) 複数主格形の基本的な作り方 …………………………… 23
　(2) 不規則な複数形 …………………………………………… 24
　(3) 複数形しかない名詞 ……………………………………… 27
　(4) 通常単数形を用いる名詞 ………………………………… 28

第2章 名詞その2　格
1 格とは何か ……………………………………………………… 30
2 主格 ……………………………………………………………… 31
　(1) 主格の形 …………………………………………………… 31
　(2) 主格の用法 ………………………………………………… 31
3 生格 ……………………………………………………………… 37
　(1) 生格の形 …………………………………………………… 37
　(2) 生格の用法 ………………………………………………… 37
　(3) 第2生格 …………………………………………………… 45
4 与格 ……………………………………………………………… 46
　(1) 与格の形 …………………………………………………… 46
　(2) 与格の用法 ………………………………………………… 46
5 対格 ……………………………………………………………… 50
　(1) 名詞の対格の形 …………………………………………… 50
　(2) 一致定語の対格の形 ……………………………………… 53
　(3) 対格の用法 ………………………………………………… 56

3

目次

- **6　造格** …… 57
  - (1) 造格の形 …… 57
  - (2) 造格の用法 …… 58
- **7　前置格** …… 65
  - (1) 前置格の形 …… 65
  - (2) 前置格の用法 …… 65
  - (3) 第2前置格 …… 66

第3章　名詞その3　名詞の変化

- **1　名詞の変化タイプ** …… 68
  - (1) 第1変化 …… 68
  - (2) 第2変化 …… 69
  - (3) 第3変化 …… 69
- **2　名詞の変化の基本パターン** …… 70
  - (1) 男性名詞 …… 70
  - (2) 中性名詞 …… 76
  - (3) 女性名詞 …… 79
- **3　名詞の変化・いくつかの注意点** …… 81
  - (1) -ий, -ие(-ье), -ия 終わりの名詞の変化 …… 81
  - (2) 名字の変化 …… 82
  - (3) 複数生格形について …… 83
  - (4) 複数造格形の例外 …… 86
  - (5) 出没母音 …… 86
- **4　アクセント移動** …… 89
  - (1) アクセント移動の仕組み …… 89
  - (2) アクセント移動のタイプ …… 90

第4章　代名詞

- **1　人称代名詞・再帰代名詞** …… 96
  - (1) 人称代名詞の変化 …… 96
  - (2) 人称代名詞の用法 …… 97
  - (3) 再帰代名詞 себя …… 99
- **2　所有代名詞** …… 100
  - (1) 所有代名詞の変化 …… 101
  - (2) 所有代名詞に関する注意点 …… 102
- **3　指示代名詞** …… 104
  - (1) этот と тот …… 104

(2) сей ··· 106
 　　(3) такóй ··· 107
 4 その他の代名詞 ·· 108
 　　(1) 定代名詞 сам ··· 108
 　　(2) друг дрýга ··· 109

第5章　疑問詞とそれに関係するもの

 1 疑問詞 ··· 110
 　　(1) 疑問代名詞 ·· 110
 　　(2) 疑問所有代名詞 ··· 111
 　　(3) 疑問形容詞 ·· 111
 　　(4) 疑問数量詞 ·· 112
 　　(5) 疑問副詞 ··· 113
 　　(6) 疑問詞を使わず да/нет で答える疑問文 ··················· 115
 　　(7) 譲歩の表現 ·· 116
 　　(8) 間接疑問文 ·· 116
 2 関係詞 ··· 117
 　　(1) 関係代名詞 ·· 118
 　　(2) 関係副詞 ··· 126
 3 否定代名詞 ·· 127
 　　(1) ни- ·· 127
 　　(2) нé-＋疑問詞＋不定形 ·· 128
 4 不定代名詞 ·· 130

第6章　形容詞

 1 さまざまな形容詞 ··· 133
 　　(1) 長語尾形と短語尾形 ··· 133
 　　(2) 性質形容詞と関係形容詞 ····································· 133
 2 長語尾形 ··· 134
 　　(1) 基本変化 ··· 134
 　　(2) 混合変化 ··· 135
 3 短語尾形 ··· 137
 　　(1) 短語尾形のアクセント ·· 138
 　　(2) 短語尾形と正書法の規則 ····································· 139
 　　(3) 短語尾形の出没母音 ··· 139
 　　(4) 軟変化の短語尾形 ·· 140
 　　(5) 特殊な短語尾形 ··· 141

目次

    (6) 副詞として用いる形容詞短語尾中性形 …………………………… 142
    (7) 述語として用いる長語尾形と短語尾形の違い ………………… 142
  4 比較級・最上級 ……………………………………………………… 144
    (1) 比較級 ……………………………………………………………… 144
    (2) 最上級 ……………………………………………………………… 150
  5 所有形容詞 …………………………………………………………… 152

第7章 動詞その1　動詞の変化

  1 動詞の変化の全体像 ………………………………………………… 155
  2 語幹について ………………………………………………………… 156
    (1) 語幹の子音交替 …………………………………………………… 156
    (2) 語幹の交替 ………………………………………………………… 157
  3 動詞の変化 …………………………………………………………… 158
    (1) 体と時制 …………………………………………………………… 158
    (2) 非過去形 …………………………………………………………… 160
    (3) 過去形 ……………………………………………………………… 169
    (4) -ся 動詞 …………………………………………………………… 172

第8章 動詞その2　体について

  1 体（アスペクト）とは ………………………………………………… 175
  2 体の形式 ……………………………………………………………… 176
    (1) 体による変化形の意味の違い …………………………………… 176
    (2) 体の作り方と見分け方 …………………………………………… 177
  3 体の基本的な使い分け ……………………………………………… 181
    (1) 進行／完了（結果残存） ………………………………………… 181
    (2) 継続／一瞬 ………………………………………………………… 182
    (3) 繰り返し／一回 …………………………………………………… 182
    (4) 事実関係の確認、経験の不完了体 ……………………………… 184
  4 その他の体の使い分けについて …………………………………… 185
    (1) 注意すべき体の使い方 …………………………………………… 185
    (2) 不定形の体 ………………………………………………………… 187
    (3) 命令形の体 ………………………………………………………… 190

第9章 動詞その3　移動動詞

  1 いろいろな移動動詞 ………………………………………………… 192
    (1) 移動動詞の種類 …………………………………………………… 192
    (2) 移動動詞の変化：現在形（＝非過去形） ……………………… 193

  (3) 移動動詞の変化：過去形 ……………………………… 195
  (4) 定向動詞と不定向動詞の用法 ………………………… 196
  (5) быть を使った表現 …………………………………… 199
 2　接頭辞による動詞の派生 …………………………………… 200
  (1) 接頭辞による派生のメカニズム ……………………… 200
  (2) 主な接頭辞と用法 ……………………………………… 202
 3　その他気をつけるべき点 …………………………………… 206
  (1) 「行く」の現在、過去、未来の最も自然な言い方 …… 206
  (2) 移動動詞が特殊な意味を持つ場合 …………………… 207

第10章　動詞その4　命令、仮定法、受動態など

 1　命令 …………………………………………………………… 209
  (1) 命令形の作り方 ………………………………………… 209
  (2) 命令に関わる表現いくつか …………………………… 213
 2　仮定法 ………………………………………………………… 215
  (1) 条件と帰結 ……………………………………………… 215
  (2) 願望の仮定法 …………………………………………… 217
  (3) чтóбы と仮定法 ……………………………………… 218
  (4) 譲歩「たとえ〜であっても」 ………………………… 220
 3　-ся 動詞の使い方 …………………………………………… 221
 4　受動態 ………………………………………………………… 223
  (1) ロシア語の受動態の作り方 …………………………… 223
  (2) 受動態に代わるもの …………………………………… 226

第11章　形動詞と副動詞

 1　形動詞 ………………………………………………………… 228
  (1) 4つの形動詞 …………………………………………… 228
  (2) 能動形動詞現在 ………………………………………… 229
  (3) 能動形動詞過去 ………………………………………… 231
  (4) 受動形動詞現在（被動形動詞現在） ………………… 233
  (5) 受動形動詞過去（被動形動詞過去） ………………… 234
  (6) 形動詞と関係代名詞の違い …………………………… 238
 2　副動詞 ………………………………………………………… 240
  (1) 2つの副動詞 …………………………………………… 240
  (2) 不完了体副動詞（副動詞現在） ……………………… 241
  (3) 完了体副動詞（副動詞過去） ………………………… 243
  (4) 副動詞の注意すべき点 ………………………………… 245

目次

第12章 副詞と状況語
1 状況語 …… 247
2 さまざまな副詞・状況語 …… 247
 (1) 様態 …… 247
 (2) 時間 …… 250
 (3) 空間 …… 258
 (4) 強め …… 262
 (5) 文副詞 …… 264
3 述語副詞 …… 266
 (1) 述語副詞とは …… 266
 (2) 述語副詞のタイプ …… 267
 (3) 可能性、必要性・義務など …… 268
4 一致する状況語 …… 269

第13章 前置詞
1 さまざまな前置詞 …… 271
 (1) 語源から見た前置詞 …… 271
 (2) 前置詞の特徴 …… 275
 (3) 注意すべき前置詞の使い方 …… 276
2 前置詞が形を変えるとき …… 282
 (1) o が添加される場合 …… 282
 (2) о/об/обо …… 284
3 前置詞へのアクセント移動 …… 284
 (1) 特定の慣用句のアクセント移動 …… 285
 (2) за, на, по のアクセント移動 …… 285

第14章 接続詞と節構造
1 2種類の接続詞 …… 287
2 等位接続詞 …… 288
 (1) 等位接続構造 …… 288
 (2) 等位接続詞の種類 …… 288
3 従属接続詞 …… 293
 (1) 主節と従属節 …… 294
 (2) 従属節と語順 …… 294
 (3) 従属接続詞の種類 …… 295

第15章 数量詞・数詞

1 さまざまな数量詞・数詞 ･･･ 305
 (1) 個数詞 ･･ 305
 (2) 集合数詞 ･･ 330
 (3) 数詞以外の数量詞と数量を表す語 ･･ 331
 (4) 順序数詞 ･･ 338

2 概数表現 ･･ 340
 (1) 倒置による「約、およそ」･･ 340
 (2) 副詞による「約、およそ」･･ 340
 (3) 前置詞によるさまざまな概数表現 ･･ 341

3 分数・小数 ･･ 342
 (1) 分数と小数 ･･ 342
 (2) その他の分数・小数の表現 ･･ 344

第16章 文の種類や仕組み

1 さまざまな文型 ･･ 347
 (1) 文の要素 ･･ 347
 (2) 主要成分が揃っていない文 ･･ 350

2 語順について ･･ 356
 (1) なぜ語順が変わるのか ･･ 357
 (2) 文法的な制約について ･･ 358

第17章 一致に複数の可能性があるとき

1 数に関して ･･ 362
 (1) 主語と述語の一致:等位接続構造 ･･･ 362
 (2) 主語と述語の一致:数量詞句 ･･ 365

2 性に関して ･･ 368
 (1) 総性名詞 ･･ 368
 (2) 職業や社会的立場を表す子音終わりの男性名詞 ････････････････････････････ 368
 (3) -а/-я 終わりの男性名詞 ･･ 370

付録

文法事項索引 ･･ 372
ロシア語索引 ･･ 376

参考文献 ･･ 380

本書の使い方

　本書はロシア語文法の研究書ではなく、学習者の疑問に応えるための解説書です。そのため、ときに厳密さよりも理解のしやすさを優先しています。ロシア語学上は同じ品詞に分類されるものでも意図的に別々の章で解説したり、学習上はそれほど重要でない専門用語をあえて省いたりもしました。一方、すでに学習経験のある方を想定している記述も多いため、わからない文法項目が出たとき索引を利用して適宜参照する、という使い方をしていただくのがよいでしょう。本文中にも、そこで出てきた文法用語の説明がどこを見れば書いてあるか参照ページを記してありますので、そちらもご利用ください。

　第0章ではすべての文法事項に関わる3つの基礎知識について解説しています。第1章からは主に品詞ごとに項目をまとめました。ところどころで、最優先の知識ではないけれどさらに追加として覚えておくと理解の助けになるような事項を、「補足」というコーナーで補っています。

　なお、文法書の性格に鑑み、発音の解説はしていません。また、個別の単語の意味やニュアンスの解説は最小限にとどめています。意味の分野は辞書が担うものですので、本書と辞書を併用して、ぜひ効率的な学習を進めてください。

▶ **参照ページについて**
文中に出てきた用語や文法事項について、ほかのページで詳しい解説をほどこしてある場合は、そのつど（☞ p.00 ）という記号で参照すべきページを示しています。

▶ **アクセントについて**
ロシア語の単語は前置詞など一部を除いて、どこか1か所にアクセントがあります。本書ではアクセント記号（´）によってその位置を示しています（ただし、1音節の単語は必ずそこにアクセントがあるので、記号を付けないのが慣例になっています）。一部にアクセントの位置が1か所に定まっていない単語や変化形があります。その場合は最も一般的な位置を示すようにしました。時に合成語などで通常のアクセントよりもやや弱めのアクセント（第2アクセント）がある単語がありますが、これは発音上重要度が高いと思われる場合のみ記してあります。また、一部の前置詞などではその語の持つアクセントが通常のアクセントなのか、あるいはそれよりは弱い第2アクセントなのか、判断が分かれる場合もあります。本書ではそのような場合、強弱よりも「どこにアクセントがあるか」が重要と考え、とくに第2アクセントを区別していません。

▶ **索引について**
日本語の文法事項索引とロシア語索引に分かれています。原則的に、章、節の見出しになっているような大きな項目は参照先として複数のページを示しました。それより小さな項目は解説部分の先頭のページを示してあります。解説がいくつかの箇所に分かれている場合、主要な解説のあるページを太字で示してあることがあります。まずは太字のページを参照するようにしてください。

第 0 章 文法学習を始める前に

本章では、多くの章に共通して関わるいくつかの「前提」を見ていきます。いずれのポイントも、頭の中に入れておくとロシア語の文法がだいぶ整理できて簡単になりますので、大切な知識です。必要に応じて適宜参照してください。

1. 正書法の規則

ロシア語の単語の変化を理解するのに、ここでご紹介する正書法の規則を理解しているのといないとでは記憶の負担がだいぶ違ってきます。正書法の規則は以下の通りです。

> { ы, я, ю } は г, к, х, ж, ч, ш, щ の直後にあるとそれぞれ { и, а, у } に書き換えられる。

例えば、кни́га「本」の複数形を考えてみましょう。通常 -а 終わりの名詞の複数形は、語尾が -ы になります（ p.23 ）。だとすると予想される複数形の形は、

　　　　кни́гы

となるはずです。しかし、正書法の規則により г の直後に ы と書くことはできず、自動的に и に書き換えられ、結果的に кни́га の複数形は、

　　　　кни́ги

となります。

また、слы́шать「聞く、聞こえる」の非過去形（＝現在形）の変化は第2変化（ p.166 ）ですので、

　　я слы́шю, ты слы́шишь, он слы́шит,
　　мы слы́шим, вы слы́шите, они́ слы́шят

となるはずですが、このうち я слы́шю と они́ слы́шят の2つが正書法の規則に触れます。ш の直後に ю と я は書けませんので、やはり自動的に у と а に書き換えられ、結果的に以下のようになります。

　　я слы́шу, они́ слы́шат

この規則はロシア語のさまざまなところで顔を見せ、とくに単語の

変化に微妙な影響を与えますので、重要です。原則として、例外はありません。つまり、ロシア語の本を端から端まで探しても、жы とか щя などという文字の連続はどこにもないということです。仮にあったとしても、それは外国語を無理にロシア文字でつづった場合など、特殊なケースです。

　また、これを覚えるだけで、ロシア語の単語の変化がだいぶ単純になります。例えば、形容詞の変化はこの規則を考慮に入れないと硬変化Ⅰ、硬変化Ⅱ、軟変化、混合変化Ⅰ、混合変化Ⅱ、混合変化Ⅲ（形容詞の変化タイプについては☞ p.134-137 ）の6種類がありますが、正書法の規則を考慮に入れると、実は硬変化Ⅰ、硬変化Ⅱ、軟変化の3種類しかないことがわかります。

2. 母音の硬軟

　ロシア語の母音を表す文字は全部で10個あり、**硬母音字**と**軟母音字**に分かれます。

硬母音字 :	а, ы, у, э, о
軟母音字 :	я, и, ю, е, ё

　なぜこれらの母音が「硬い」あるいは「軟らかい」のかは、「ロシア人がそう感じるから」としか言いようがありません。私は学生時代にロシア人の先生から「日本人は『っ』を『つまる音』、『ん』を『はねる音』と言うけど、我々から見たらなぜつまっているのか、はねているのかはわかりません。それと同じですよ」と教わったことがあります。

　これら硬軟の母音は、発音上次のような対応関係にあります。

硬母音	а	ы	у	э	о
軟母音	я	и	ю	е	ё

　おおざっぱに言えば、硬母音がア行音だとしたら軟母音はヤ行音です。
　ところが、文法を考えると違った対応関係を考えなければなりません。まず、硬母音のэは特殊な母音で、ほとんどの場合は外来語（этáж「階」、эгоúст「エゴイスト」など）や間投詞（эй「おい」、эх「ああ」など）

のような特殊な単語だけで使われるものです。

また、ёには必ずアクセントが置かれ、さらにёは変化に際してアクセントがなくなるとeに変わります。つまり、eとёは実は同じものであることが頻繁にあります。

これらを踏まえて、文法を考える上では硬母音と軟母音は次のように対応していると考えてください。

硬母音	a	ы	y	o
軟母音	я	и	ю	e/ё

そして、硬母音（とくに a, ы, y）が現れる単語の変化を<u>硬変化</u>、軟母音（とくに я, и, ю）が現れる単語の変化を<u>軟変化</u>と言うことがあります。でも、この対応を念頭に置いて例えば形容詞の変化を見ると、実は硬変化と軟変化はほとんど同じものであることがわかります。例えば次の表は、красный「赤い」（硬変化Ⅰ）と синий「青い」（軟変化）という、2つの別の変化タイプとされる形容詞の単数・男性形だけ抜き出したものです。ここで ы＝и、o＝e だと考えると、実際には全く同じように変化していることがわかります。

	赤い（硬変化Ⅰ）	青い（軟変化）
主格	кра́сный	си́ний
生格	кра́сного	си́него
与格	кра́сному	си́нему
対格	кра́сный	си́ний
造格	кра́сным	си́ним
前置格	кра́сном	си́нем

また、この母音の対応関係を考慮してみると、形容詞以外のさまざまな品詞でも、実は同じものと見なせる変化形がたくさんあります。文法を整理する際の参考にしてください。

3. 子音交替

動詞の変化や造語の際などに、語幹の末尾の子音が交替することが

あります。子音交替は不規則なものも含めていろいろなパターンがありますが、その中でも規則的に見られる主要な子音交替は以下のa)～c) の3通りです。

　これ以外にも規則的とは言えないパターンもありますし、どこでどのような子音交替が起こるか、必ずしも予測通りにいくわけではありません。しかし、これら主要なものを頭に入れておくだけで変化の予想がついたり、あるいは初めて見る単語でも派生の元の単語が何かわかったりすることが増えますので、何かと便利です。

a) 1対1で対応するもの

- **з** ➡ **ж**：вози́ть 運ぶ (不定形) ➡ вожу́ (現在形1人称単数)
- **с** ➡ **ш**：проси́ть 頼む (不定形) ➡ прошу́ (現在形1人称単数)
- **т** ➡ **ч**：плати́ть 払う (不定形) ➡ плачу́ (現在形1人称単数)
- **д** ➡ **ж**：ви́деть 見る (不定形) ➡ ви́жу (現在形1人称単数)
- **х** ➡ **ш**：маха́ть 振る (不定形) ➡ машу́ (現在形1人称単数)
- **к** ➡ **ч**：рука́ 手 (名詞) ➡ ручно́й 手の (形容詞)
- **г** ➡ **ж**：кни́га 本 (名詞) ➡ кни́жный 本の (形容詞)
- **ц** ➡ **ч**：лицо́ 人物 (名詞) ➡ ли́чный 個人の (形容詞)

b) 2文字が1文字に融合するもの

- **ст** ➡ **щ**：чи́стить 清める (不定形) ➡ чи́щу (現在形1人称単数)
- **ск** ➡ **щ**：иска́ть 探す (不定形) ➡ ищу́ (現在形1人称単数)

c) б, п, в, ф, м の後に л が追加されるもの

б, п, в, ф, м はすべて唇を使って発音する子音です。

- **б** ➡ **бл**：люби́ть 愛する (不定形) ➡ люблю́ (現在形1人称単数)
- **п** ➡ **пл**：терпе́ть 耐える (不定形) ➡ терплю́ (現在形1人称単数)
- **в** ➡ **вл**：гото́вить 準備する (不定形)
  ➡ гото́влю (現在形1人称単数)
- **ф** ➡ **фл**：графи́ть 罫線を引く (不定形)
  ➡ графлю́ (現在形1人称単数)
- **м** ➡ **мл**：эконо́мить 節約する (不定形)
  ➡ эконо́млю (現在形1人称単数)

第 1 章 名詞その1　性と数

名詞は動詞と並んで言語の最も中核をなす品詞です。本章では名詞の性と数について見ましょう。

1. 名詞の性

　ロシア語の名詞には性別があります。人間や動物のように実際に性別があるものならまだしも、性別のない「鉛筆」や「パソコン」「海」「色」などあらゆる名詞に性別があります。このような名詞の性別はあくまでもロシア語の文法の中でのフィクションです。混乱を避けるため現実の性別を自然性、文法上の性別を文法性と呼ぶこともあります。
　ロシア語には男性・中性・女性の3つの文法性があります。

（1）性はなぜ存在するのか

　現実に性別を持つ人や動物を表す活動体名詞（☞ p.50）は、多くの場合文法性＝自然性ですが、ロシア語は現実に性別のない不活動体名詞（☞ p.50）にまで性別があります。我々がそれを理解して覚えなければならないのは、名詞の性別がさまざまなほかの語に影響を与え、自らと同じ性別になることを要求するからです。名詞の性が影響を与える主なものとして次のようなものがあります。

a）名詞を修飾する語
　◆形容詞（☞ p.133-137）
　　интере́сный журна́л　おもしろい雑誌　（男性）
　　интере́сная кни́га　おもしろい本　（女性）
　◆指示代名詞（☞ p.104-108）
　　э́та тетра́дь　このノート　（女性）
　　э́то письмо́　この手紙　（中性）
　◆所有代名詞（☞ p.100-104）
　　мой стол　私の机　（男性）

ва́ше окно́ あなたの窓（**中性**）
◆所有形容詞（☞ p.152~154）
Ива́ново де́тство イワンの少年時代（**中性**）
ма́мина ко́мната お母さんの部屋（**女性**）

b）述語
◆動詞の過去形
Сын уже́ **прочита́л** кни́гу.
息子はもう本を読んでしまった。（**男性**）
Ма́ма давно́ не **была́** в То́кио.
お母さんは長いこと東京に来ていない。（**女性**）
◆長語尾・短語尾の述語形容詞
Мой сын **у́мный**.
私の息子は賢い。（**男性**）
Ната́ша о́чень **краси́ва**.
ナターシャはとても美しい。（**女性**）

c）関係代名詞

студе́нтка, **кото́рая** живёт здесь ここに住んでいる女子学生（**女性**）
письмо́, **кото́рое** он пи́шет 彼が書いている手紙（**中性**）

d）人称代名詞

Э́то мой сын. **Он** у́чится в шко́ле.
これは私の息子です。彼は学校で学んでいます。（**男性**）
Э́то моя́ мать. **Она́** живёт в дере́вне.
これは私の母です。彼女は田舎に住んでいます。（**女性**）

補足

述語名詞は主語と同じ性になることも、違う性になることもあります。必ずしも同じ性である必要はありません。

Ма́ша — студе́нтка.   マーシャは学生です。（**女性・女性**）
Моя́ мать — врач.   私の母は医師です。（**女性・男性**）
Мой пода́рок — кни́га. 私のプレゼントは本です。（**男性・女性**）

（2）数と性

ロシア語の性は、単数でのみその区別があり、複数になると区別はなくなります。次の例で、журна́л「雑誌」は男性名詞、кни́га「本」は女性名詞ですが、それらの複数形 журна́лы と кни́ги を修飾する形容詞 интере́сные「おもしろい」の形に違いはありません。

интере́сные журна́лы　おもしろい雑誌（複数）
интере́сные кни́ги　おもしろい本（複数）

また、複数形の ма́льчики「少年たち」と де́вочки「少女たち」を主語にする動詞の過去形はどちらも男女の区別なく同じ複数形です。

Ма́льчики **слу́шали**.　少年たちは聞いていた。
Де́вочки **слу́шали**.　少女たちは聞いていた。

このように、ロシア語の性別は複数では見えなくなります。

（3）名詞の性の見分け方

a）語末による見分け方

多くの場合、ロシア語の名詞は語末を見ると性別が識別できます。

男性名詞		
-子音	стол　机	студе́нт　学生
-й	трамва́й　路面電車	геро́й　英雄
-ь	портфе́ль　かばん	учи́тель　教師

中性名詞		
-о	окно́　窓	письмо́　手紙
-е	мо́ре　海	ударе́ние　アクセント
-мя	и́мя　名前	вре́мя　時間

女性名詞		
-а	кни́га　本	актри́са　女優
-я	неде́ля　週	тётя　おばさん
-ь	дверь　ドア	ночь　夜

末尾が -мя 終わりの名詞は、-я 終わりの場合と違い中性です。つまり статья「論文」や неделя「週」などの -я 終わりの名詞は女性名詞ですが、-мя 終わりの名詞は中性名詞となります。変化も特殊ですので注意してください（☞ p.76-77）。このタイプの中性名詞は例外的なもので、以下の10個だけと言われています。

  и́мя　名前 вре́мя　時間 зна́мя　旗 пле́мя　種族
  се́мя　種子 стре́мя　あぶみ бре́мя　重荷
  вы́мя　家畜の乳房 пла́мя　炎 те́мя　頭頂部

> **学習のヒント**
>
> 末尾が -мя の中性名詞は例外的ではありますが、上で最初に挙げた2つ（и́мя, вре́мя）は頻度が高い重要語です。

b) 語末で見分けられない名詞

i) -а/-я 終わりの男性名詞

-а/-я 終わりでも、示している対象が男の人である場合は、自然性が優先されて男性名詞となるものが多く存在します。

  па́па　お父さん дя́дя　おじさん де́душка　おじいさん
  ю́ноша　青年 Ники́та　ニキータ（**男性名**）
  Воло́дя　ワロージャ（**男性名**）

これらは -а/-я で終わっているので一見女性のようですが、男性名詞です。次の例の наш, пришёл が男性形になっていることに注意してください。

  наш де́душка　我々のおじいさん
  Па́па **пришёл**.　お父さんがやって来た。

> **補足**
>
> ただし、必ずしも実際の性別に関係なく男性とされている -а/-я 終わりの名詞も、時にはあります。
>
>   ста́роста　長老、級長 судья́　審判、裁判官
>
> また、数は少ないですが、-о 終わりや -е 終わりの男性名詞も存在します。
>
>   подмасте́рье　弟子 воронко́　黒馬

1.1 名詞の性

ii) 指小形・愛称形・指大形の性

ロシア語の名詞は、それが小さいこと、かわいらしいこと、大きいことを含意する特別な形を派生させることがあり、それぞれ指小形、愛称形、指大形と呼ばれます。それらの語も、多くは通常通り語末を見れば性別がわかりますが、時々元の語の性別が受け継がれている場合がありますので、注意が必要です。確認する癖をつけてください。

домишко (＜дом) 小さい家 ― 指小形。дом が男性なので、指小形も男性。
зайка (＜заяц) ウサギさん ― 愛称形。заяц が男性なので、愛称形も男性。
домище, домина (＜дом) 大きな家 ― 指大形。дом が男性なので、指大形も男性。

iii) -ь で終わる名詞の性

-ь 終わりの名詞は男性名詞の場合と女性名詞の場合があります。
- 男性名詞 ➡ писатель 作家　　руль ハンドル　　январь 1月
- 女性名詞 ➡ дверь ドア　　вещь 物　　обувь 靴

-ь 終わりの名詞の性を判別するために、いくつかのヒントがあります。まず、-ь 終わりの男性名詞と女性名詞では変化の仕方が違うので、学習がある程度進んで一部でも変化を覚えていれば、それがヒントになることがあります（それぞれの変化は 👉 p.71, 80~81 ）。

また、-жь, -чь, -шь, -щь 終わりの名詞は女性名詞です。ж, ч, ш, щ はその後ろに ь を付けても発音は変わりません。つまり ж でも жь でも、あるいは ч でも чь でも、全く同じ発音であることになります。でも、意味がないわけではありません。名詞の末尾が -жь, -чь, -шь, -щь となっている場合、それらはこの名詞が女性名詞であることを示します。以下はいずれも女性名詞です。

ложь うそ　　ночь 夜　　мышь ネズミ　　вещь 物

逆に言えば、ь のない以下の語はいずれも男性名詞です。

муж 夫　　мяч ボール　　душ シャワー　　товарищ 同僚

また、いくつかの接尾辞はそれ自体が性を区別する手がかりになりますので、少しずつ覚えていきましょう。

◆「～する人」を表す **-тель** 終わりの名詞は男性名詞
　писа́тель　作家（＜書く人）　　учи́тель　教師（＜教える人）
　чита́тель　読者（＜読む人）

◆形容詞を名詞化する **-ость** 終わりの名詞は女性名詞
　опа́сность　危険（＜опа́сный「危険な」）
　мо́лодость　若さ（＜молодо́й「若い」）

ただし、гость「客」は形容詞を名詞化したものではありませんので、男性名詞です。

iv）不変化の外来語の性

外来語の中には一切変化しない**不変化名詞**があります。不変化名詞の多くは一見しただけでは性別がわかりませんが、ある程度の予測はつけられます。

◆不活動体（☞ p.50）は中性
　пальто́　コート　　такси́　タクシー　　ви́ски　ウイスキー
　метро́　地下鉄　　интервью́　インタビュー　　кафе́　カフェ

例外として、ко́фе「コーヒー」は男性名詞です。ただし、中性名詞扱いをすることもあります。

　чёрный/чёрное ко́фе　ブラックコーヒー

また、その語を含む上位の概念の語（例えば、「チューリップ」に対する「花」、「キュウリ」に対する「野菜」、「モスクワ」に対する「都市」など）に影響を受けて性別が決まることもあります。

　Со́чи　ソチ（＜го́род　都市）➡ **男性名詞**
　Миссиси́пи　ミシシッピ川（＜река́　川）➡ **女性名詞**

◆活動体（動物）は男性
　по́ни　ポニー　　шимпанзе́　チンパンジー　　конферансье́　司会者

ただし、明らかに雌の場合は、女性扱いになることもあります。

　Шимпанзе́ **корми́ла** детёныша.
　チンパンジー（雌）が子どもに食べさせていた。

人間については、性別が最初から意味に含まれている場合もあります。その場合は名詞の文法性もその性別に従います。

ле́ди レディ（**女性名詞**）　мада́м マダム（**女性名詞**）
мосье́ ムッシュ（**男性名詞、俗語**）

また、以下のように隠れている上位概念語に影響を受けて文法性が決まることもあります。

ива́си イワシ（＜ры́ба 魚）➡ **女性名詞**
цеце́ ツェツェバエ（＜му́ха ハエ）➡ **女性名詞**

（4）総性名詞

人間を示す -а/-я 終わりの名詞の中に、指示する人物が男性なら男性名詞として、女性なら女性名詞として振る舞う名詞があり、総性名詞（両性名詞、双性名詞）と呼ばれます（第17章も参照 ☞ p.368）。

скря́га けちん坊　　неве́жа 不作法者　　пья́ница 酒飲み
со́ня 寝坊　уби́йца 殺人者

Мой па́па — **ужа́сный** скря́га.
私のお父さんはひどいケチです。
Моя́ ма́ма — **ужа́сная** скря́га.
私のお母さんはひどいケチです。

総性名詞は上の例でも見て取れますが、なぜか否定的な意味を表すものが多いと言われています。しかし、以下のように否定的とは言えないものもないわけではありません。

у́мница 賢い人　　колле́га 同僚

（5）男性名詞が**女性のように**振る舞うとき

男性名詞の職業名などが実際には女性を指示している場合、女性名詞のように振る舞うことがあります。

На́ша врач **пришла́**. 我々の医師がやって来た。（**女医の場合**）

ただ、このような女性扱いは主格以外ではできず、以下のような言い方はできません（詳しくは第17章 ☞ p.368~370 ）。

✗ Вы зна́ете **на́шу** врача́? 私たちの医師を知っていますか？
　　＊この文は女医の場合でも不可。

2. 名詞の数

英語と同様に、ロシア語の名詞は単数と複数で形が変わりますが、その形はすべての名詞で共通ではなく、いくつかのパターンがあります。複数形の中で最も基本的なのは複数主格形ですので、まずは以下にその作り方をまとめます。主格以外の複数形は時にこの形を出発点に考えたほうがいい場合もありますので、重要です。なお、この節では主格についてのみ解説し、特に記載がなければ、「複数形」とは複数主格形を意味します（主格以外については ☞ p.70~89 ）。

（1）複数主格形の基本的な作り方

基本的に、単数形の語尾の形により、複数形の語尾の形が決まります。

男性名詞の複数形		
-子音（語尾なし）→ -ы	-й → -и	-ь → -и
студе́нт → студе́нты 学生 журна́л → журна́лы 雑誌	геро́й → геро́и 英雄 трамва́й → трамва́и 路面電車 санато́рий → санато́рии 保養所	писа́тель → писа́тели 作家 гость → го́сти 客 портфе́ль → портфе́ли カバン

女性名詞の複数形		
-а → -ы	-я → -и	-ь → -и
газе́та → газе́ты 新聞 ма́ма → ма́мы お母さん	статья́ → статьи́ 論文 неде́ля → неде́ли 週 тётя → тёти おば	дверь → две́ри ドア ночь → но́чи 夜 тетра́дь → тетра́ди ノート

中性名詞の複数形		
-о → -а	-е → -я	-мя → -мена́
письмо́ → пи́сьма 手紙	пла́тье → пла́тья ワンピース	и́мя → имена́ 名前
окно́ → о́кна 窓	зда́ние → зда́ния 建物	вре́мя → времена́ 時間
кре́сло → кре́сла 安楽いす	мо́ре → моря́ 海	

正書法の規則（☞ p.12~13）により、以上のパターンから外れることもあるので、注意が必要です。

 ма́льчик ➡ **ма́льчики**（✕мальчикы）
 кни́га ➡ **кни́ги**（✕книгы）

（2）不規則な複数形

（1）で示した基本的な作り方から外れる名詞があります。これらは単語ごとに覚えるしかありませんが、ほとんどは以下のパターンにまとめることができます。

a）-а/-я となる男性名詞

子音終わり（＝語尾なし）あるいは -ь 終わりの男性名詞は、通常 -ы、-и になりますが、ときどき -а、-я になるものがあります。いずれの場合でも、アクセントは語尾にあります。

 го́род ➡ **города́** 都市
 профе́ссор ➡ **профессора́** 教授
 учи́тель ➡ **учителя́** 教師

b）-ья となる男性名詞

子音終わり（＝語尾なし）の男性名詞は通常 -ы、-и になりますが、ときどき -ья になるものがあります。

 брат ➡ **бра́тья** 兄、弟
 стул ➡ **сту́лья** いす

ただし、以下のように意味によって複数形の形が違う場合もあります。

　　　　лист ➡ ли́стья　葉っぱ　＊「紙」の意味だと листы́。
　　　　зуб ➡ зу́бья　（歯車、ノコギリの）歯　＊「(人や動物の)歯」の意味だと зу́бы。

次のように子音が交替したり、語幹の累加（この項のg ☞ p.26 ）が起こったりするものもあります。

　　　　друг ➡ друзья́　友人　　сын ➡ сыновья́　息子

中には -ь 終わりの名詞が同様の複数形を作ることもあります。

　　　　князь ➡ князья́　公爵

c) -ин 終わりの人を表す名詞

　単数形が -ин 終わりで人を表す男性名詞の多くは、複数形で -не となります。

　　　　россия́нин ➡ россия́не　ロシア国民
　　　　англича́нин ➡ англича́не　イギリス人

ただし、このタイプにもいろいろな変種があります。

　　　　хозя́ин ➡ хозя́ева　主人
　　　　господи́н ➡ господа́　主人
　　　　болга́рин ➡ болга́ры　ブルガリア人

-ин 終わりでないものが複数形で -не となる例もあります。

　　　　цыга́н ➡ цыга́не　ロマ民族

d) 動物の子どもを表す -ё(о)нок, -ё(о)ночек

　動物の子どもを表す語の単数形は -ё(о)нок, -ё(о)ночек になることが多く、その複数形は不規則な形になります。

　　　　цыплёнок ➡ цыпля́та　ヒヨコ
　　　　мышо́нок ➡ мыша́та　子ネズミ
　　　　цыплёночек ➡ цыпля́тки　ヒヨコ（指小形）
　　　　мышо́ночек ➡ мыша́тки　子ネズミ（指小形）

ただし、щенók「子犬」は щенкú/щеня́та の両方が可能です。また、俗語的な言い方ですが、мышóнок の複数形として мышóнки、мышонóчек の複数形として мышонóчки という形もないわけではありません。

e）男性名詞や女性名詞のように複数形を作る中性名詞
一部の中性名詞には男性名詞や女性名詞のような複数形になるものもあります。

 я́блоко ➡ **я́блоки**　りんご

 окóшко ➡ **окóшки**　小窓

 плечó ➡ **плéчи**　肩

f）複数形だけ軟変化になるもの（☞ p.73~74）
まれに、基本的な作り方では複数形が -ы となるはずが、-и になる単語があります。

 сосéд ➡ **сосéди**　隣人

 чёрт ➡ **чéрти**　悪魔

g）語幹の累加が起こるもの
単数形の語幹に少し付け加えたものが複数形の語幹になることがあります。このような現象を語幹の累加と呼びます。

 мать ➡ **мáтери**　母

 сын ➡ **сыновья́**　息子

 ＊сыновья́ は累加が起こるだけでなく複数の語尾も通常と異なります（この項のb）☞ p.24 ）。

h）複数形では形が全く異なるもの
複数形になると語幹が全く別の形に変わるものがあります。

 человéк ➡ **лю́ди**　人

 ребёнок ➡ **дéти**　子ども

i）e/ё の交替が起こるもの

アクセントが移動しただけでなく、e/ё の交替が起こるものもあります。

  сестра́ ➡ **сёстры** 姉、妹

> **学習のヒント**
>
> 以上が基本的な複数形の作り方から外れるパターンです。こういう語の複数の格変化がどうなるか、初めはわかりにくいと思いますが、「複数主格形で基本から外れることが起こると、残りの格の複数形は基本的に複数主格形を元にして作る」と覚えておきましょう（複数形の格変化は 👉 p.70-89）。

（3）複数形しかない名詞

名詞には基本的に単数形と複数形がありますが、なかには**複数形しかない名詞**も存在します。

  часы́ 時計   но́жницы はさみ
  брю́ки ズボン   духи́ 香水
  са́ни ソリ   вы́боры 選挙
  су́тки 一昼夜(=丸一日、24時間)

以上の名詞はいずれも、実際いくつあるかにかかわらず必ず複数形を使います。それに対して以下のものは2つをペアで使用するものですので、複数形で使われることが普通ですが、たまに片方だけで存在しているときに単数形が使われることもあります。このような名詞は、辞書によっては、複数形を見出しにしている場合と単数形を見出しにしている場合があります。

  сапоги́（単数形 сапо́г） ブーツ
  лы́жи（単数形 лы́жа） スキー
  та́почки（単数形 та́почка） スリッパ

数詞の「2、3、4」に付く名詞は単数生格に変化することが要求されるので、これらの名詞は数詞「2、3、4」とは使えません。**集合数詞**（👉 p.309, p.330-331）を使うか、ほかの名詞を助数詞的に用いてそれに数字を付けます（👉 p.309）。

（4）通常単数形を用いる名詞

不可算名詞（数えられない名詞）は、通常複数形は用いません。不可算名詞には以下のようにいくつかのタイプがあります。

a）物質名詞

以下のような名詞は物質名詞と呼ばれます。

молоко́　ミルク　　во́дка　ウォッカ
вино́　ワイン　　мя́со　肉
кислоро́д　酸素

物質名詞は液体など、どこからどこまでが一つなのかを認識できない、形の定まっていないものを指す名詞です。通常は単数も複数もありませんので、単数形で表現します。ただし、複数の種類がある場合などは複数形を使うこともあります。

ра́зные ви́на　さまざまなワイン

それでも複数形が存在しないものも、ないわけではありません。例えば молоко́「ミルク」は複数形が完全に存在しない物質名詞の例です。このような名詞に複数の種類があることを伝えるためには、複数の種類があることを、сорт「種類」など別の語を用いてはっきりと言わざるを得ません。

ра́зные **сорта́** молока́　さまざまな種類のミルク

b）集合名詞

以下のような名詞は集合名詞と呼ばれます。

молодёжь　若者　　ме́бель　家具
наро́д　民衆、国民　　толпа́　群衆

集合名詞は集団を一つのまとまりとして見るものです。その中の個々に注意を向けない言い方ですので、通常は複数形を用いません。ただ、集団が複数ある場合は複数形も用います。

  наро́ды ми́ра 世界の諸民族

c）抽象名詞

以下のような名詞は**抽象名詞**と呼ばれます。

  красота́ 美 мо́лодость 若さ
  темнота́ 闇 вы́бор 選択

抽象的で具体性のない概念ですので、通常は単数も複数もなく、単数形を用います。ただ、同じ名詞でも具体的な意味で用いると複数形になることもあります。

  ра́зные **красо́ты** さまざまな景勝地
  вы́боры президе́нта 大統領選挙

第2章 名詞その2 格

格は名詞が文中で果たしている役割を示すための仕掛けで、多くの言語にあるものですが、ロシア語の場合は学習上とくに重要なポイントです。本章では名詞の格について見ていきましょう。

1. 格とは何か

品詞の中で最も基本的で重要なものは名詞と動詞で、文はその名詞と動詞によって基本的な骨組みができあがっています。例えば、

Мáльчик читáет кни́гу. 少年が本を読んでいる。

であれば、動詞 читáет を中心として、主語の мáльчик、目的語の кни́гу がそれに加わって文が構成されています。この場合、мáльчик は**主格**であることでこの文の主語だということを、кни́гу は**対格**であることで目的語だということを表しています。

つまり、**格**とは文の中でその名詞がどんな役割を果たしているのかを表現するためにあります。日本語であれば、「少年**が**」「本**を**」のように助詞を使って表すところですが、ロシア語はそれを名詞の変化によって表現します。

ロシア語には全部で以下の6つの格があり、それぞれがそれぞれの役割を持っています。

主格、生格、与格、対格、造格、前置格

しかし、ことばの使い方が非常に多様であるのに対して格が6つしかないことは、それぞれの格にさまざまな使い方があるということを意味します。以下、本章ではそれぞれの格の形と使い方の概略を見てみましょう（名詞の変化の全体像と詳細については第3章 ☞ p.68-95 ）。

2. 主格

(1) 主格の形

主格はロシア語の名詞の最も基本的な格です。ロシア語の名詞は原則的に単数主格形が**辞書の見出し**となるいわば基本形で、その形を見ると性別がある程度判別できます（性別についての詳細は第1章 ☞ p.16~23）。また、複数形（☞ p.23~29 、☞ p.70~89）や次節以下に出てくるそれぞれの格の形も、単数主格形を出発点として覚えておくのが最も合理的です。以下に主格形の最も基本的な形を示します。

主格形

		単数形		複数形
男性名詞	-子音（語尾なし）	журна́л	-子音 ы	журна́лы
	-й	геро́й	-и	геро́и
	-ь	портфе́ль	-и	портфе́ли
中性名詞	-о	ме́сто	-а	места́
	-е	мо́ре	-я	моря́
	-мя	и́мя	-мена	имена́
女性名詞	-а	газе́та	-ы	газе́ты
	-я	неде́ля	-и	неде́ли
	-ь	тетра́дь	-и	тетра́ди

* и́мя の複数形 имена́ は、厳密に言うと имен- までが語幹で、語尾は -а です（詳しくは第3章 ☞ p.76~77）。
* 語幹の末尾が г, к, х, ж, ч, ш, щ の場合、正書法の規則（☞ p.12~13）に従って、複数形の語尾 -ы が -и に、-я が -а になります。
  това́рищ ➡ това́рищи 同僚（＜това́рищы）
  ба́бушка ➡ ба́бушки おばあさん（＜ба́бушкы）
  учи́лище ➡ учи́лища 学校（＜учи́лищя）

(2) 主格の用法

a) 主語

主格の最も重要な機能は主語を表すことです。動詞や形容詞などの述語で表される行為や状態を担っている人や物を表します。

Ма́ма сейча́с отдыха́ет. お母さんは今休んでいる。
Пришёл **мой друг**. 私の友人がやって来た。
Я его́ не зна́ю. 私は彼を知らない。
Моя́ маши́на не рабо́тает. 私の車は壊れている。
Не́бо голубо́е. 空は青い。

ただし、「これは〜です」という文では、это「これ」も名詞「〜」もどちらも主格です。過去形や未来形では、это ではなく後ろの名詞の性と数に合わせて動詞が変化します。

Э́то **была́** шко́ла.
これは学校だった。
Э́то **был** наш дом.
これは私たちの家だった。
Э́то **бу́дет** моя́ рабо́та.
これは私の仕事になるだろう。
Э́то **бу́дут** интере́сные фотогра́фии.
これはおもしろい写真になるだろう。

> **補足**
>
> это は次のような文においても現れることがあります。よく見ると、この場合は это がなくても文は成立しています。このような это の役割はその次に続く要素を強調することです。
>
> **Э́то** она́ игра́ла в э́том фи́льме. この映画に出演したのは彼女だ。
> **Э́то** она́ меня́ предупреди́ла. 私に警告したのは彼女だ。
> **Э́то** он винова́т. 悪いのは彼だ。

b）述語

「AはBだ（A＝B）」を表す быть の現在形（быть の変化については p.156）の文では、述語は主格になります。

Москва́ — **столи́ца** Росси́и. モスクワはロシアの首都だ。
Он **студе́нт**. 彼は学生だ。

быть の現在形として есть という形がありますが、これは主語の人称や数によって変化することは一切ありません。また、「A＝B」の構文においては例文のように省略されるのが普通です。その場合、主語と述語の間にダッシュ（—）を置きます。主語が代名詞や это の場合、ダッシュは通常省略されます。

ただし、同じ **быть** を使った文でも、過去形と未来形では述語名詞は基本的に主格になることはなく、造格になります（☞ p.59~61）。

Он был **студе́нтом**.
彼は学生だった。

Он бу́дет **студе́нтом**.
彼は学生になる。

ただし、過去形や未来形の場合、近年は少なくなっているものの、述語名詞が主格になることがないわけではありません。

Он был до́брый **челове́к**.
彼は善良な人だった。

Он был **не́мец**.
彼はドイツ人だった。

参考書などに「一時的な状況を示しているときは造格、永続的な状況を示している場合は主格」という説明が見られることがあります。例えば、上の「学生」はあくまで数年間の一時的な状況だから造格なのに対して、「善良な人」や「ドイツ人」というのは一生続く状態だから主格になっている、ということです。ただ、これには多くの例外が見られるだけではなく、今日では主格は次第に使われなくなり、使われたとしてもこれらは文体的な違いにすぎない、とする文献もあります。最初は「**быть** が現在形の場合、述語名詞は主格、それ以外では造格」と覚えておくほうが得策でしょう。

また、同じ「A＝B」の関係が成立する述語名詞（英語のいわゆるSVC構文やSVOC構文のC）でも、ほかの動詞では主格ではなく造格になります。

Он стал **студе́нтом**.
彼は学生になった。

Он счита́ется хоро́шим **студе́нтом**.
彼は優秀な学生と見なされている。

Они́ счита́ют его́ хоро́шим **студе́нтом**.
彼らは彼を優秀な学生と見なしている。

ただし、называ́ть「呼ぶ」、называ́ться「呼ばれる」、звать「呼ぶ」など一部の動詞（主に人や物の呼称に関わるもの）では主格になることもあります。

Его называ́ли «**волк/во́лком**».
彼を人々は「狼」と呼んだ。
Э́та у́лица называ́ется **Центра́льная/Центра́льной**.
この通りは中央通りと呼ばれている。

звать「呼ぶ」を用いて名前を伝える表現では、主格になる傾向が強いようです。

Его́ зову́т **Ва́ня**. 彼の名前はワーニャです。

c) 呼びかけ

呼びかけには主格が用いられます。

Ива́н Фёдорович! イワン・フョードロヴィチ！
Ма́ма! お母さん！
Уважа́емый господи́н Президе́нт! 尊敬する大統領閣下！

> **補足**
>
> かつては呼格 (呼びかけるときに使われる特別な格形) が存在していました。
> Го́споди! 主よ！ (＜госпо́дь)
> Бо́же мой! 神よ！ (＜бог)
> О́тче наш! 父よ！ (＜оте́ц)
> など現在でも使われる形は、いずれもかつて存在した「呼格」の名残です。もちろん、これらは慣用句として使われているだけで、本来の意味は失われています。例えば Го́споди! や Бо́же мой! は本当に神様になにがしかの用事があるわけではなく、単に驚きなどの感情を表現しているだけの場合がほとんどですし、О́тче наш! を子どもたちがお父さんに向かって呼びかけるときに使うことはありません。

また、口語では呼びかける際に、以下のように最後の母音 -a や -я を脱落させることもしばしばあります。

Мам! (＜ма́ма) お母さん！
Нин! (＜Ни́на) ニーナ！
Коль! (＜Ко́ля) コーリャ！

d）名辞文（名指し文）

ただ名詞だけで「〜だ」というタイプの文があります。この「〜」の部分が主格の名詞で表されます。動詞は быть があると考えられますが、現在形ですので省略されます（名辞文については第16章も ☞ p.356 ）。

Весна́. 春だ。
Краси́вый го́род. 美しい町だ。

過去や未来のときにはもちろん動詞は省略できません。動詞は唯一の主格名詞に合わせて変化します。

Бы́ло хоро́шее вре́мя.
良い時代だった。
Бу́дет хоро́шая пого́да.
良い天気だろう。

e）同格の固有名詞

〔名詞＋固有名詞〕というふうに名詞に固有名詞を**同格**で付加した場合、名詞のほうは格によって変化しても固有名詞のほうは主格のまま、ということがあります。

Он написа́л пье́су «**Дя́дя Ва́ня**».
彼は戯曲《ワーニャおじさん》を書き上げた。
Она́ чита́ла в газе́те «**Пра́вда**» статью́ про интерне́т.
彼女はプラウダ紙でインターネットに関する記事を読んだ。
Я рабо́таю на берегу́ о́зера **Байка́л**.
私はバイカル湖のほとりで働いている。
Раке́та приближа́ется к плане́те **Вене́ра**.
ロケットは惑星の金星に近づいている。

ただし、固有名詞が名詞と同じ格に変化することもしばしばあります。例えば、名詞が го́род「都市、市」や река́「川」などの場合は、しばしば格が同じになります。

в го́роде **Москве́** モスクワ市で
на реке́ **Днепре́** ドニエプル川で

f)「〜のような」

　名詞を修飾して как「〜のような」と比喩的に喩えて言う場合、「〜」の部分の名詞は主格となります。名詞を修飾しない「〜のように」などについては、第14章も参照（ p.301~302 ）。

в таки́х стра́нах, **как Аме́рика**
アメリカのような国では
У тако́го челове́ка, **как я**, нет наде́жды.
私のような人間には希望がない。

　ただし、次のように主格にならない例もあります。これは как у её сестры́ によって喩えているのが修飾している名詞 глаза́ ではなく、それとは別の у неё だからです（ p.302 ）。

У неё таки́е краси́вые глаза́, **как у её сестры́**.
彼女は姉と同じようなきれいな目をしている。

g) 主題

　以下の文をよく見ると、名詞が1つ余分であることに気づきます。

Пу́шкин, он роди́лся в 1799 году́.
プーシキンは1799年に生まれた。
Мари́я, все её лю́бят.
マリヤのことはみんなが好きだ。

　文頭の Пу́шкин や Мари́я を除いた部分、つまり Он роди́лся в 1799 году́. や Все её лю́бят. だけでも文は完全に完成しています。つまり、文を形成するためには文頭にある主格の Пу́шкин や Мари́я がなくても問題はないわけです。逆に言えば、Пу́шкин があると Пу́шкин と он の2つの主語があることになりますし、Мари́я があると Мари́я と её の2つの目的語があることになってしまいます。このように文頭に置かれた一見余分な主格名詞は、その文が「何について語っているのか」、つまりその文の主題が何なのかをより明確に示すためのものです。

3. 生格

（1）生格の形

		主格形				
		単数主格形		単数生格形		複数生格形
男性名詞	-子音	журна́л	-子音а	журна́ла	-子音ов	журна́лов
	-й	геро́й	-я	геро́я	-ев	геро́ев
	-ь	портфе́ль	-я	портфе́ля	-ей	портфе́лей
中性名詞	-о	ме́сто	-а	ме́ста	-語尾なし	мест
	-е	мо́ре	-я	мо́ря	-ей	море́й
	-мя	и́мя	-мени	и́мени	-мён	имён
女性名詞	-а	газе́та	-ы	газе́ты	-語尾なし	газе́т
	-я	неде́ля	-и	неде́ли	-ь	неде́ль
	-ь	тетра́дь	-и	тетра́ди	-ей	тетра́дей

＊語幹の末尾が г, к, х, ж, ч, ш, щ の女性名詞は、正書法の規則（☞ p.12~13）に従って、単数生格形の語尾 -ы が -и になります。
　　кни́гы ➡ кни́ги　本
　　ба́бушкы ➡ ба́бушки　おばあさん

＊語幹の末尾が ж, ч, ш, щ の中性名詞も、同様に正書法の規則（☞ p.12~13）に従って、単数生格形の語尾 -я が -а になります。
　　учи́лищя ➡ учи́лища　学校

＊複数生格形の詳細は第3章（☞ p.83~85）。

（2）生格の用法

a）「～の」

生格は名詞を名詞によって修飾する際に用いる格です。最も基本的な用法は日本語の「～の」に相当するもので、所有や、所属、特徴などを表します。ただし、日本語の「～の」と異なり、後ろから前にかかりますので気をつけましょう。

　　кни́га **Ива́на**　イワンの本
　　веду́щий игро́к **кома́нды**　チームのトッププレーヤー

столи́ца **Росси́и** ロシアの首都

мужчи́на **лет тридцати́** 30歳くらいの男性

> 倒置による「およそ，約」の表現については ☞ p.340 。

револю́ция **1917 го́да** 1917年の革命

生格の使い方はほかにもいろいろあります。特に注目すべきものを以下で見てみましょう。

b) 特徴、性質

「〜の」というより、むしろ物の特徴や性質を表す性質形容詞（☞ p.133）と同じような意味の生格もあります。それらは時として形容詞と同じように名詞の前に置かれることもあります。

челове́к **высо́кого ро́ста** ➡ **высо́кого ро́ста** челове́к
背が高い人（=высо́кий челове́к）
руба́шка **большо́го разме́ра** ➡ **большо́го разме́ра** руба́шка
大きなシャツ（=больша́я руба́шка）
ку́ртка **кра́сного цве́та** ➡ **кра́сного цве́та** ку́ртка
赤いジャンパー（=кра́сная ку́ртка）

また、このような生格名詞句は述語としても使えます。

Её ку́ртка была́ **кра́сного цве́та**.
彼女のジャンパーは赤かった。
Он был **высо́кого ро́ста**.
彼は背が高かった。

c) 分量

物の分量、数量を表す単語の後ろに名詞が付くとき、しばしば生格の形になります。

i) 数詞とともに

数詞に名詞が付く場合、多くの数詞で名詞は生格になります。

◆〔два「2」、три「3」、четы́ре「4」＋名詞（単数生格）〕
два **студе́нта** 2人の学生　　три **тетра́ди** 3冊のノート
четы́ре **письма́** 4通の手紙

◆〔пять「5」、шесть「6」、... миллион「100万」... ＋名詞（複数生格）〕
　　пять **школ**　5つの学校
　　де́сять **книг**　10冊の本
　　миллио́н **рубле́й**　100万ルーブル

　数詞と名詞の結合規則は複雑です（詳しくは第15章 ☞ p.308~311 ）。

ii）数詞以外の数量詞とともに

◆〔мно́го, ма́ло, нема́ло, немно́го, не́сколько, сто́лько, ско́лько ＋生格〕

　数詞以外の**数量詞**（ ☞ p.305 ）には、数えられる名詞の場合、複数生格が付きます（ ☞ p.331~332 ）。

　　мно́го **журна́лов**　たくさんの雑誌
　　не́сколько **студе́нтов**　何人かの学生
　　ско́лько **часо́в**?　何時間？

　数えられない名詞（複数形がない名詞）の場合は単数生格になります（ ☞ p.332 ）。

　　немно́го **воды́**　少しの水　　немно́го **внима́ния**　いくらかの注意

iii）数量的な意味の集合名詞（数量名詞）とともに

◆〔большинство́, ряд, часть ... ＋生格〕

　これらの数量的意味の集合名詞の使い方は数量詞と非常に似ており、数えられる名詞は複数生格形に、数えられない名詞は単数生格形になります（ ☞ p.336~337 ）。

　　большинство́ **студе́нтов**　大多数の学生
　　большинство́ **наро́да**　大多数の国民

iv）数える単位となる名詞とともに

◆〔数詞＋単位となる名詞＋生格〕
　　одна́ буты́лка **пи́ва**　1本のビール
　　две ча́шки **ча́я**　2杯のお茶
　　кусо́к **хле́ба**　1切れのパン
　　два ли́тра **воды́**　水2リットル
　　оди́н килогра́мм **мя́са**　1キロの肉

これらの単位を表す名詞は、数えられない名詞を数えるためによく使われますが、以下のように数えられる名詞に使われることもあります。

два стáда **корóв**　2つの群れの雌牛
три грýппы **мáльчиков**　3つのグループの少年
сто человéк **студéнтов**　100人の学生

d）行為名詞の補語

対格の補語を持つ動詞を名詞化すると、補語（☞ p.348）は多くの場合生格になります。

решúть **вопрóс** 問題を解決する ➡ решéние **вопрóса** 問題の解決
понимáть **úстину** 真理を理解する ➡ понимáние **úстины** 真理の理解
изучáть **языкú** 言語を学ぶ ➡ изучéние **языкóв** 言語の学習

ただし、そうならないこともありますので注意してください。

любúть **сы́на** 息子を愛する ➡ любóвь **к сы́ну** 息子への愛

また対格以外では名詞化してもそのまま格が変わらないのが普通です。

владéть языкóм　言葉をマスターする
➡ владéние **языкóм**　言葉をマスターすること

> 造格は造格のまま

адресовáть письмó емý　彼に手紙を送る
➡ адресовáние **письмá емý**　彼に手紙を送ること

> 対格は生格に、与格は与格のまま

e）補語に生格を要求する動詞

補語（☞ p.348）に生格を要求する動詞があります。基本的には動詞ごとに覚えなければなりませんが、一般に以下のような意味の動詞に多く見られます。

i) 欲求、希望、期待、要求

- **тре́бовать** 要求する
  Мы тре́буем **объясне́ния**. 我々は説明を求めている。
- **жела́ть** 望む、願う
  Жела́ю **успе́хов**! 成功を祈ります！
- **хоте́ть** 願う、欲する
  Я хочу́ **сча́стья** до́чери. 私は娘の幸せを願っている。
- **ждать** 待ち望む
  Жду **Ва́шего отве́та**. あなたのご返事をお待ちします。
- **проси́ть** 頼む、請う
  Он проси́л **проще́ния**. 彼は許しを請うた。
- **иска́ть** 探す、探し求める
  Он иска́л **своего́ пути́**. 彼は自らの道を探し求めた。

ただし、これらの多くは補語に対格を要求することもしばしばあります。より抽象的なものほど生格になりやすいと言われますが、その差はしばしばあいまいで、下の例は対格・生格のどちらも可能です。

Они́ жду́т **тролле́йбус/тролле́йбуса**.
彼らはトロリーバスを待っている。

ii) 達成、到達

- **дости́гнуть** 到達する、達成する
  Мы дости́гли **це́ли** своего́ путеше́ствия.
  我々は自分たちの旅の目的を達成した。
- **доби́ться** 獲得する、到達する
  Он доби́лся **большо́го успе́ха** в жи́зни.
  彼は人生において大きな成功を収めた。
- **дожда́ться** 待ちおおせる
  Дожда́лись **весны́**. 待ちわびた春が来た。

ほかにも каса́ться「触れる」 боя́ться「恐れる」など、さまざまな動詞がありますので、一つ一つ覚えていきましょう。

f）形容詞の補語として

形容詞の中には以下のように生格の補語（☞ p.348）を要求するものがあります。

- ◆**по́лный** 〜で満たされた
  Я́ма была́ полна́ **воды́**. その穴は水で一杯だった。
- ◆**досто́йный** 〜に値する
  Нет никаки́х досто́йных **внима́ния** результа́тов.
  注目に値する結果は何もない。
- ◆**лишённый** 〜を奪われた、〜がない
  Он был лишён **чу́вства** ю́мора.
  彼にはユーモアの感覚がなかった。

g）否定生格
i）存在の否定

存在を表す「〜がある、いる」の否定、つまり「〜がない、いない」では主語が生格になります。存在を否定するには нет（現在形、есть の否定は не есть ではありません）に加えて、не́ было（過去形）、не бу́дет（未来形）を使います。このような生格の用法のことを**否定生格**と呼びます。

У нас в го́роде нет **университе́та**.
我が町には大学がない。
В кио́ске уже́ не́ было **сего́дняшних газе́т**.
売店にはもう今日の新聞がなかった。
За́втра **меня́** не бу́дет на рабо́те.
明日私は職場にいない。

このような文では主語が主格ではないため、厳密な意味では主語とは考えられず、ある種の**無人称文**（☞ p.351-354）と考える人もいます。そのため、動詞が中性形か3人称単数形になることに注意してください。

このタイプの否定生格は右ページで説明している対格補語が否定文で生格になる場合と異なり、必ず生格形にならなければいけません。ただし、以下のように存在の否定つまり「いなかった」という意味というより、「行かなかった」という意味で使っている場合（第9章 ☞ p.199~200）は、同じ動詞 быть を用いていても生格にはならず、主格のままです。

Ле́том **я** в Япо́нии не́ был.
(= Ле́том я в Япо́нию не е́здил.)
夏、私は日本に行かなかった。
За́втра **я** не бу́ду в университе́те.
(= За́втра я не пойду́ в университе́т.)
明日私は大学に行かない。

быть 以外の動詞でも、存在の否定を表している場合は否定生格が用いられることがあります。

В дере́вне почти́ не оста́лось **молоды́х парне́й**.
村には若者がほとんど残っていない。
Таки́х веще́й не существу́ет.
このようなものは存在しない。
Никаки́х докуме́нтов не сохрани́лось.
いかなる書類も保存されていない。

ii) 否定文の対格補語

　肯定文での対格補語が否定文で生格になる場合もあります。こちらの否定生格は存在の否定の場合と違って、対格のままの場合もあります。このような場合の生格と対格の使い分けは必ずしも明確ではありませんが、傾向としてはしばしば以下のようなことが言われます。

- 抽象的・一般的なものの場合は生格が好まれ、具体的・個別的な場合は対格が好まれる（☞ p.41 で触れたように補語が生格にも対格にもなり得る動詞の格選択についても同様）。
  Ты не зна́ешь **и́стины**.
  君は真理を知らない。
  Я не чита́ла **э́ту кни́гу**.
  私はこの本を読んだことがない。

- ни を伴う否定文では生格。
  Э́то не име́ет **никако́го значе́ния**.
  それにはいかなる意味もない。
  Он не прочёл **ни одно́й кни́ги**.
  彼は1冊の本も読んでない。

h）部分生格

物質や液体などを表す名詞を対格補語として用いる場合、生格になることがあります。

Она́ вы́пила **молока́**.
彼女は牛乳を飲んだ。
Он мне нали́л **вина́**.
彼は私にワインをついでくれた。
Он купи́л **мя́са**.
彼は肉を買った。

このような生格は対象の全体ではなく一部、一定量に及ぶことを表すとされていますが、必ずそうなるわけではありません。部分生格は飲食、授受、売買を表す動詞の目的語で比較的頻繁に用いられます。

i）比較の対象「～よりも」

生格名詞を比較級とともに用いて、「～よりも」を表現することができます（比較の対象の表現について詳しくは ☞ p.148~149 ）。

Же́нщина биологи́чески сильне́е **мужчи́ны**.
女性は生物学的に男性より強い。

j）日付「～日に」

日付「～日」は通常順序数詞の中性形で表しますが、副詞的に「～日に」とする場合は、その生格形によって示します（☞ p.253~254 ）。

Сего́дня **пе́рвое** ма́я двухты́сячного го́да. （主格）
今日は2000年5月1日だ。
Она́ родила́сь **пе́рвого** ма́я двухты́сячного го́да. （生格）
彼女は2000年5月1日に生まれた。

> **補足**
>
> 　以上の例文では、日付に続く「5月」の生格形 мáя と「2000年」の生格形 двухты́сячного гóда は、それぞれ名詞（つまり日付と月名）を修飾する「5月の」「2000年の」という意味の生格です。すなわち直訳すれば「2000年の5月の1日」という言い方をしていることになります。
>
> 　「5月に」は〔в + 月名の前置格〕、「2000年に」も〔в + 年の前置格〕で表現します。
>
> Онá родилáсь ┌ в мáе двухты́сячного гóда.
> 　　　　　　 │ 彼女は2000年5月に生まれた。
> 　　　　　　 └ в двухты́сячном годý.
> 　　　　　　　 彼女は2000年に生まれた。
>
> * годý は第2生格（☞ p.45–46）ではなく、第2前置格（☞ p.66–67）なので注意。

（3）第2生格

　男性名詞の生格は基本的に語尾が -a/-я になりますが、ときどき -y/-ю の形も可能なものがあります。このような2つめの生格を**第2生格**と呼びます。第2生格が用いられるのは、大きく分けて以下の3つの場合です。

a）分量の生格で

　「分量」の生格（☞ p.38–40）のうち、「数詞以外の数量詞」「数える単位となる名詞」とともに用いる場合。

　Там бы́ло мнóго **нарóду**.　そこにはたくさんの人がいた。
　Он добáвил немнóго **сáхару**.　彼は少し砂糖を加えた。
　Онá вы́пила чáшку **чáю**.　彼女は1杯のお茶を飲んだ。

b）部分生格で

　部分生格（☞ p.44）には、第2生格の形が使われることがあります。

　И́горь налил **чáю** Татья́не.　イーゴリはタチヤナにお茶を入れた。
　Онá купи́ла **сáхару**.　彼女は砂糖を買った。

　この部分生格で第2生格を使うのは必ずしも絶対的な規則ではなく、通常の生格形、あるいは対格形でも表現できます。

c）慣用表現で

慣用表現として、第2生格の形を用いるのが普通の表現があります。これらは少しずつ覚えていきましょう。

со стра́ху 恐怖から　　ни ра́зу 一度も（～ない）
до упа́ду 倒れるまで　　умира́ть с го́лоду 餓死する

4. 与格

（1）与格の形

		単数主格形		単数与格形		複数与格形
男性名詞	-子音	журна́л	-子音 у	журна́лу	-子音 ам	журна́лам
	-й	геро́й	-ю	геро́ю	-ям	геро́ям
	-ь	портфе́ль	-ю	портфе́лю	-ям	портфе́лям
中性名詞	-о	ме́сто	-у	ме́сту	-ам	места́м
	-е	мо́ре	-ю	мо́рю	-ям	моря́м
	-мя	и́мя	-мени	и́мени	-менам	имена́м
女性名詞	-а	газе́та	-е	газе́те	-ам	газе́там
	-я	неде́ля	-е	неде́ле	-ям	неде́лям
	-ь	тетра́дь	-и	тетра́ди	-ям	тетра́дям

* -ия 終わりの女性名詞の単数与格形は -ии になります。
　　ста́нция ➡ ста́нции「駅」
* 複数与格は語尾が -ам/-ям のいずれかで、例外はありません。

（2）与格の用法

a）間接補語「～に」

与格の最も基本的な用法は間接補語「～に」を表すことです。

Я ему́ подари́л часы́.
私は彼に時計をプレゼントした。

Она́ писа́ла Ива́ну письмо́.
彼女はイワンに手紙を書いた。

Она́ сказа́ла **сы́ну**, что пря́мо сейча́с отпра́вится домо́й.
彼女は息子に今すぐ家に向かうと言った。

> **補足**
>
> 　対格補語を使うケースと与格補語を使うケースの境界線に注意しましょう。日本語で「〜を」と言うのにロシア語では与格の補語となる場合、逆に日本語で「〜に」と言うのにロシア語では対格の補語になる場合など、日本語とロシア語で動詞の補語の格にズレが見られる場合があります。以下にいくつか挙げますが、動詞ごとに少しずつ覚えていきましょう。
>
> 　помога́ть＋与格　〜を助ける、手伝う
> 　ве́рить＋与格　〜を信じる
> 　меша́ть＋与格　〜を邪魔する
> 　спроси́ть＋対格　〜に尋ねる、質問する
> 　проси́ть＋対格　〜に頼む、お願いする

動詞の補語にならなくても、広く何かが向けられる相手を与格で示すことがあります。

па́мятник **Пу́шкину**　プーシキンの記念碑
Приве́т **жене́**!　奥さんによろしく！
Сла́ва **Росси́и**!　ロシアに栄光あれ！

また、手紙の宛名書きも通常与格で示します。

Ива́ну Влади́мировичу Смирно́ву
イワン・ヴラジーミロヴィッチ・スミルノフ様

与格支配の動詞を名詞化した場合、補語は通常与格のままです。

отве́т **студе́нтам**　学生たちへの回答　（← отве́тить студе́нтам）
по́мощь **бе́дным**　貧しい人々への援助　（← помога́ть бе́дным）
служе́ние **наро́ду**　人民への奉仕　（← служи́ть наро́ду）

b）無人称文の意味上の主語

　無人称文（ p.351~354 ）は主格の主語を持たない構文ですが、意味上の主語は基本的に与格で表されます。

Мне хо́лодно.
私は寒い。

Ей бы́ло тру́дно чита́ть тако́й текст.
彼女はこのようなテキストを読むのが難しかった。

Нам на́до рабо́тать.
私たちは働かなければならない。

Мо́жно **мне** отдохну́ть?
私は休んでもいいですか？

Де́тям нельзя́ смотре́ть тако́й фильм.
子どもたちはこんな映画を見てはいけない。

Вам повезло́.
あなたはうまくいった。

以上はすべて無人称文で、主格の主語がありません。行為や状態の主体はすべて与格で表されています。

c)「〜にとって」

与格の名詞は単独で「〜にとって」の意味を表すことがあります。

Э́то **де́тям** вре́дно. これは子どもたちにとって有害だ。
Э́то **мне** о́чень ва́жно. これは私にとって非常に重要だ。
интере́сный **мне** вопро́с　私にとって興味深い問題

「〜にとって」という意味の与格は、しばしば〔для + 生格〕に置き換えられます。

интере́сный **для меня́** вопро́с（＝интере́сный мне вопро́с）

b) で説明した無人称文の意味上の主語と「〜にとって」の与格は、しばしば境目があいまいです。

Мне ску́чно бы́ло танцева́ть.
私は踊るのが（＝私にとって踊るのは）退屈だった。

d) 感覚を覚える人

五感や理解など、何らかの感覚を覚える人を、しばしば与格で表すことがあります。

Мне ви́ден горизо́нт.
私には水平線が見える。

Ва́м слы́шен мой го́лос?
あなたには私の声が聞こえますか？

Тебе́ поня́тно?
君はわかったかい？

Де́тям нра́вится но́вая учи́тельница.
子どもたちは新しい先生が気に入った。

Мне хо́чется спа́ть.
私は寝たい。

この与格の使い方は b) で説明した無人称文の意味上の主語とも理解でき、両者の境目は時にあいまいです。

e) 不定形の主語

〔与格＋動詞の不定形〕で「〜すべきだ」という意味になり、与格は意味上の主語を表します。

Что **нам** де́лать?　我々を何をするべきか？
Мне не́куда идти́.　私には行くところがない。
Тебе́ ну́жно рабо́тать.　君は働かなくてはならない。
　＊この場合は無人称文の意味上の主語でもあります。
Мне тру́дно говори́ть по-ру́сски.　私はロシア語を話すのは難しい。
　＊この場合は「〜にとって」でもあります。

> **学習のヒント**
> 以上のように、b) 無人称文の意味上の主語、c)「〜にとって」、d) 感覚を覚える人、e) 不定形の主語、はその境界線がしばしばあいまいで、同時に複数の側面があることは珍しいことではありません。

f) 年齢

〔与格＋数詞＋(年、月、日など)〕で年齢を言う表現になります。人間以外にも使えることに注意してください。

Ско́лько **вам** лет?
あなたは何歳ですか？

Мне три́дцать лет.
私は30歳です。

Санкт-Петербу́ргу 300 лет.
サンクトペテルブルクは開基300年です。

5. 対格

　人か動物を表す名詞を**活動体名詞**、それ以外の物や事を表す名詞を**不活動体名詞**と言います。

　対格の形はその名詞が活動体か不活動体かによって異なるパターンで変化し、対格独自の形がある場合以外、基本的に活動体では生格形を、不活動体では主格形を流用します。以下では、対格の変化形には対格独自の形、生格と同じ形、主格と同じ形の3種類があることを踏まえた上で解説していきます。その3つのパターンのどれになるかは、名詞の活動体・不活動体の区別のほか、性、数、変化タイプ（☞ p.68~69）などの要因によって違ってきますが、ここでは性別ごとに整理していきましょう。

　また、名詞とそれを修飾する**一致定語**（☞ p.348-349）では、対格の変化のパターンが若干異なりますので、（1）名詞の対格の形と（2）一致定語の対格の形を分けて話を進めます。

（1）名詞の対格の形

　対格の形はその名詞が**活動体**か**不活動体**かによって異なるパターンで変化し、主格および生格と密接に関係し合います。ただし、性や数、変化タイプ（☞ p.68~69）によって異なる振る舞いをしますので、整理しておきましょう。**第2変化名詞**（-а/-я 終わりの名詞、☞ p.69）が単数の対格で -у/-ю に変わる以外は、すべて主格か生格と同形です。

a）女性名詞・単数

　女性名詞の単数形は、変化タイプによって対格の形が異なりますが、第2変化の女性名詞（-а/-я 終わりの名詞、☞ p.69）の単数形は、活動体でも不活動体でも、対格が主格とも生格とも違う独自の形を持っています。

-а ➡ -у　　　　-я ➡ -ю

逆に言えば、このタイプ（第2変化）以外の名詞は対格独自の形を持っておらず、主格形か生格形を流用します。

第2変化名詞				
	主格形	対格形	生格形	
本	кни́га	кни́гу	кни́ги	不活動体・女性・第2変化
お母さん	ма́ма	ма́му	ма́мы	活動体・女性・第2変化

同じ女性名詞でも第3変化名詞（-ь 終わりの女性名詞）の単数形は、活動体・不活動体に関わらず、対格は主格と同じ形です。

第3変化名詞				
	主格形	対格形	生格形	
ノート	тетра́дь	тетра́дь	тетра́ди	不活動体・女性・第3変化
母	мать	мать	ма́тери	活動体・女性・第3変化

b）中性名詞・単数

中性名詞の**活動体**（☞ p.50）はほとんどありませんが、чудо́вище「怪物」、лицо́「人物」（「顔」の意味なら不活動体）など、わずかながら存在します。

中性名詞の単数形は活動体・不活動体に関わらず、また変化タイプにも関わらず、対格が主格と同じ形です。従って、лицо́ は「顔」という意味の場合（不活動体）でも、「人物」という意味の場合（活動体）でも、対格は主格と同形です。

中性名詞				
	主格形	対格形	生格形	
手紙	письмо́	письмо́	пи́сьма	不活動体・中性・第1変化
海	мо́ре	мо́ре	мо́ря	不活動体・中性・第1変化
名前	и́мя	и́мя	и́мени	不活動体・中性・不規則変化
怪物	чудо́вище	чудо́вище	чудо́вища	活動体・中性・第1変化
顔	лицо́	лицо́	лица́	不活動体・中性・第1変化
人物	лицо́	лицо́	лица́	活動体・中性・第1変化

c）男性名詞・単数

男性名詞のうち、第1変化(-子音終わり〔語尾なし〕、-й 終わり、-ь 終わり、☞ p.68~69)およびそれに若干の修正が加わったもの(☞ p.71~75)、すなわち第2変化以外のすべての男性名詞の単数形の対格は、不活動体なら「対格＝主格」、活動体なら「対格＝生格」となります。

	第1変化と不規則変化の男性名詞			
	主格形	対格形	生格形	
机	стол	стол	стола́	不活動体・男性・第1変化
学生	студе́нт	студе́нта	студе́нта	活動体・男性・第1変化
カバン	портфе́ль	портфе́ль	портфе́ля	不活動体・男性・第1変化
教師	учи́тель	учи́теля	учи́теля	活動体・男性・第1変化
道	путь	путь	пути́	不活動体・男性・不規則変化
英国人	англича́нин	англича́нина	англича́нина	活動体・男性・不規則変化

ただし、単数形の第2変化(-а/-я 終わり、☞ p.69)の男性名詞(☞ p.75)は、女性名詞の場合(☞ p.79)と同じように、活動体か不活動体かに関わらず対格は主格とも生格とも異なる対格独自の形 -у/-ю になります。

	第2変化の男性名詞			
	主格形	対格形	生格形	
男性	мужчи́на	мужчи́ну	мужчи́ны	活動体・男性・第2変化
お父さん	па́па	па́пу	па́пы	活動体・男性・第2変化
ワーニャ	Ва́ня	Ва́ню	Ва́ни	活動体・男性・第2変化

d）複数形

複数形は単数形と異なり、性別も変化タイプも一切関係なく、活動体なら「対格＝生格」、不活動体なら「対格＝主格」となります。中性名詞 лицо́ は、単数形の場合(☞ p.51)と異なり、「顔」の意味なら不活動体で「対格＝主格」、「人物」の意味なら活動体で「対格＝生格」になるので、要注意です。

	複数形			
	主格形	対格形	生格形	
机	столы́	столы́	столо́в	不活動体・男性・第1変化
学生	студе́нты	студе́нтов	студе́нтов	活動体・男性・第1変化
本	кни́ги	кни́ги	книг	不活動体・女性・第2変化
お母さん	ма́мы	мам	мам	活動体・女性・第2変化
手紙	пи́сьма	пи́сьма	пи́сем	不活動体・中性・第1変化
名前	имена́	имена́	имён	不活動体・中性・不規則変化
顔	ли́ца	ли́ца	лиц	不活動体・中性・第1変化
人物	ли́ца	лиц	лиц	活動体・中性・第1変化

補足

活動体・不活動体について、以下のような場合には注意が必要です。
① 人や動物の集合を表す集合名詞は不活動体扱いです。

　　гру́ппа グループ、クラス　　наро́д 人々、民衆
　　крестья́нство 農民層　……

② 主観や習慣によって活動体と不活動体の間で揺れているものもあります。

　　ку́кла 人形　　ро́бот ロボット　　микро́б 微生物　……

③ мертве́ц「死者」は活動体、труп「死体」は不活動体というように、似た意味でも活動体扱いするか不活動体扱いするかがずれるものがあります。

④ лицо́ は「顔」なら不活動体ですが、「人物」の意味なら活動体、また、реда́ктор は「編集者」なら活動体ですが、「(コンピュータのソフトウェアとしての) エディタ」なら不活動体というように、意味によって活動体か不活動体かが変わるものもあります。

（2）一致定語の対格の形

　名詞を修飾する形容詞、指示代名詞、所有代名詞などの**一致定語**（☞ p.348~349）は基本的に名詞に合わせて対格の形を使い分けますが、ずれることがありますので注意してください。名詞自体は変化タイプによって対格のパターンに違いがありますが、一致定語は名詞の変化タイプには影響を受けません。

a）女性名詞単数形を修飾する場合

単数形の女性名詞を修飾する一致定語の対格は、活動体・不活動体の違いに関わらず、生格とも主格とも異なった形になります。名詞と違い、名詞の変化タイプによる違いもありません。

	女性名詞単数形を修飾する一致定語		
	主格形	対格形	名詞のタイプ
この本	э́та кни́га	э́ту кни́гу (対格独自) (対格独自)	不活動体・第2変化
私のお母さん	моя́ ма́ма	мою́ ма́му (対格独自) (対格独自)	活動体・第2変化
美しい娘	краси́вая дочь	краси́вую дочь (対格独自) （＝主格）	活動体・第3変化

b）中性名詞単数形を修飾する場合

単数形の中性名詞を修飾する一致定語は、名詞と同様に、活動体か不活動体かにも名詞の変化タイプにも関係なく、必ず「対格＝主格」になります。

	中性名詞単数形を修飾する一致定語		
	主格形	対格形	名詞のタイプ
我々の手紙	на́ше письмо́	на́ше письмо́ (＝主格) (＝主格)	不活動体・中性・第1変化
日本海	япо́нское мо́ре	япо́нское мо́ре (＝主格) (＝主格)	不活動体・中性・第1変化
私の名前	моё и́мя	моё и́мя (＝主格) (＝主格)	不活動体・中性・不規則変化
この怪物	э́то чудо́вище	э́то чудо́вище (＝主格) (＝主格)	活動体・中性・第1変化
君の顔	твоё лицо́	твоё лицо́ (＝主格) (＝主格)	不活動体・中性・第1変化
重要人物	ва́жное лицо́	ва́жное лицо́ (＝主格) (＝主格)	活動体・中性・第1変化

c）男性名詞単数形を修飾する場合

単数形の男性名詞を修飾する一致定語は、名詞が不活動体なら「対格＝主格」、名詞が活動体なら「対格＝生格」となります。名詞の変化タイプには一切影響されません。

2.5 対格

男性名詞単数形を修飾する一致定語			
	主格形	対格形	名詞のタイプ
私の教師	мой учи́тель	моего́ учи́теля (=生格)(=生格)	活動体・男性・第1変化
はるかな道	далёкий путь	далёкий путь (=主格)(=主格)	不活動体・男性・不規則変化
この英国人	э́тот англича́нин	э́того англича́нина (=生格)(=生格)	活動体・男性・不規則変化
君の お父さん	твой па́па	твоего́ па́пу (=生格)(対格独自)	活動体・男性・第2変化

d）複数形の名詞を修飾する場合

複数形の名詞を修飾する一致定語は、名詞が不活動体なら「対格＝主格」、活動体なら「対格＝生格」となります。名詞の性別と変化タイプは一致定語の形には全く影響ありません。

複数形の名詞を修飾する一致定語			
	主格形	対格形	名詞のタイプ
これらの机	э́ти столы́	э́ти столы́ (=主格)(=主格)	不活動体・男性・第1変化
あなたの 学生たち	ва́ши студе́нты	ва́ших студе́нтов (=生格)(=生格)	活動体・男性・第1変化
赤い本	кра́сные кни́ги	кра́сные кни́ги (=主格)(=主格)	不活動体・女性・第2変化
これらの お母さん	э́ти ма́мы	э́тих мам (=生格)(=生格)	活動体・女性・第2変化
長い手紙	дли́нные пи́сьма	дли́нные пи́сьма (=主格)(=主格)	不活動体・中性・第1変化
僕らの名前	на́ши имена́	на́ши имена́ (=主格)(=主格)	不活動体・中性・不規則変化
あなた方の 顔	ва́ши ли́ца	ва́ши ли́ца (=主格)(=主格)	不活動体・中性・第1変化
重要人物	ва́жные ли́ца	ва́жных лиц (=生格)(=生格)	活動体・中性・第1変化

（3）対格の用法

a）他動詞の直接補語「〜を」

他動詞の<u>直接補語</u>、日本語で言えば「〜を」に相当するものを対格で示します（補語については ☞ p.348 ）。

Он сказа́л **глу́пость**. 彼はばかなことを言った。
Ва́ня лю́бит **Та́ню**. ワーニャはターニャを愛している。
Она́ зна́ет **япо́нский язы́к**. 彼女は日本語を知っている。

b）無人称動詞の補語

<u>無人称文</u>（ ☞ p.351~354 ）は主語がないので、対格補語が日本語にしたとき主語のように見えることがあります。少々注意が必要です。

Но́чью **сы́на** вы́рвало.
夜中に息子が吐いた（←夜中に息子を吐かせた）。
Дом зажгло́ мо́лнией.
雷で家が燃えた（←雷で家を燃やした）。

c）無人称述語の補語

対格補語を要求する無人称述語は、動詞以外にもあります。

Мне жаль **Ма́шу**. 私はマーシャが哀れだ。
Отсю́да бы́ло ви́дно **го́ру**. ここから山が見えた。

d）継続時間

時間の長さを表す対格名詞を副詞的に用いて継続時間を表します。（〔数詞＋名詞〕の格変化については ☞ p.315~320 ）

Мы гуля́ли **всю ночь** по го́роду.
我々は一晩中町を散歩した。
Они́ рабо́тали **це́лый день**.
彼らはまる一日働いた。
Мы отдыха́ли **два ме́сяца**.
私たちは2か月間休んだ。
Подожди́те, **одну́ мину́точку**!
ちょっと待ってください！（直訳では「1分間待ってください」）

同様に、距離を表す対格名詞を副詞的に用いると、動作・行為が継続する距離を表します。

Они́ шли **три киломе́тра**. 彼らは３キロ歩いた。
Она́ бе́гала **сто ме́тров**. 彼女は 100 メートル走った。

e）繰り返しの頻度、回数

繰り返しを表す動詞を修飾する場合、対格で繰り返す頻度や回数を表すことができます（〔数詞＋名詞〕の格変化については ☞ p.315~320 ）。

Мы рабо́таем **ка́ждый день**. 我々は毎日働いている。
Я трениру́юсь **три ра́за** в неде́лю. 私は週に３回トレーニングをする。

f）値段や重さ

сто́ить「（値段が）～する」、ве́сить「（重さが）～ある」といった動詞と用いて、値段や重さを対格で表します。

Э́то сто́ит **одну́ ты́сячу рубле́й**. これは 1,000 ルーブルする。
Я ве́шу **50 килогра́мм**. 私の体重は 50 キロだ。

6. 造格

（1）造格の形

<table>
<tr><th colspan="7">造格形</th></tr>
<tr><th colspan="2">単数主格形</th><th colspan="2">単数造格形</th><th colspan="2">複数造格形</th></tr>
<tr><td rowspan="3">男性名詞</td><td>-子音</td><td>журна́л</td><td>-子音 ом</td><td>журна́лом</td><td>-子音 ами</td><td>журна́лами</td></tr>
<tr><td>-й</td><td>геро́й</td><td>-ем</td><td>геро́ем</td><td>-ями</td><td>геро́ями</td></tr>
<tr><td>-ь</td><td>портфе́ль</td><td>-ем</td><td>портфе́лем</td><td>-ями</td><td>портфе́лями</td></tr>
<tr><td rowspan="3">中性名詞</td><td>-о</td><td>ме́сто</td><td>-ом</td><td>ме́стом</td><td>-ами</td><td>места́ми</td></tr>
<tr><td>-е</td><td>мо́ре</td><td>-ем</td><td>мо́рем</td><td>-ями</td><td>моря́ми</td></tr>
<tr><td>-мя</td><td>и́мя</td><td>-менем</td><td>и́менем</td><td>-менами</td><td>имена́ми</td></tr>
<tr><td rowspan="3">女性名詞</td><td>-а</td><td>газе́та</td><td>-ой(-ою)</td><td>газе́той(-ою)</td><td>-ами</td><td>газе́тами</td></tr>
<tr><td>-я</td><td>неде́ля</td><td>-ей(-ею)</td><td>неде́лей(-ею)</td><td>-ями</td><td>неде́лями</td></tr>
<tr><td>-ь</td><td>тетра́дь</td><td>-ью</td><td>тетра́дью</td><td>-ями</td><td>тетра́дями</td></tr>
</table>

＊女性の単数造格形の（ ）で示した -ою, -ею という語尾は現代では普通は用いられませんが、文献などで出てくることがある形です。

ただし、前ページの表はあくまで基本形で、語幹の末尾の音やアクセントの位置によって単数造格の形が異なることがあります。

◆ 子音終わりの男性名詞の中でも、**-ж, -ч, -ш, -щ, -ц** で終わるもの
- 語幹にアクセントがある場合 ➡ **-ем**
  муж ➡ му́ж**ем** 夫　　това́рищ ➡ това́рищ**ем** 同僚
- 語尾にアクセントが移る場合 ➡ **-о́м**
  нож ➡ нож**о́м** ナイフ　　мяч ➡ мяч**о́м** ボール

◆ **-а** 終わりの女性名詞のうち、**-жа, -ча, -ша, -ща, -ца** で終わるもの
- 語幹にアクセントがある場合 ➡ **-ей**
  ка́ша ➡ ка́ш**ей** おかゆ　　у́лица ➡ у́лиц**ей** 通り
- 語尾にアクセントがある場合 ➡ **-о́й**
  свеча́ ➡ свеч**о́й** ろうそく　　душа́ ➡ душ**о́й** 魂

◆ **-ё** 終わりの中性名詞と、変化によって語尾にアクセントが移る **-ь** 終わりの男性名詞は、**-ем** ではなく **-ём**
  копьё ➡ копь**ём** 槍　　слова́рь ➡ словар**ём** 辞書

◆ **-я** 終わりの女性名詞は、語尾にアクセントがある場合 **-ей** ではなく **-ёй**
  статья́ ➡ стать**ёй** 論文　　земля́ ➡ земл**ёй** 土地

複数造格は語尾が原則 -ами/-ями のいずれかです。ただし、челове́к「人」の複数造格は людьми́、ребёнок「子ども」の複数造格は детьми́ になるなど、少しだけ例外があるという点が、複数与格、複数前置格と異なります。

（2）造格の用法

a）道具「〜によって、〜を使って、〜で」

造格は道具や手段として使われるものを表します。日本語の「〜で」にほぼ対応します。

писа́ть **карандашо́м** 鉛筆で書く
мыть **водо́й** 水で洗う
говори́ть ти́хим **го́лосом** 小さな声で話す
е́хать **парохо́дом** 船で行く

交通手段を表すのには〔на＋前置格〕も使われます。

éхать **на парохóде**

移動の方法にはほかにもさまざまな表現手段があります（詳しくは 👉 p.261~262 ）。

b）受動態における「〜によって」

受動態の意味上の主語「〜によって」は、ロシア語では造格で表します（受動態については 👉 p.223~227 ）。

Портрéт напи́сан **худóжником**.
その肖像は画家によって書かれた。
Объём статьи́ определя́ется **áвтором**.
論文の分量は筆者によって決められる。
проведённое **áвтором** исслéдование
筆者によって行われた研究

無人称文（ 👉 p.351~354 ）でも、**行為を行う自然の力**などを造格で表すことがあります。

Егó уби́ло **мóлнией**.
彼は落雷で死んだ（＞雷によって彼を殺した）。
Её унеслó **течéнием**.
彼女は流されてしまった（＞流れによって彼女を流し去った）。

c）述語名詞

「AはBです」とか「AはBになった」などの「A＝B」を表す構文において、Bの部分はロシア語では造格で表すのが基本です。つまり、英語の文法でいう「SVC構文」の「C」は、ロシア語では造格ということになります。

He became a teacher.　彼は教師になった。
　S　　V　　　C

このタイプの構文で使われる動詞の典型的なものは быть ですが、ほかにも стать「〜になる」、явля́ться「〜である」、оказáться「〜であるとわかる」、считáться「〜と考えられている」など、いくつかあります。

2.6 造格

- ◆ **быть** 〜である
  - Тогда́ она́ была́ **студе́нткой**. その時彼女は学生だった。
  - В бу́дущем я бу́ду **старико́м**. 将来私は老人になる。
  - Я хочу́ быть **учи́телем**. 私は教師になりたい。
- ◆ **явля́ться** 〜である
  - Москва́ явля́ется **це́нтром** Росси́и.
  モスクワはロシアの中心だ。
- ◆ **оказа́ться** 〜であるとわかる
  - Она́ оказа́лась **тала́нтливой арти́сткой**.
  彼女は才能ある芸術家だとわかった。
- ◆ **счита́ться** 〜と考えられている
  - Го́лубь счита́ется **си́мволом** ми́ра.
  鳩は平和の象徴とされている。

ただし、動詞が быть の現在形 есть、またはそれが省略されている場合は、造格にならず必ず主格です（☞ p.32 も参照）。

Москва́ — **столи́ца** РФ.
モスクワはロシア連邦の首都だ。

Лингви́стика есть **нау́ка** о языка́х ми́ра.
言語学は世界の言語に関する科学である。

過去形などでも、時として主格が用いられることもあります。

Вале́рий был его́ **друг**.
ワレリーは彼の友人だった。

このような主格と造格の違いについては ☞ p.33 。

同じく「A = B」の関係でも、主語と述語名詞の間ではなく、目的語と述語名詞の間にA = Bの関係が成立する場合、すなわち英語の「SVOC構文」の場合、「C」にあたる名詞は造格になります。

We consider him a good friend. 我々は彼を親友と見なしている。
 S   V   O   C

このような構文で用いられる動詞には、例えば счита́ть「〜を〜と考える」、называ́ть「〜を〜と呼ぶ」などがあります。

◆**счита́ть** 〜を〜と考える
　Она́ счита́ет его́ **дурако́м**.　彼女は彼を愚か者と見なしている。
◆**называ́ть** 〜を〜と呼ぶ
　Он называ́ет меня́ **безде́льником**.　彼は私を怠け者と呼んでいる。

d)「〜として」

職業などを表す名詞を造格にして、「〜として」という意味を表すことがあります。

　—**Кем** ты рабо́таешь?
　　「君の職業は？」（＜君は何者として働いているの？）
　—Я рабо́таю **врачо́м**.
　　「僕は医師です」（＜医師として働いています）
　Он у́мер **геро́ем**.
　　彼は英雄として死んだ。

e)「〜のように」

造格の名詞は、「〜のように」という意味で副詞的に様態を表すことがあります。

　Она́ све́тит **со́лнцем**.
　　彼女は太陽のように輝いている。
　Вре́мя лети́т **стрело́й**.
　　光陰矢の如し。（＜時間は矢のように飛ぶ）

f)「〜の状態で」

造格は副詞的に行為が行われる際の主語の状態を表すことがあります。

　Они́ шли **гру́ппой**.
　　彼らは集団で進んだ。
　Я рабо́таю, что́бы де́ти росли́ **счастли́выми**.
　　私は子どもたちが幸せに育つために働いている。

g) 経路

造格の名詞は、移動を意味する動詞と用いて副詞的に経路を表すことがあります（詳しくは状況語の章　p.260~261 ）。

идти **по́лем** 野原を行く　　плыть **мо́рем** 海を進む
идти свое́й **доро́гой** 我が道を行く

h) 時間を表す副詞的造格

時間に関する名詞には、造格で副詞的に用いられるものがあります。通常、辞書などでは名詞の造格形というより別の副詞とされています。

◆一日の時間帯
у́тро ➡ **у́тром** 朝に　　день ➡ **днём** 昼に
ве́чер ➡ **ве́чером** 晩に　　ночь ➡ **но́чью** 夜に

複数形もありえます。また定語（ p.348~349 ）が付くこともあります。

Они́ **зи́мними вечера́ми** пьют чай.
彼らは冬は夜ごとにお茶を飲んでいる。

◆季節
весна́ ➡ **весно́й** 春に　　ле́то ➡ **ле́том** 夏に
о́сень ➡ **о́сенью** 秋に　　зима́ ➡ **зимо́й** 冬に

i) そのほかの副詞的造格

その他、副詞的に用いられる造格はいろいろありますが、ここではいくつか紹介するにとどめます。

други́ми слова́ми 言い換えれば
Мы возвраща́лись **бего́м**. 我々は走って戻った。
＊通常、бег の造格は бе́гом ですが、副詞的な бего́м はアクセントが違います。このことから通常 бего́м は бег とは別の単語の副詞と考えられています。

j) 造格支配の動詞の補語

補語が造格になる動詞にはさまざまなものがありますが、以下のようなタイプがしばしば見られます。

i)「何かを何かで満たす」の意味の動詞

◆**напо́лнить**＋対＋造「～に～を詰める」
Я напо́лнил чемода́н **ну́жными веща́ми**.
私はスーツケースに必要なものを詰めた。

◆**грузи́ть**＋対＋造「〜に〜を積む」
  Они́ грузи́ли су́дно **пшени́цей**.　彼らは船に小麦を積んだ。

◆**корми́ть**＋対＋造「〜に〜を食べさせる」
  Ма́ма корми́ла его́ **мя́сом**.　お母さんは彼に肉を食べさせた。

ii) 体の一部の動きを表す動詞

「手を動かす」とか「頭を振る」のように体の一部だけを動かす場合、その体の一部を表す名詞はしばしば造格になります。

  дви́гать **руко́й**　手を動かす
  　＊дви́гать ме́бель「家具を動かす」の場合は体の一部ではないので、家具は対格。
  маха́ть **руко́й**　手を振る
  то́пать **ного́й**　足を踏みならす
  кача́ть **голово́й**　頭(首)を振る

iii) 所有したり、支配下、影響下に置くことを表す動詞

  владе́ть **языко́м**　言語をマスターする
  руководи́ть **гру́ппой**　グループを指導する
  управля́ть **движе́нием**　運動を管理する、コントロールする
  облада́ть **пра́вом**　権利を有している
  по́льзоваться **компью́тером**　コンピュータを利用する

iv) 受動態から派生した動詞

本来受動態から派生した動詞(特に -ся 動詞)は、多くが造格の補語を取ります。

◆**интересова́ться**＋造「〜に興味がある」
  интересова́ться **иностра́нными языка́ми**
  外国語に興味がある(＜外国語によって興味を持たせられる)

◆**занима́ться**＋造「〜を勉強する、〜に従事する」
  занима́ться **языка́ми**
  言語を勉強する(＜言語に占有される)

k) 造格支配の形容詞

造格を補語として取る形容詞があります。このような形容詞は述語として短語尾形(p.137-143)で用いることが多いので、短語尾形でいくつか紹介します。

◆**бо́лен**＋造「〜を患っている」
Он бо́лен **гри́ппом**. 彼はインフルエンザにかかっている。

◆**слаб**＋造「〜に弱い」
Она́ слаба́ **матема́тикой**. 彼女は数学に弱い。

◆**дово́лен**＋造「〜に満足している」
Мы дово́льны **свои́м до́мом**. 我々は自分の家に満足している。

◆**бога́т**＋造「〜が豊かである」
На́ша страна́ бога́та **не́фтью**. 我が国は石油が豊かだ。

◆**бе́ден**＋造「〜が乏しい」
На́ша страна́ бедна́ **не́фтью**. 我が国は石油が乏しい。

l) 長さ、重さ

「長さ〜メートルの」、「重さ〜キロの」などのように名詞を修飾する場合、「長さ」「重さ」という名詞を造格にして、その後に〔数詞＋単位を表す語句〕を続けます（〔数詞＋名詞〕の格変化は ☞ p.315~320 ）。

мост **длино́й** (в) два киломе́тра　長さ2キロの橋
груз **ве́сом** (в) одну́ то́нну　重さ1トンの荷物
　＊「数詞＋単位」の部分は対格です。前置詞 в はなくても構いません。
зда́ние **высото́й** до 200 м
高さ200メートルまでの建物
челове́к **ро́стом** от 150 см до 180 см
身長150cmから180cmまでの人

m) 比較の差

比較級とともに用いて、差を表すことがあります。比較の差は、〔на＋対格〕でも同じように表せます（ ☞ p.149 ）。

вы́ше **двумя́ этажа́ми**（＝на два этажа́）2フロア高く
ста́рше **тремя́ года́ми**（＝на три го́да）3歳年上

7. 前置格

（1）前置格の形

	単数主格形		単数前置格形		複数前置格形
男性名詞	-子音	журна́л	-子音 **е**	журна́л**е**	-子音 **ах**	журна́л**ах**
	-й	геро́й	-**е**	геро́**е**	-**ях**	геро́**ях**
	-ь	портфе́ль	-**е**	портфе́л**е**	-**ях**	портфе́л**ях**
中性名詞	-о	ме́сто	-**е**	ме́ст**е**	-**ах**	мест**а́х**
	-е	мо́ре	-**е**	мо́р**е**	-**ях**	мор**я́х**
	-мя	и́мя	-**мени**	и́**мени**	-**менах**	имен**а́х**
女性名詞	-а	газе́та	-**е**	газе́т**е**	-**ах**	газе́т**ах**
	-я	неде́ля	-**е**	неде́л**е**	-**ях**	неде́л**ях**
	-ь	тетра́дь	-**и**	тетра́д**и**	-**ях**	тетра́д**ях**

＊ ただし、-ий 終わりの男性名詞、-ие 終わりの中性名詞、-ия 終わりの女性名詞の単数前置格形はいずれも -ии になります。

санато́рий ➡ санато́р**ии** 保養所
зда́ние ➡ зда́н**ии** 建物
ста́нция ➡ ста́нц**ии** 駅

（2）前置格の用法

前置格はほかの格と異なり、前置詞の目的語としてしか用いません。そのため前置格固有の意味はなく、前置詞ごとに意味が変わります。前置格の名詞を目的語に要求する前置詞はそれほど多くありませんが、以下のようなものがあります。

в　〜の中で
на　〜の上で
о　〜について
при　〜のときに、付属して
по　〜の直後に

中でも в, на, о はとくに重要語です（в と на の使い分けなどについては 📖 p.278〜280）。

（3）第2前置格

　男性名詞の前置格の語尾は原則 -e ですが、前置詞が в「～の中で」と на「～の上で」のときだけ、前置格の語尾が -ý/-ю になる名詞がときどきあります。このような前置格を第2前置格と呼びます。

　　　　на **берегý**　岸辺で　　　　в **лесý**　森で
　　　　в прóшлом **годý**　去年　　в **садý**　庭で

第2前置格は、原則として語尾にアクセントがあります。

第2前置格は в/на とともにのみ用いられ、в/на 以外の前置詞では通常の前置格形 -e になります。

　　　　о **лéсе**　森について　　　о прóшлом **гóде**　昨年について

また、同じ в/на でも、場所の意味でなければ通常の前置格形 -e になります。

　　　　Он знáет толк в **лéсе**.　彼は森がよくわかっている。

前置詞が в/на の場合でも、通常の前置格と第2前置格の両方が可能な語があります。

　　　　в **аэропóрте** / в **аэропортý**　空港で
　　　　в **óтпуске** / в **отпускý**　休暇中に

このような場合、一般的に -e のほうが文語的で、-ý/-ю のほうが口語的という傾向があります。

第3変化の女性名詞にも、通常の前置格と異なる第2前置格を持つ語が少数ですが存在します。語尾は通常と同じ -и ですが、第2前置格の場合は語尾にアクセントがあるところが違います。

　　　　дверь　ドア　➡ в **дверí**（о **двéри**）
　　　　тень　影　　 ➡ в **тенí**（о **тéни**）

前置詞が в/на の場合でも、たとえば以下のように、通常の前置格と第2前置格を意味によって使い分ける語もあります。

◆**край** 地方／端
　в Хаба́ровском **кра́е**　ハバロフスク地方に
　на **краю́** го́рода　町の外れに

◆**век** 世紀／生涯
　в двадца́том **ве́ке**　20世紀に　　в своём **веку́**　生涯で

◆**ряд** 一連のもの／列
　в **ря́де** слу́чаев　一連の場合に　　во второ́м **ряду́**　2列目に

作品名などでは、通常の前置格を使うのが普通です。

　в «Вишнёвом **са́де**» Че́хова　チェーホフの『桜の園』で

第 3 章　名詞その3　名詞の変化

前章では格ごとに名詞の用法や変化をまとめました。本章では、それとはアプローチを変えて、変化の似ている名詞ごとに変化のパターンをまとめ、全体像を見ていきましょう。

1. 名詞の変化タイプ

名詞の変化タイプは単数形に着目して大きく3タイプに分類されます。
第1変化：男性名詞、-о 終わりと -е 終わりの中性名詞
第2変化：-а 終わりと -я 終わりの女性名詞
第3変化：-ь 終わりの女性名詞

男性名詞	-子音（語尾なし）	-й	-ь
中性名詞	-о	-е	-мя
女性名詞	-а	-я	-ь

（第1変化／第2変化／第3変化）

これら3つのタイプには入りきらない不規則変化の名詞が少数あります。例えば -мя 終わりの中性名詞は3つのタイプのどれにも属さない不規則変化です。

（1）第1変化

第1変化名詞は、単数形の生格以下が次のように変化するものです。活動体と不活動体（☞ p.50）で対格の形が違います。男性名詞と中性名詞の大半がこれです。

第1変化名詞	男性名詞	中性名詞
主格	-子音 / -й / -ь	-о / -е
生格	-а / -я	
与格	-у / -ю	
対格	活動体＝生格 / 不活動体＝主格	
造格	-ом / -ем	
前置格	-е	

＊2つ以上の語尾が示されている箇所は、紫字が硬変化、下線を付してあるのが軟変化です（硬変化・軟変化について詳しくは ☞ p.13~14 ）。

（2）第2変化

第2変化名詞は、単数形の生格以下が次のように変化するものです。活動体と不活動体の違いはありません。-а/-я 終わりの女性名詞はこれに属します。

第2変化名詞	
主格	-а / -я
生格	-ы / -и
与格	-е
対格	-у / -ю
造格	-ой / -ей
前置格	-е

＊2つの語尾が示されている箇所は、紫字が硬変化、下線を付してあるのが軟変化です（ ☞ p.13~14 ）。

（3）第3変化

第3変化名詞は、単数形の生格以下が次のように変化するものです。活動体と不活動体の違いはありません。-ь 終わりの女性名詞はこれに属します。すべて軟変化です（ ☞ p.13~14 ）。

第3変化名詞	
主格	-ь
生格	-и
与格	-и
対格	＝主格
造格	-ью
前置格	-и

なお、複数形は変化タイプによる違いはなく、以下のように変化します。ただし、複数生格形だけはこれらの変化タイプとは全く別の仕組みで変化します（ ☞ p.83~85 ）。

複数形	
主格	-ы / -и / -а / -я
生格	☞ p.83~85
与格	-ам / -ям
対格	活動体＝生格 / 不活動体＝主格
造格	-ами / -ями
前置格	-ах / -ях

＊2つ以上の語尾が示されている箇所は紫字が硬変化、下線を付してあるのが軟変化です（☞ p.13~14）。

2. 名詞の変化の基本パターン

本節では、以下性別ごとに主要な変化パターンを見ていきます。

（1）男性名詞

男性名詞のほとんどが第1変化ですが、少しだけ第2変化も含まれます。また、複数形で語幹の形が変わったり複数主格形だけ規則通りの形にならないものや、不規則変化名詞などがありますので、注意しましょう。

a）第1変化・硬変化

子音終わりの男性名詞です。活動体は「対格＝生格」、不活動体は「対格＝主格」です。

			学生	雑誌
単数	主格		студéнт	журнáл
	生格		студéнта	журнáла
	与格		студéнту	журнáлу
	対格	活動体	студéнта	
		不活動体		журнáл
	造格		студéнтом	журнáлом
	前置格		студéнте	журнáле

複数	主格	студе́нты	журна́лы
	生格	студе́нтов	журна́лов
	与格	студе́нтам	журна́лам
	対格 活動体	студе́нтов	
	不活動体		журна́лы
	造格	студе́нтами	журна́лами
	前置格	студе́нтах	журна́лах

b）第1変化・軟変化

-й 終わり、あるいは -ь 終わりの男性名詞です。活動体は「対格＝生格」、不活動体は「対格＝主格」です。

第1変化・軟変化				
		英雄	路面電車	作家	かばん
単数	主格	геро́й	трамва́й	писа́тель	портфе́ль
	生格	геро́я	трамва́я	писа́теля	портфе́ля
	与格	геро́ю	трамва́ю	писа́телю	портфе́лю
	対格 活動体	геро́я		писа́теля	
	不活動体		трамва́й		портфе́ль
	造格	геро́ем	трамва́ем	писа́телем	портфе́лем
	前置格	геро́е	трамва́е	писа́теле	портфе́ле
複数	主格	геро́и	трамва́и	писа́тели	портфе́ли
	生格	геро́ев	трамва́ев	писа́телей	портфе́лей
	与格	геро́ям	трамва́ям	писа́телям	портфе́лям
	対格 活動体	геро́ев		писа́телей	
	不活動体		трамва́и		портфе́ли
	造格	геро́ями	трамва́ями	писа́телями	портфе́лями
	前置格	геро́ях	трамва́ях	писа́телях	портфе́лях

c）第1変化・単数と複数で語幹が異なるもの

第1変化の男性名詞には複数形の語幹が単数形と異なるものがあります（複数形の作り方　☞ p.23~27）。

3.2 名詞の変化の基本パターン

i）-ья タイプ

このタイプは子音交替が起こったりアクセントが移動するなどさらにいくつかのタイプに分かれますが、単数と複数で語幹が異なる点では一貫しています。多くはありませんが、基本的な単語が多いので覚える必要があります。

			兄・弟	いす	友人	息子
単数	主格		брат	стул	друг	сын
	生格		бра́та	сту́ла	дру́га	сы́на
	与格		бра́ту	сту́лу	дру́гу	сы́ну
	対格	活動体	бра́та		дру́га	сы́на
		不活動体		стул		
	造格		бра́том	сту́лом	дру́гом	сы́ном
	前置格		бра́те	сту́ле	дру́ге	сы́не
複数	主格		бра́тья	сту́лья	друзья́	сыновья́
	生格		бра́тьев	сту́льев	друзе́й	сынове́й
	与格		бра́тьям	сту́льям	друзья́м	сыновья́м
	対格	活動体	бра́тьев		друзе́й	сынове́й
		不活動体		сту́лья		
	造格		бра́тьями	сту́льями	друзья́ми	сыновья́ми
	前置格		бра́тьях	сту́льях	друзья́х	сыновья́х

ii）-ин タイプ

このタイプにもいくつかのバリアントがありますが、単数と複数で語幹が異なる点では一貫しています。いずれも人を表す名詞ばかりです。

			ロシア国民	ブルガリア人	～様、紳士
単数	主格		россия́нин	болга́рин	господи́н
	生格		россия́нина	болга́рина	господи́на
	与格		россия́нину	болга́рину	господи́ну
	対格	活動体	россия́нина	болга́рина	господи́на
	造格		россия́нином	болга́рином	господи́ном

複数	前置格		россия́нине	болга́рине	господи́не
	主格		россия́не	болга́ры	господа́
	生格		россия́н	болга́р	госпо́д
	与格		россия́нам	болга́рам	господа́м
	対格	活動体	россия́н	болга́р	госпо́д
	造格		россия́нами	болга́рами	господа́ми
	前置格		россия́нах	болга́рах	господа́х

iii) -о(ё)нок/-ята タイプ

動物の子どもを表す名詞はこのパターンが多いです。

-о(ё)нок/-ята タイプの変化		
		子猫	子ネズミ
単数	主格		котёнок	мышо́нок
	生格		котёнка	мышо́нка
	与格		котёнку	мышо́нку
	対格	活動体	котёнка	мышо́нка
	造格		котёнком	мышо́нком
	前置格		котёнке	мышо́нке
複数	主格		котя́та	мыша́та
	生格		котя́т	мыша́т
	与格		котя́там	мыша́там
	対格	活動体	котя́т	мыша́т
	造格		котя́тами	мыша́тами
	前置格		котя́тах	мыша́тах

-о(ё)нок で終わる名詞がすべてこのタイプというわけではありません。普通に変化するものも多数あります。

iv) сосе́д/сосе́ди タイプ

子音終わりの男性名詞ですが、複数形はまるで -ь 終わりの男性名詞のように振る舞います。単数では第1変化・硬変化（子音終わり）の名詞（☞ p.70 ）と、複数では第1変化・軟変化（-ь 終わり）の名詞（☞ p.71 ）と、語尾が同じであることに注意してください。

сосе́д/сосе́ди タイプの変化

隣人

単数			複数		
主格		сосе́д	主格		сосе́ди
生格		сосе́да	生格		сосе́дей
与格		сосе́ду	与格		сосе́дям
対格	活動体	сосе́да	対格	活動体	сосе́дей
造格		сосе́дом	造格		сосе́дями
前置格		сосе́де	前置格		сосе́дях

d）第1変化・複数主格のみ規則的なパターンから外れるもの

これらは複数主格のみ不規則な作り方をしますが、それ以外は規則的です。

профе́ссор/профессора́　教授　　учи́тель/учителя́　教師
глаз/глаза́　目　　край/края́　端

複数主格のみ規則的なパターンから外れるものの変化

教授

単数			複数		
主格		профе́ссор	主格		профессора́
生格		профе́ссора	生格		профессоро́в
与格		профе́ссору	与格		профессора́м
対格	活動体	профе́ссора	対格	活動体	профессоро́в
	不活動体			不活動体	
造格		профе́ссором	造格		профессора́ми
前置格		профе́ссоре	前置格		профессора́х

アクセントは原則的に、単数形は語幹、複数形は語尾にありますが、рука́в「袖」のように単数主格（およびそれと同形の単数対格）以外ですべて語尾にアクセントが移動するものもあります。

e）путь「道」

путь「道」は第3変化の女性名詞に似ていますが、単数造格の語尾だけが第1変化と同じになる不規則変化です。また、通常の第3変化名詞と異なり、男性名詞です。このような変化をする名詞はこれ1つしかありません。

3.2 名詞の変化の基本パターン

<table>
<tr><th colspan="7">путь の変化</th></tr>
<tr><th colspan="7">道</th></tr>
<tr><td rowspan="6">単数</td><td colspan="2">主格</td><td>путь</td><td rowspan="6">複数</td><td colspan="2">主格</td><td>пути́</td></tr>
<tr><td colspan="2">生格</td><td>пути́</td><td colspan="2">生格</td><td>путе́й</td></tr>
<tr><td colspan="2">与格</td><td>пути́</td><td colspan="2">与格</td><td>путя́м</td></tr>
<tr><td>対格</td><td>不活動体</td><td>путь</td><td>対格</td><td>不活動体</td><td>пути́</td></tr>
<tr><td colspan="2">造格</td><td>путём</td><td colspan="2">造格</td><td>путя́ми</td></tr>
<tr><td colspan="2">前置格</td><td>пути́</td><td colspan="2">前置格</td><td>путя́х</td></tr>
</table>

f）第2変化の男性名詞

-а/-я 終わりの第2変化名詞は基本的に女性名詞ですが、男の人を示している場合は意味が優先され、男性名詞となります。ただし、変化は単数形でも複数形でもあくまでも第2変化です。

<table>
<tr><th colspan="7">第2変化の男性名詞の変化</th></tr>
<tr><th colspan="7">お父さん</th></tr>
<tr><td rowspan="6">単数</td><td colspan="2">主格</td><td>па́па</td><td rowspan="6">複数</td><td colspan="2">主格</td><td>па́пы</td></tr>
<tr><td colspan="2">生格</td><td>па́пы</td><td colspan="2">生格</td><td>пап</td></tr>
<tr><td colspan="2">与格</td><td>па́пе</td><td colspan="2">与格</td><td>па́пам</td></tr>
<tr><td>対格</td><td>活動体</td><td>па́пу</td><td>対格</td><td>活動体</td><td>пап</td></tr>
<tr><td colspan="2">造格</td><td>па́пой(-ою)</td><td colspan="2">造格</td><td>па́пами</td></tr>
<tr><td colspan="2">前置格</td><td>па́пе</td><td colspan="2">前置格</td><td>па́пах</td></tr>
</table>

＊造格の（ ）で示した па́пою という形は、現代では普通は用いられませんが、文献などで出てくることがある形です。

補足

第2変化とはいえ男性名詞ですので、一致定語（☞ p.348-349）や述語（☞ p.347-348）はあくまでも男性形になります。以下は一致定語の例です。

[私のお父さん]

主格	мой па́па	対格	моего́ па́пу
生格	моего́ па́пы	造格	мои́м па́пой
与格	моему́ па́пе	前置格	моём па́пе

（2）中性名詞

中性名詞も男性名詞と同様ほとんどが第1変化ですが、-мя 終わりのような不規則変化名詞や、複数形で語幹の形が変わったり、複数主格形だけ規則どおりの形にならないものなどがあります。

a）第1変化　硬変化・軟変化

男性との違いは単複の主格（＝対格）形です。中性名詞は複数でアクセントが移動するものが多いのに注意してください。なお、軟変化には -e 終わりのほかに -ё 終わりも少数存在します。変化は e が ё になる箇所がある以外はほとんど同じですが、詳細は ружьё「銃」の変化（☞ p.82）で確認してください。

			第1変化　硬変化・軟変化	
			硬変化	軟変化
			場所、席	海
単数	主格		мéсто	мóре
	生格		мéста	мóря
	与格		мéсту	мóрю
	対格	不活動体	мéсто	мóре
	造格		мéстом	мóрем
	前置格		мéсте	мóре
複数	主格		местá	моря́
	生格		мест	морéй
	与格		местáм	моря́м
	対格	不活動体	местá	моря́
	造格		местáми	моря́ми
	前置格		местáх	моря́х

なお、中性名詞にもわずかながら活動体名詞があり、その場合、対格形は単数では不活動体と同様主格と同形で、複数の場合のみ生格と同形になります（詳しくは第2章の対格の節 ☞ p.50~53）。

b）-мя タイプ

単数主格以外で語幹が -ен- の分だけ長くなっていることを除けば第3変化に似ていますが、造格の形が第3変化と違います。

-мя タイプの変化

名前

単数			複数		
主格		и́мя	主格		имена́
生格		и́мени	生格		имён
与格		и́мени	与格		имена́м
対格	不活動体	и́мя	対格	不活動体	имена́
造格		и́менем	造格		имена́ми
前置格		и́мени	前置格		имена́х

＊ зна́мя「旗」は複数で знамёна, знамён, знамёнам と変化します。
＊ се́мя「種子」の複数生格は семя́н、стре́мя「あぶみ」の複数生格も стремя́н です。

c）単数と複数で語幹が異なるもの

男性名詞と同様、複数形になると語幹の形が変わるものがあります（複数形の作り方は ☞ p.23~27 ）。

i）-ья タイプ（第1変化）

-ья タイプの変化

木

単数			複数		
主格		де́рево	主格		дере́вья
生格		де́рева	生格		дере́вьев
与格		де́реву	与格		дере́вьям
対格	不活動体	де́рево	対格	不活動体	дере́вья
造格		де́ревом	造格		дере́вьями
前置格		де́реве	前置格		дере́вьях

ii）-еса タイプ（第1変化）

-еса タイプの変化

空

単数			複数		
主格		не́бо	主格		небеса́
生格		не́ба	生格		небе́с
与格		не́бу	与格		небеса́м
対格	不活動体	не́бо	対格	不活動体	небеса́
造格		не́бом	造格		небеса́ми
前置格		не́бе	前置格		небеса́х

iii）単数と複数で硬軟が異なるもの（第1変化）

単数形で硬変化の語尾、複数形で軟変化の語尾（☞ p.13~14）となります。また、複数主格形の語尾が通常の中性名詞のものではなく、男性名詞と同じものです。ýхо/ýши のように子音交替が伴う場合もあります。

			膝	耳
単数	主格		колéно	ýхо
	生格		колéна	ýха
	与格		колéну	ýху
	対格	不活動体	колéно	ýхо
	造格		колéном	ýхом
	前置格		колéне	ýхе
複数	主格		колéни	ýши
	生格		колéней	ушéй
	与格		колéням	ушáм
	対格	不活動体	колéни	ýши
	造格		колéнями	ушáми
	前置格		колéнях	ушáх

iv）複数主格のみ規則的なパターンから外れるもの

これらは複数主格（およびそれと同形の複数対格）のみ不規則な作り方をしますが、それ以外は規則的な第1変化です。

複数主格のみ規則的なパターンから外れるものの変化

	りんご	
	単数	複数
主格	я́блоко	я́блоки
生格	я́блока	я́блок
与格	я́блоку	я́блокам
対格	я́блоко	я́блоки
造格	я́блоком	я́блоками
前置格	я́блоке	я́блоках

単数で -o、複数で -и となる語には、このほかに словéчко/словéчки 「語」、плечó/плéчи「肩」などがあります。

(3) 女性名詞

女性名詞は第2変化が多数を占めますが、第3変化のものもあります。

a) 第2変化　硬変化・軟変化

第2変化の女性名詞は、単数形では活動体でも不活動体でも対格の語尾が -y/-ю で同じ形になりますが、複数形になると活動体では生格と同形、不活動体で主格と同形となります。

<table>
<tr><th colspan="6">第2変化名詞の変化</th></tr>
<tr><th colspan="2"></th><th colspan="2">硬変化</th><th colspan="2">軟変化</th></tr>
<tr><th colspan="2"></th><th>お母さん</th><th>新聞</th><th>子守</th><th>週</th></tr>
<tr><td rowspan="7">単数</td><td>主格</td><td>мáма</td><td>газéта</td><td>нáня</td><td>недéля</td></tr>
<tr><td>生格</td><td>мáмы</td><td>газéты</td><td>нáни</td><td>недéли</td></tr>
<tr><td>与格</td><td>мáме</td><td>газéте</td><td>нáне</td><td>недéле</td></tr>
<tr><td>対格 活動体</td><td>мáму</td><td></td><td>нáню</td><td></td></tr>
<tr><td>対格 不活動体</td><td></td><td>газéту</td><td></td><td>недéлю</td></tr>
<tr><td>造格</td><td>мáмой(-ою)</td><td>газéтой(-ою)</td><td>нáней(-ею)</td><td>недéлей(-ею)</td></tr>
<tr><td>前置格</td><td>мáме</td><td>газéте</td><td>нáне</td><td>недéле</td></tr>
<tr><td rowspan="7">複数</td><td>主格</td><td>мáмы</td><td>газéты</td><td>нáни</td><td>недéли</td></tr>
<tr><td>生格</td><td>мам</td><td>газéт</td><td>нянь</td><td>недéль</td></tr>
<tr><td>与格</td><td>мáмам</td><td>газéтам</td><td>нáням</td><td>недéлям</td></tr>
<tr><td>対格 活動体</td><td>мам</td><td></td><td>нянь</td><td></td></tr>
<tr><td>対格 不活動体</td><td></td><td>газéты</td><td></td><td>недéли</td></tr>
<tr><td>造格</td><td>мáмами</td><td>газéтами</td><td>нáнями</td><td>недéлями</td></tr>
<tr><td>前置格</td><td>мáмах</td><td>газéтах</td><td>нáнях</td><td>недéлях</td></tr>
</table>

＊単数造格形の（　）で示した -ою/-ею という語尾は現代では普通は用いられませんが、文献などで出てくることがある形です。

b）第3変化

第3変化の女性名詞は、単数では活動体・不活動体のいずれでも「対格＝主格」となりますが、複数では活動体では「対格＝生格」、不活動体では「対格＝主格」となります。ちなみに第3変化名詞はすべて女性名詞です。

			第3変化名詞の変化	
			ヤマネコ	ノート
単数	主格		рысь	тетра́дь
	生格		ры́си	тетра́ди
	与格		ры́си	тетра́ди
	対格	活動体	рысь	
		不活動体		тетра́дь
	造格		ры́сью	тетра́дью
	前置格		ры́си	тетра́ди
複数	主格		ры́си	тетра́ди
	生格		рысе́й	тетра́дей
	与格		ры́сям	тетра́дям
	対格	活動体	рысе́й	
		不活動体		тетра́ди
	造格		ры́сями	тетра́дями
	前置格		ры́сях	тетра́дях

мать と дочь は、単数の主格およびそれと同形の対格以外で語幹に -ер- が加わりますが、それ以外は第3変化です。

			мать と дочь の変化	
			母	娘
単数	主格		мать	дочь
	生格		ма́тери	до́чери
	与格		ма́тери	до́чери
	対格	活動体	мать	дочь
	造格		ма́терью	до́черью
	前置格		ма́тери	до́чери
複数	主格		ма́тери	до́чери

生格		матер**е́й**	дочер**е́й**
与格		матер**я́м**	дочер**я́м**
対格	活動体	матер**е́й**	дочер**е́й**
造格		матер**я́ми**	дочер**я́ми** дочер**ьми́**
前置格		матер**я́х**	дочер**я́х**

＊ дочь の複数造格は２つの形が併存しています。

3. 名詞の変化・いくつかの注意点

これまでにまとめた第1変化、第2変化、第3変化が変化の基本パターンですが、この節ではほかの注意点について述べます。

（1）-ий, -ие(-ье), -ия 終わりの名詞の変化

それぞれ -й 終わりの男性名詞（第1変化）、-е 終わりの中性名詞（第1変化）、-я 終わりの女性名詞（第2変化）ではありますが、基本タイプとは微妙に違いますので注意が必要です。-ий タイプと -ие タイプは単数前置格だけ、-ия タイプは単数前置格に加え単数与格も基本タイプと異なります。下線を引いた箇所に注意してください。

		-ий, -ие(-ье), -ия の変化		
		保養所	寮	駅
単数	主格	санато́р**ий**	общежи́т**ие**	ста́нц**ия**
	生格	санато́р**ия**	общежи́т**ия**	ста́нц**ии**
	与格	санато́р**ию**	общежи́т**ию**	ста́нц**ии**
	対格	санато́р**ий**	общежи́т**ие**	ста́нц**ию**
	造格	санато́р**ием**	общежи́т**ием**	ста́нц**ией**(-**иею**)
	前置格	санато́р**ии**	общежи́т**ии**	ста́нц**ии**
複数	主格	санато́р**ии**	общежи́т**ия**	ста́нц**ии**
	生格	санато́р**иев**	общежи́т**ий**	ста́нц**ий**
	与格	санато́р**иям**	общежи́т**иям**	ста́нц**иям**
	対格	санато́р**ии**	общежи́т**ия**	ста́нц**ии**

	造格	санато́риями	общежи́тиями	ста́нциями
	前置格	санато́риях	общежи́тиях	ста́нциях

＊ ста́нция の単数造格形、（　）内の -иею という語尾は古い形で現代では通常使われません。

ただし、воскресе́нье「日曜日」と ружьё「銃」は -ие タイプと、статья́「論文」は -ия タイプと似ていますが、微妙に違います。以下の表の下線を引いたところが違う箇所です。

		日曜日	銃	論文
単数	主格	воскресе́нье	ружьё	статья́
	生格	воскресе́нья	ружья́	статьи́
	与格	воскресе́нью	ружью́	статье́
	対格	воскресе́нье	ружьё	статью́
	造格	воскресе́ньем	ружьём	статьёй(-ьёю)
	前置格	воскресе́нье	ружье́	статье́
複数	主格	воскресе́нья	ру́жья	статьи́
	生格	воскресе́ний	ру́жей	стате́й
	与格	воскресе́ньям	ру́жьям	статья́м
	対格	воскресе́нья	ру́жья	статьи́
	造格	воскресе́ньями	ру́жьями	статья́ми
	前置格	воскресе́ньях	ру́жьях	статья́х

＊ статья́ の単数造格形、（　）内の -ьёю という語尾は古い形で現代では通常使われません。
＊ -ьё タイプに似た -иё 終わりの остриё「先端」は、ь と и の違い以外 ружьё と同じ変化ですが、複数生格形が остриёв となるのが違います。また、копьё「槍」の複数生格形は ко́пий です。いずれも通常の複数生格形の作り方（☞ p.83-85）とは異なる例外的なものです。

（2）名字の変化

名字は多様な起源があり、変化もいろいろです。例えば、Толсто́й のような形容詞タイプは形容詞と同じ変化、Бонда́рко のような -ко タイプ、Белы́х のような形容詞の複数生格形タイプは一切変化しません。また、Шаумя́н、Ме́льник のような男性名詞タイプは、それが男の人の名字なら普通に男性名詞として変化しますが、女の人の場合は一切変化しません。ロシアで最も多く見られるタイプは -ов/-ев タイプで、それに -ин タ

イプが続きます。これらはいずれも名詞と形容詞の混ざったような変化をしますので、注意してください。

代表的な名字の変化

		男性	女性	男性	女性
単数	主格	Петро́в	Петро́ва	Ники́тин	Ники́тина
	生格	Петро́ва	Петро́вой	Ники́тина	Никити́ной
	与格	Петро́ву	Петро́вой	Никити́ну	Никити́ной
	対格	Петро́ва	Петро́ву	Никити́на	Никити́ну
	造格	Петро́вым	Петро́вой	Никити́ным	Никити́ной
	前置格	Петро́ве	Петро́вой	Никити́не	Никити́ной
複数	主格	Петро́вы		Никити́ны	
	生格	Петро́вых		Никити́ных	
	与格	Петро́вым		Никити́ным	
	対格	Петро́вых		Никити́ных	
	造格	Петро́выми		Никити́ными	
	前置格	Петро́вых		Никити́ных	

（3）複数生格形について

　ロシア語の名詞の変化は大まかに3つのタイプに分かれますが、複数形は基本的に1つのタイプに収斂しています。ただし、複数生格形だけは複雑で、3つのタイプでもうまく捉えられません。ここでは、複数生格の作り方の概略をまとめてみましょう。

　複数生格は基本的には語末が子音で終わるようにします。それが名詞の複数生格の印ですが、その「子音終わり」にする方法がいろいろあるため、少々複雑になっています。順番に整理していきましょう(以下に出てくる大文字のCは、子音を意味します)。

a) 複数生格の作り方
① -a と -o と子音終わりの場合
　まず子音終わりにする最も簡単な方法は語尾の -a や -o を落とすことです。ただし、もともと語尾がなく子音で終わっている場合は、その後に -ов を加えて新たな子音終わりに変えます。

3.3 名詞の変化・いくつかの注意点

-Ca → **-C**	ко́мнат**a** → ко́мнат 部屋
-Co → **-C**	те́л**o** → тел 体
-C → **-Coв**	студе́нт → студе́нт**oв** 学生

＊出没母音が出てくることが多いので注意（☞ p.86~89）。
ру́чк**a** → ру́ч**е**к　окн**о́** → **о́**к**o**н

② -я、-e、-ьё、-й の場合

-я の場合は -ь を残し、-e と -ьё は -ей に置き換えます。また、-й は -ов ではなく -ев です。

-я → **-ь**	неде́л**я** → неде́л**ь** 週
-e, -ьё → **-ей**	по́л**e** → пол**е́й** 野原　ружь**ё** → ру́ж**ей** 銃
-й → **-ев**	музе́**й** → музе́**ев** 博物館

③ -ь の場合

-ь 終わりの名詞は性別の男女に関わらず -ей にします。

| -ь → **-ей** | ру́бл**ь** → рубл**е́й**（男）ルーブル
тетра́д**ь** → тетра́д**ей**（女）ノート |

④ -мя の場合

-мя 終わりの中性名詞は、常に注意が必要です。

| -мя → **-мён** | и́**мя** → и**мён** 名前 |

⑤ -ия と -ие の場合

-ия 終わりと -ие 終わりが特殊なのは、単数前置格でも同様でした。

| -ия → **-ий** | а́рми**я** → а́рм**ий** 軍隊 |
| -ие → **-ий** | зда́ни**e** → зда́н**ий** 建物 |

＊ただし前置格（☞ p.65）と違い、-ий は通常通り ② -иев になります。
санато́р**ий** → санато́р**иев**

⑥ -ея の場合

-ея 終わりも同様に注意してください。

| -ея → **-ей** | иде́**я** → иде́**й** アイデア |

⑦ 子音終わりの例外

ただし、子音終わりでも、次の場合には以上の限りではありません。

| -ж, -ч, -ш, -щ → -ж, -ч, -ш, -щ+ей | товáрищ → товáрищей 同僚 |
| -ц → -цев (語尾にアクセントがない場合) | мéсяц → мéсяцев 月 |

＊ -ц 終わりは、語尾にアクセントが置かれていれば通常通り① -цóв になります。
　　отéц ➡ отцóв「父」

b) 複数生格のまとめ

以上のルールをまとめておきましょう。

基本原則：語末が子音で終わる

男性	-С → -Сов ①	-й → -ев ②	-ь → -ей ③
女性	-Са → -С ①	-я → -ь ②	-ь → -ей ③
中性	-Со → -С ①	-е → -ей ②	-мя → -мён ④

ただし、

-ия → -ий
-ие → -ий　⑤

-ея → -ей　⑥

-ж, -ч, -ш, -щ → -ж, -ч, -ш, -щ+ей　⑦

-ц → -цев (語尾にアクセントがない場合)　⑦

また、以下の2語はほかの変化形同様不規則ですので、注意してください（☞ p.80-81）。

　　мать ➡ матерéй 母　　дочь ➡ дочерéй 娘

- -ья 終わりの女性名詞は、語幹にアクセントがあれば -ий となります。
　　гóстья ➡ гóстий 女性客
- -ья 終わりの女性名詞は、語尾にアクセントがあれば -éй となります。
　　статья́ ➡ статéй 論文
- -ье 終わりの中性名詞は、-ий となります。
　　воскресéнье ➡ воскресéний 日曜日
- -ьё 終わりの中性名詞は、-ей となります。
　　ружьё ➡ рýжей 銃　　питьё ➡ питéй 飲み物
　　＊ ただし、копьё → кóпий「槍」、остриё → остриёв「矛先」のような例外もあります。

3.3 名詞の変化・いくつかの注意点

（4）複数造格形の例外

　複数与格形、複数造格形、複数前置格形の3つは、それぞれ -ам/-ям, -ами/-ями, -ах/-ях という形に統一され、単語の変化が複雑なロシア語としては珍しいほど1つの形に収斂しています。ただし、複数造格形だけは、люди「人々」の造格 людьми́、де́ти「子どもたち」の造格 детьми́ など、少しだけ例外があります。また、дочь「娘」が дочерьми́/дочеря́ми、ло́шадь「馬」が лошадьми́/лошадя́ми、дверь「ドア」が дверьми́/дверя́ми になるなど、2つの形が併存していることもあります。このような例では、概して後者のほうが口語的と言われます。

（5）出没母音

　単語が変化した際に、出てきたり消えたりする母音を出没母音と言います。

　　окно́　窓（単数主格）　➡　о́кон（複数生格）

　　ры́нок　市場（単数主格）　➡　ры́нка（単数生格）

　　день　日（単数主格）　➡　дня（単数生格）

　　сестра́　姉・妹（単数主格）　➡　сестёр（複数生格）

以上のように、出没母音は必ず o か e（あるいは ё）となります。

　ロシア語は多くの場合、語末に子音が連続することを嫌います。出没母音は語末に子音が連続しないように子音の間に挿入されるものです。大きく分けて2つのパターンがあります。

a）子音終わり、-ь 終わりの男性名詞で、単数主格で語尾がないため語末に子音が連続する場合

　語尾がないときだけ語末の子音連続を避けるために出没母音が現れます。語尾がある場合には子音連続が語末ではないので、出没母音が不要なため消えます。

　　сон　夢（単数主格）
　　　➡　сна（単数生格）、сну（単数与格）…

лев　ライオン（単数主格）
　➡ льва（単数生格）、льву（単数与格）…
день　日（単数主格）
　➡ дня（単数生格）、дню（単数与格）…

b）女性名詞や中性名詞で語尾がある場合

出没母音は不要なので現れませんが、複数生格で語尾がなくなったときには、語末の子音連続を避けるために出没母音が現れます。

студе́нтка　女子学生（単数主格）、студе́нтки（単数生格）…
　➡ студе́нток（複数生格）
письмо́　手紙（単数主格）、пи́сьма（単数生格）…
　➡ пи́сем（複数生格）
сестра́　姉・妹（単数主格）、сёстры（単数生格）…
　➡ сестёр（複数生格）

第3変化の女性名詞では、-ь終わりの主格・対格以外に、語尾がある造格でも出没母音が現れるというパターンもあります。それ以外の形で出没母音は消えます。

це́рковь　教会
　➡ це́ркви, це́ркви, це́рковь, це́рковью, це́ркви
любо́вь　愛
　➡ любви́, любви́, любо́вь, любо́вью, любви́

ただし以下のように出没母音ではない o, e を含むものも多いので、注意してください。

но́вость　ニュース
　➡ но́вости, но́вости, но́вость, но́востью, но́вости
дверь　ドア
　➡ две́ри, две́ри, дверь, две́рью, две́ри

c）ьが残る場合

出没母音の e(ё) が消えたあとに、ьを残すものもあります。

па́лец　指 ➡ па́льца

конёк 子馬 ➡ конька́
лёд 氷 ➡ льда

d) й が残る場合

母音の直後の出没母音が消えたあとに й が残ります。

кита́ец 中国人 ➡ кита́йца
бое́ц 戦士 ➡ бойца́

e) 出没母音は o か e か

出没母音が o なのか e なのかは、おおよそ以下のように決まります。ただし、さまざまな事情から必ずこのルールに従うわけではありません。あくまでも目安と考えてください。

- 語末の子音連続に軟口蓋音［к, г, х］が含まれる場合は o が入る。
  окно́ 窓 ➡ о́кон
  студе́нтка 女子学生 ➡ студе́нток
  доска́ 黒板 ➡ досо́к
  ку́хня キッチン ➡ ку́хонь
  ого́нь 火 ➡ огня́
  ры́нок 市場 ➡ ры́нка

- それ以外の子音連続の場合は e が入る。
  кре́сло 安楽いす ➡ кре́сел
  коне́ц 終わり ➡ конца́
  сосна́ 松 ➡ со́сен
  земля́ 土地 ➡земе́ль
  ка́пля しずく ➡ ка́пель
  оте́ц 父 ➡ отца́

- アクセントが置かれない場合、ж, ч, ш, щ, ц および軟子音のあとでは o は e になる。
  ко́шка 猫 ➡ ко́шек
  ка́рточка カード ➡ ка́рточек
  ло́жка スプーン ➡ ло́жек
  ту́фелька 靴 ➡ ту́фелек

出没母音は機械的に予想できないことが多いので、注意してください。以下の語のように、語末の子音連続が必ず避けられるわけではありません。

пиани́ст　ピアニスト

Санкт-Петербу́рг　サンクトペテルブルク

また、出没母音はほかの品詞にもあります。例えば、形容詞の短語尾形ではしばしば見られます（☞ p.139~140）。

4. アクセント移動

(1) アクセント移動の仕組み

名詞は変化すると、しばしばアクセントの位置が移動します。この節では主なアクセント移動のパターンを紹介しますが、ほかにもこれらの基本的なパターンからずれるものがあったり、あるいは複数のパターンの間を揺れている語があったりしますので、アクセントの位置は辞書で確認する癖をつけましょう。

まず、アクセントの位置は語幹にあるか語尾にあるかに大別できます。そこで、次ページからの表では、単語を語幹と語尾に分けて、アクセントのあるほうに●、ないほうに×を記して図式化しました。移動のパターンを確認する参考にしてください。

ただし、次の①②の場合、パターンから外れて見えることがあります。
①語尾にアクセントが置かれるパターンなのに語尾が存在しない場合、アクセントは自動的に1つ前の母音に置かれます（単数主格、複数生格）。
②対格と主格が同形の場合、たとえほかの格でアクセントが移動していても主格と同じアクセントになります（不活動体の男性名詞）。

①②の理由によってパターンから外れたアクセントがある場合は、表の該当の箇所をグレーに塗りつぶし、注意を促しています。

(2) アクセント移動のタイプ

a) 常に語幹にアクセントがあるパターン

常に語幹の同じ位置にアクセントがあり、変化しても移動しないパターンです。

<table>
<tr><th colspan="6">常に語幹にアクセントがあるパターン</th></tr>
<tr><th></th><th></th><th>語幹−語尾</th><th>雑誌</th><th>建物</th><th>本</th></tr>
<tr><td rowspan="6">単数</td><td>主格</td><td>●−×</td><td>журна́л</td><td>зда́ние</td><td>кни́га</td></tr>
<tr><td>生格</td><td>●−×</td><td>журна́ла</td><td>зда́ния</td><td>кни́ги</td></tr>
<tr><td>与格</td><td>●−×</td><td>журна́лу</td><td>зда́нию</td><td>кни́ге</td></tr>
<tr><td>対格</td><td>●−×</td><td>журна́л</td><td>зда́ние</td><td>кни́гу</td></tr>
<tr><td>造格</td><td>●−×</td><td>журна́лом</td><td>зда́нием</td><td>кни́гой</td></tr>
<tr><td>前置格</td><td>●−×</td><td>журна́ле</td><td>зда́нии</td><td>кни́ге</td></tr>
<tr><td rowspan="6">複数</td><td>主格</td><td>●−×</td><td>журна́лы</td><td>зда́ния</td><td>кни́ги</td></tr>
<tr><td>生格</td><td>●−×</td><td>журна́лов</td><td>зда́ний</td><td>книг</td></tr>
<tr><td>与格</td><td>●−×</td><td>журна́лам</td><td>зда́ниям</td><td>кни́гам</td></tr>
<tr><td>対格</td><td>●−×</td><td>журна́лы</td><td>зда́ния</td><td>кни́ги</td></tr>
<tr><td>造格</td><td>●−×</td><td>журна́лами</td><td>зда́ниями</td><td>кни́гами</td></tr>
<tr><td>前置格</td><td>●−×</td><td>журна́лах</td><td>зда́ниях</td><td>кни́гах</td></tr>
</table>

＊まれに単数と複数で語幹の異なる音節にアクセントがある場合もあります。
о́зеро-озёра「湖」, де́рево-дере́вья「木」, зна́мя-знамёна「旗」

b) 複数形になると語尾にアクセントが移動するタイプ

単数形は常に語幹にアクセントがあり、複数形になると語尾にアクセントが移動するパターンです。

<table>
<tr><th colspan="6">複数形になると語尾にアクセントが移動するタイプ</th></tr>
<tr><th></th><th></th><th>語幹−語尾</th><th>博士</th><th>都市</th><th>単語</th></tr>
<tr><td rowspan="6">単数</td><td>主格</td><td>●−×</td><td>до́ктор</td><td>го́род</td><td>сло́во</td></tr>
<tr><td>生格</td><td>●−×</td><td>до́ктора</td><td>го́рода</td><td>сло́ва</td></tr>
<tr><td>与格</td><td>●−×</td><td>до́ктору</td><td>го́роду</td><td>сло́ву</td></tr>
<tr><td>対格</td><td>●−×</td><td>до́ктора</td><td>го́род</td><td>сло́во</td></tr>
<tr><td>造格</td><td>●−×</td><td>до́ктором</td><td>го́родом</td><td>сло́вом</td></tr>
<tr><td>前置格</td><td>●−×</td><td>до́кторе</td><td>го́роде</td><td>сло́ве</td></tr>
</table>

3.4 アクセント移動

		語幹−語尾			
複数	主格	×−●	доктора́	города́	слова́
	生格	×−●	докторо́в	городо́в	слов
	与格	×−●	доктора́м	города́м	слова́м
	対格	×−●	докторо́в	города́	слова́
	造格	×−●	доктора́ми	города́ми	слова́ми
	前置格	×−●	доктора́х	города́х	слова́х

① 複数生格で語尾がないのでアクセントが前に移動

c）複数形になると語幹にアクセントが移動するタイプ

単数形は常に語尾にアクセントがあり、複数形になると語幹にアクセントが移動するパターンです。

複数形になると語幹にアクセントが移動するタイプ				
		語幹−語尾	戦争	窓
単数	主格	×−●	война́	окно́
	生格	×−●	войны́	окна́
	与格	×−●	войне́	окну́
	対格	×−●	войну́	окно́
	造格	×−●	войно́й	окно́м
	前置格	×−●	войне́	окне́
複数	主格	●−×	во́йны	о́кна
	生格	●−×	во́йн	о́кон
	与格	●−×	во́йнам	о́кнам
	対格	●−×	во́йны	о́кна
	造格	●−×	во́йнами	о́кнами
	前置格	●−×	во́йнах	о́кнах

この変種として、単数対格だけアクセントが語幹に飛び出す女性名詞があります。

単数対格だけアクセントが語幹に飛び出すタイプ

		語幹ー語尾	冬	背中
単数	主格	×ー●	зимá	спинá
	生格	×ー●	зимы́	спины́
	与格	×ー●	зимé	спинé
	対格	●ー×	зи́му	спи́ну
	造格	×ー●	зимóй	спинóй
	前置格	×ー●	зимé	спинé
複数	主格	●ー×	зи́мы	спи́ны
	生格	●ー×	зим	спин
	与格	●ー×	зи́мам	спи́нам
	対格	●ー×	зи́мы	спи́ны
	造格	●ー×	зи́мами	спи́нами
	前置格	●ー×	зи́мах	спи́нах

d）常に語尾にアクセントがあるパターン

常に語尾にアクセントがあり、変化しても移動しないパターンです。

常に語尾にアクセントがあるパターン

		語幹ー語尾	論文	物質
単数	主格	×ー●	статья́	веществó
	生格	×ー●	статьи́	веществá
	与格	×ー●	статьé	веществу́
	対格	×ー●	статью́	веществó
	造格	×ー●	статьéй	веществóм
	前置格	×ー●	статьé	веществé
複数	主格	×ー●	статьи́	веществá
	生格	×ー●	статéй	вещéств
	与格	×ー●	статья́м	веществáм
	対格	×ー●	статьи́	веществá
	造格	×ー●	статья́ми	веществáми
	前置格	×ー●	статья́х	веществáх

①複数生格で語尾がないのでアクセントが前に移動

3.4 アクセント移動

　このパターンになる名詞のうち、子音終わりの男性名詞は単数主格形（不活動体は単数対格も）では語尾がないので、自動的にアクセントが語幹に移動します。それゆえ、単数生格からアクセントが語尾に移動するタイプと見ることもできます。しかし、あくまで p.89 の①の規則が適用されただけに過ぎません。このタイプの男性名詞は多数存在しますが、アクセントを整理する際、1つのヒントにしてください。

		語幹－語尾	机	医師
単数	主格	●－×	стол	врач
	生格	×－●	стола́	врача́
	与格	×－●	столу́	врачу́
	対格	×－●	стол	врача́
	造格	×－●	столо́м	врачо́м
	前置格	×－●	столе́	враче́
複数	主格	×－●	столы́	врачи́
	生格	×－●	столо́в	враче́й
	与格	×－●	стола́м	врача́м
	対格	×－●	столы́	враче́й
	造格	×－●	стола́ми	врача́ми
	前置格	×－●	стола́х	врача́х

①単数主格で語尾がないのでアクセントが前に移動

②対格が主格と同形のためアクセントも主格と同じ

3.4 アクセント移動

e) 単数と複数主格で語幹にアクセントがあり、複数生格から語尾にアクセントが移動するパターン

単数と複数主格では語幹にアクセントがあるものの、複数の主格以外の格ではすべて語尾にアクセントが移動するパターンです。

複数生格から語尾にアクセントが移動するパターン

		語幹ー語尾	客	神	耳
単数	主格	●ー×	гость	бог	ýхо
	生格	●ー×	гóстя	бóга	ýха
	与格	●ー×	гóстю	бóгу	ýху
	対格	●ー×	гóстя	бóга	ýхо
	造格	●ー×	гóстем	бóгом	ýхом
	前置格	●ー×	гóсте	бóге	ýхе
複数	主格	●ー×	гóсти	бóги	ýши
	生格	×ー●	гостéй	богóв	ушéй
	与格	×ー●	гостя́м	богáм	ушáм
	対格	×ー●	гостéй	богóв	ýши
	造格	×ー●	гостя́ми	богáми	ушáми
	前置格	×ー●	гостя́х	богáх	ушáх

②対格が主格と同形のためアクセントも主格と同じ

f) 複数主格のみアクセントが語幹にあるパターン

複数主格のみ語幹にアクセントがあり、単数形と複数のほかの格では語尾にアクセントがあるパターンです。

複数主格のみアクセントが語幹にあるパターン

		語幹ー語尾	シーツ	唇
単数	主格	×ー●	простыня́	губá
	生格	×ー●	простыни́	губы́
	与格	×ー●	простынé	губé
	対格	×ー●	простыню́	губý
	造格	×ー●	простынëй	губóй
	前置格	×ー●	просытнé	губé

94

		語幹ー語尾		
複数	主格	●ー×	прóстыни	гýбы
	生格	×ー●	просты́нь	губ
	与格	×ー●	простыня́м	губа́м
	対格	×ー●	прóстыни	гýбы
	造格	×ー●	простыня́ми	губа́ми
	前置格	×ー●	простыня́х	губа́х

①複数生格で語尾がないのでアクセントが前に移動

②対格が主格と同形のためアクセントも主格と同じ

　この変種として、単数対格でもアクセントが語幹に飛び出す女性名詞があります。こちらのほうが基礎的な単語に多いので、むしろ重要です。

単数対格でもアクセントが語幹に飛び出すパターン

		語幹ー語尾	頭	手
単数	主格	×ー●	голова́	рука́
	生格	×ー●	головы́	руки́
	与格	×ー●	голове́	руке́
	対格	●ー×	гóлову	рýку
	造格	×ー●	голово́й	руко́й
	前置格	×ー●	голове́	руке́
複数	主格	●ー×	гóловы	рýки
	生格	×ー●	голóв	рук
	与格	×ー●	голова́м	рука́м
	対格	×ー●	гóловы	рýки
	造格	×ー●	голова́ми	рука́ми
	前置格	×ー●	голова́х	рука́х

①複数生格で語尾がないのでアクセントが前に移動

②対格が主格と同形のためアクセントも主格と同じ

第4章 代名詞

実際の言語運用では、同じ名詞を何度も繰り返すのは煩わしいので、しばしば代わりに代名詞を用います。必ずしも名詞の代わりをするものばかりとは限らず、形容詞や副詞などの代わりをするものもあります。本章ではそれらも含め、一つ一つ見ていきましょう。

1. 人称代名詞・再帰代名詞

人称代名詞と呼ばれるものは я, ты, он, онó, онá, мы, вы, они́ の8語、再帰代名詞は себя́ です。

(1) 人称代名詞の変化

8つの人称代名詞の文法的使い分けを表にすると以下のようになります。前置格は常に前置詞とともに使われ、代名詞の場合一部は形を変えるので、前置詞 о「～について」（ p.272, p.284 ）をつけた形で示してあります。

	単数				
	1人称	2人称	3人称 男性	中性	女性
	私	あなた	彼、それ	それ	彼女、それ
主格	я	ты	он	онó	онá
生格	меня́	тебя́	егó	её	её
与格	мне	тебе́	ему́	ей	ей
対格	меня́	тебя́	егó	её	её
造格	мной (мно́ю)	тобо́й (тобо́ю)	им	ей (е́ю)	ей (е́ю)
前置格	обо мне	о тебе́	о нём		о ней

＊造格形の（ ）で示した мно́ю, тобо́ю, е́ю という形は、現代では普通は用いられませんが、文献などで出てくることがある形です。

96

	複数		
	1人称	2人称	3人称
	我々	あなた方、あなた	彼ら、彼女ら、それら
主格	мы	вы	они́
生格	нас	вас	их
与格	нам	вам	им
対格	нас	вас	их
造格	на́ми	ва́ми	и́ми
前置格	о нас	о вас	о них

мы と вы は同じ変化をしています。я と ты の変化も少し似ています。整理して覚えましょう。

（2）人称代名詞の用法

a）人称代名詞の性

он, оно́, она́ はそれぞれ男性名詞、中性名詞、女性名詞の代わりをする3人称の人称代名詞です。一方、英語の he, she は人間の男性と女性、it は人間以外を表す名詞の代わりをするという使い分けになっています。例えば、ロシア語では кни́га「本」を受けて она́ と言えますが、英語の she が示せるのは原則として人間の女性です。

я, ты および単数の意味の вы は、その語が指し示す人物の性別に合わせて述語の性が変わります。

　Я не зна́ла. 私（女性）は知らなかった。
　Ты чита́л э́ту кни́гу? 君（男性）はこの本を読んだ？
　Вы така́я до́брая. あなた（女性）はとても善良だ。

b）ты と вы の使い分け

вы は文法的には複数ですので、「あなた方」を示すのが基本と言えますが、実際には単数の「あなた」を表すのにも使います。

単数の人に向かって使う、「あなた」の意味の ты と вы の使い分けの概略は、以下のとおりです。

4.1 人称代名詞・再帰代名詞

◆**ты** の用法

- 親戚、家族、友人、年下あるいは同世代の同僚、目下の人、子どもなど、親しく話しかけてよい、あるいは話しかけるべき人に
- 神に
  Да святи́тся и́мя **Твоё**. み名が聖とされますように。
- 動物に
- 不活動体への呼びかけ
  Росси́я, **ты** моя́ звезда́. ロシアよ、おまえは私の星だ。
- 粗野な態度として

◆**вы** の用法

- 目上の人、親しくない大人（とくに年上の人）など、親しみよりも敬意を込めて話しかけるべき人に
- フォーマルな状況で

　多くの場合、ты は日本語で敬語を使わず親しく話しかける相手、вы は敬語を使って話しかける相手に対して用いると考えて差し支えありません。しかし、上に示したように、それとは異なる使い方が、とくに ты の用法にありますので気をつけましょう。

　単数の相手を指す вы を主語とする場合の述語は、複数になる場合と単数になる場合があります。相手が複数の人の場合はもちろん複数形です。

複数になる場合	単数になる場合
動詞	形容詞長語尾形
Вы чита́ете. あなたは読書している。	Вы краси́вый/краси́вая. あなたは美しい。
Вы чита́ли. あなたは読書していた。	形容詞の性別はその人の現実の性別に合わせます。
形容詞短語尾形	名詞述語
Вы краси́вы. あなたは美しい。	Вы врач? あなたは医師ですか？

98

c）大文字の Вы

手紙やメールなど人に向けて書かれた文章では、Вы や Ваш を大文字で始めるのが一般的な礼儀です。

Поздравля́ю **Вас** с днём рожде́ния **Ва́шего** сы́на!
息子さんのお誕生日おめでとうございます！

d）н- の添加

3人称の人称代名詞 он, оно́, она́, они́ とその変化形は、前置詞の目的語になったとき、語頭に н- を添加します。

для **них** 彼らのために　　к **нему́** 彼のほうへ　　с **ней** 彼女と

ただし、典型的な前置詞ではなくほかの品詞から派生してできた前置詞などにつく場合は、н- を添加しないことがあります（詳しくは第13章 ☞ p.275~276 ）。

благодаря́ **ему́** 彼のおかげで

所有代名詞の его́, её, их は人称代名詞の生格形と全く同じ形ですが（ ☞ p.102 ）、н- の添加は起こりません。

для **его́** жены́　彼の妻のために
к **её** сы́ну　彼女の息子のほうへ

（3）再帰代名詞 себя́

a）再帰代名詞の変化

再帰代名詞は себя́「自分」の1語だけです。変化は人称代名詞の ты と主格を除いて同じです。

再帰代名詞「自分」					
主格	生格	与格	対格	造格	前置格
—	себя́	себе́	себя́	собо́й (собо́ю)	о себе́

＊造格形の（　）で示した собо́ю という形は現代では普通は用いられませんが、文献などで出てくることがある形です。

b) 再帰代名詞の用法

再帰代名詞の себя は基本的に主語を同じ文の中で繰り返すときに使うものです。従って、主語になることはありませんので、主格形もありません。

Он лю́бит **себя́**.
彼は自分が好きだ。

Она́ расска́зывает о **себе́**.
彼女は自分のことを話している。

ただし、主格主語以外のものと同じ人・ものを指すときもあります。

Мне хо́чется уби́ть **себя́**.
私は自殺したい。

Вам на́до люби́ть **себя́**.
あなたは自分を愛する必要がある。

2. 所有代名詞

名詞の生格形は「〜の」という所有や所属の意味を表しますが（☞ p.37~38）、人称代名詞の生格形には所有を表す「〜の」という意味がありません。その役割を果たすのが所有代名詞です。

моя́ кни́га 　私の本　（✘ кни́га **меня́**）
наш учи́тель 　私たちの先生　（✘ учи́тель **нас**）

> **補足**
>
> ただし、3人称の所有代名詞 его́, её, их の3つは、3人称の人称代名詞の生格 его́, её, их と全く同じ形をしています。これが所有代名詞なのか、それとも人称代名詞なのかは、実は難しい問題をはらんでいます。ただ、少なくとも通常生格名詞は「後ろから前に」名詞を修飾しますが（☞ p.37~38）、これらはほかの所有代名詞と同様、原則的に前から名詞を修飾します。その点で生格とは明らかに違います。
>
> кни́га **Ива́на**　イワンの本（Ива́на が後ろから前に кни́га を修飾）
>
> **его́** кни́га　彼の本（его́ が前から後ろに кни́га を修飾）

(1) 所有代名詞の変化

所有代名詞は3人称の его, её, их を除き、修飾する名詞に一致して変化する一致定語（☞ p.348~349）です。同様に変化するもの同士をまとめて覚えましょう。

		мой「私の(яの)」 твой「あなたの(тыの)」 свой「自分の(себяの)」			
		男性	中性	女性	複数
主格		мой твой свой	моё твоё своё	моя твоя своя	мои твои свои
生格		моего твоего своего		моей твоей своей	моих твоих своих
与格		моему твоему своему		моей твоей своей	моим твоим своим
対格	活動体	моего твоего своего	моё твоё своё	мою твою свою	моих твоих своих
	不活動体	мой твой свой			мои твои свои
造格		моим твоим своим		моей(моею) твоей(твоею) своей(своею)	моими твоими своими
前置格		моём твоём своём		моей твоей своей	моих твоих своих

4.2 所有代名詞

наш「私たちの(мы の)」、ваш「あなた、あなたたちの(вы の)」				
	男性	中性	女性	複数
主格	наш ваш	на́ше ва́ше	на́ша ва́ша	на́ши ва́ши
生格	на́шего ва́шего		на́шей ва́шей	на́ших ва́ших
与格	на́шему ва́шему		на́шей ва́шей	на́шим ва́шим
対格 活動体	на́шего ва́шего	на́ше ва́ше	на́шу ва́шу	на́ших ва́ших
対格 不活動体	наш ваш		на́шу ва́шу	на́ши ва́ши
造格	на́шим ва́шим		на́шей (на́шею) ва́шей (ва́шею)	на́шими ва́шими
前置格	на́шем ва́шем		на́шей ва́шей	на́ших ва́ших

* 女性の造格形の( )で示した мое́ю, твое́ю, свое́ю, на́шею, ва́шею という形は、現代では普通は用いられませんが、文献などで出てくることがある形です。
* 疑問所有代名詞 чей の変化は ☞ p.111 。

(2) 所有代名詞に関する注意点

a) 不変化の所有代名詞（3人称の所有代名詞）

3人称の所有代名詞 его́「彼の、それの」(＜он, оно́)、её「彼女の、それの」(＜она́)、их「彼らの、それらの」(＜они́) は、修飾する名詞の性、数、格など一切に影響を受けず、変化しません。

его́ оте́ц　彼の父　(**男性・主格**)

его́ мать　彼の母　(**女性・主格**)

её сы́на　彼女の息子を　(**男性・対格**)

с **её** письмо́м　彼女の手紙と　(**中性・造格**)

их дру́гу　彼らの友人に　(**男性・与格**)

их друзья́м　彼らの友人に　(**複数・与格**)

b）再帰所有代名詞 свой の用法

свой「自分の」の「自分」とは、原則主語と同じ人物を指します。

Мари́я чита́ет **свою́** кни́жку.
マリヤは自分（＝マリヤ）の本を読んでいる。

Де́ти лю́бят **свою́** ма́му.
子どもたちは自分（＝子どもたち）の母を愛している。

Вы зна́ете значе́ние **своего́** и́мени?
あなたは自分（＝あなた）の名前の意味を知っていますか？

ただし、主格の主語以外でも свой が同じ人物を指す場合はあります。

Ребёнку нужна́ **своя́** ко́мната.
子どもには自分（＝子ども）の部屋が必要だ。

У **меня́** есть **своё** и́мя.
私には自分（＝私）の名前がある。

また、以下の例は2通りの解釈が可能です。

Дире́ктор попроси́л секрета́ршу принести́ **свои́** докуме́нты.
社長は秘書に自分（＝社長／秘書）の書類を持ってくるように頼んだ。

これは、свой が指すのが попроси́л の主語（＝社長）の場合と、принести́ の主語（＝秘書）の場合の2つの可能性があるからです。

1人称と2人称の場合は、свой の代わりに мой, твой, ваш を使っても誰のものを指すのかに違いはありません。日本語訳のほうを見ても明らかなように、違いようがないからです。

Я прочита́л **своё/моё** письмо́.
私は自分の／私の手紙を読んだ。（自分＝私）

Ты по́мнишь **своё/твоё** настоя́щее и́мя?
君は自分の／君の本当の名前を覚えているかい？（自分＝君）

Вы занима́йтесь **свое́й/ва́шей** рабо́той.
あなたは自分の／あなたの仕事をしてください。（自分＝あなた）

ただし、свой の代わりに его́, её, их を使うと、それは свой のときとは別人の物を示すことになりますので、注意が必要です。

Ва́ня лю́бит **свою́** сестру́.
ワーニャは自分（＝ワーニャ）の妹を愛してる。

Ва́ня лю́бит **его́** сестру́.
ワーニャは彼（ワーニャと別人）の妹を愛してる。
Ма́ша интересу́ется **свое́й** семе́йной исто́рией.
マーシャは自分（＝マーシャ）の家族の歴史に興味がある。
Ма́ша интересу́ется **её** семе́йной исто́рией.
マーシャは彼女（マーシャと別人）の家族の歴史に興味がある。
Они́ хотя́т основа́ть **своё** госуда́рство.
彼らは自分（＝彼ら）の国を作りたがっている。
Они́ хотя́т основа́ть **их** госуда́рство.
彼らは彼ら（2つめの「彼ら」は最初の「彼ら」と別人）の国を作りたがっている。

3. 指示代名詞

(1) э́тот と тот

指示詞には、э́тот と тот があります。どちらかというと э́тот が話し手に近いものを指すときに用い、тот がより遠いものを指すときに使います。ですから、日本語に訳すと、э́тот は「この、その」、тот は「あの、その」となることが多いと言えます。

a) э́тот、тот の変化

いずれも修飾する名詞の性・数・格および活動体・不活動体の区別にしたがって、以下のように変化します。

		男性	中性	女性	複数
主格		э́тот	э́то	э́та	э́ти
生格		э́того		э́той	э́тих
与格		э́тому		э́той	э́тим
対格	活動体	э́того	э́то	э́ту	э́тих
	不活動体	э́тот			э́ти
造格		э́тим		э́той (э́тою)	э́тими
前置格		э́том		э́той	э́тих

＊ 女性の造格形の（ ）で示した э́тою という形は、現代では普通は用いられませんが、文献などで出てくることがある形です。

4.3 指示代名詞

tot「あの、その」				
	男性	中性	女性	複数
主格	тот	то	та	те
生格	того́		той	тех
与格	тому́		той	тем
対格 活動体	того́	то	ту	тех
対格 不活動体	тот			те
造格	тем		той (то́ю)	те́ми
前置格	том		той	тех

＊女性の造格形の（ ）で示した то́ю という形は、現代では普通は用いられませんが、文献などで出てくることがある形です。

b）tot の用法と成句的表現

ただし、遠いものを指すときに用いる tot は、独立してはあまり用いられず、多くの場合近いものを指す э́тот と対になって用いられます。

Я чита́л не **э́ту** кни́гу, а **ту**.
私が読んだのはこの本ではなくあの本だ。

その他、тот はさまざまな成句などで用いられます。以下に代表的なものを挙げます。

◆ **тот, кто**「〜な人」

関係代名詞 кто の先行詞として用い、「〜な人」という意味で用います（詳しくは関係代名詞 кто の項 ☞ p.121~123 ）。

тот, кто его́ не зна́ет　彼を知らない人

◆ **то, что**「〜なこと」

関係代名詞 что の先行詞として用い、「〜なこと」という意味になります（詳しくは関係代名詞 что の項 ☞ p.123~125 ）。

то, что он сказа́л　彼が言ったこと

◆ **(оди́н и) тот же**「同じ」

変化させるのは оди́н と тот です。оди́н и の部分は、なくても「同じ」という意味になります。

У меня́ всегда́ (**одна́ и**) **та же** пробле́ма.
私にはいつも同じ問題がある。

Он повторя́ет (**одну́ и**) **ту же** оши́бку.
彼は同じ間違いを繰り返している。

В ра́зных места́х рабо́тают практи́чески (**одни́ и**) **те же** лю́ди.
さまざまな場所で事実上同じ人たちが働いている。

◆ 関係代名詞の先行詞を明確にする **тот**

指示代名詞 тот が関係詞の先行詞に付くことがあります。このような тот は、しばしば先行詞がどれなのかをわかりやすくするためだけのもので、必ずしも「その」などと訳す必要はありません。

Там иду́т **те** студе́нты, кото́рых вы ви́дели вчера́.
昨日あなたが会った学生たちがあそこを歩いている。

Я хочу́ улете́ть в **ту** страну́, где он живёт.
私は彼が住んでいる国に飛んで行きたい。

◆ 結果節を示す **то**

éсли 節に対応して結果・帰結を表す節を明確にするために用いられます。なくてもわかるのであれば省略しても構いません。

Éсли он забу́дет, **то** я ещё раз ему́ скажу́.
もし彼が忘れてしまったら、私は彼にもう一度言う。

(2) сей

指示代名詞の сей はそもそもは э́тот と同じように近いものを指し示すために用いられた指示代名詞ですが、現代ではあまり用いられず、限られた成句などで用いられるだけです。

		男性	中性	女性	複数
主格		сей	сие́	сия́	сии́
生格		сего́		сей	сих
与格		сему́		сей	сим
対格	活動体	сего́	сие́	сию́	сих
	不活動体	сей			сии́

| 造格 | сим | сей/се́ю/сие́ю | си́ми |
| 前置格 | сём | сей | сих |

例えば以下のような成句があります。

до **сих** пор　今まで

сию́ мину́ту / секу́нду　今すぐに

сейча́с「今」や сего́дня「今日」などにも сей の名残が見られます。

（3）тако́й

тако́й は「このような、そのような」という意味で用いられる指示詞です。

тако́й「このような、そのような」

		男性	中性	女性	複数
主格		тако́й	тако́е	така́я	таки́е
生格		тако́го		тако́й	таки́х
与格		тако́му		тако́й	таки́м
対格	活動体	тако́го	тако́е	таку́ю	таки́х
	不活動体	тако́й			таки́е
造格		таки́м		тако́й（тако́ю）	таки́ми
前置格		тако́м		тако́й	таки́х

＊女性の造格形の（　）で示した тако́ю という形は、現代では普通は用いられませんが、文献などで出てくることがある形です。

以下のように、名詞を修飾するのに使われます。

тако́й челове́к　こんな人
така́я же́нщина　そんな女性
Кто сказа́л вам **таку́ю** глу́пость?
誰があなたにそんなばかなことを言ったのか？

対応する副詞の形は、так「このように、そのように」（ p.248 ）です。

Почему́ вы **так** ду́маете?
なぜあなたはそのように考えるのか？

強調の意味でも使います。長語尾形容詞を修飾するときは長語尾の такой を、短語尾形容詞と副詞には так を使います。

Он **такой** способный инженер. 彼はとても有能な技師だ。
Она **такая** красивая. 彼女は非常に美しい。
Она **так** красива. 彼女はこんなに(非常に)美しい。
Она **так** хорошо работает. 彼女は非常によく働く。

4. その他の代名詞

(1) 定代名詞 сам

「~自身、~自体、~が自分で」など強調をするのに用います。強調する「~」に合わせて変化します。

<table>
<tr><th colspan="2"></th><th colspan="4">定代名詞 сам</th></tr>
<tr><th colspan="2"></th><th>男性</th><th>中性</th><th>女性</th><th>複数</th></tr>
<tr><td colspan="2">主格</td><td>сам</td><td>само</td><td>сама</td><td>сами</td></tr>
<tr><td colspan="2">生格</td><td>самого</td><td>самого</td><td>самой</td><td>самих</td></tr>
<tr><td colspan="2">与格</td><td>самому</td><td>самому</td><td>самой</td><td>самим</td></tr>
<tr><td rowspan="2">対格</td><td>活動体</td><td>самого</td><td rowspan="2">само</td><td rowspan="2">саму (самоё)</td><td>самих</td></tr>
<tr><td>不活動体</td><td>сам</td><td>сами</td></tr>
<tr><td colspan="2">造格</td><td>самим</td><td>самим</td><td>самой (самою)</td><td>самими</td></tr>
<tr><td colspan="2">前置格</td><td>самом</td><td>самом</td><td>самой</td><td>самих</td></tr>
</table>

＊女性の対格形・造格形の( )で示した形 самоё, самою という形は、現代では普通は用いられませんが、文献などで出てくることがある形です。

強調するのは主格主語であったり、再帰代名詞であったり、その他の補語の名詞であったり、さまざまなものが可能です。

Он **сам** не знает. 彼自身は知らない。
Она так сказала **самой** себе. 彼女は自分自身にそう言った。
Она **сама** перевела этот текст. 彼女は自分でこのテキストを訳した。

Вы **са́ми** э́то сказа́ли. あなた自身がそれを言ったんですよ。

＊вы が単数の「あなた」の意味の場合、男性なら сам、女性なら сама́ が使われることもあります。

不活動体名詞を強調する場合は、сам ではなく са́мый が用いられることもあります。

Нам ну́жен **сам/са́мый** факт согла́сия.
我々には合意したという事実自体が必要だ。

сам と同じ定代名詞に分類される весь「すべての、全〜」については、第15章参照（ p.333〜334 ）。

(2) друг дру́га

複数の人がお互いに何かをやり合うときに用いられ、相互代名詞と呼ばれます。変化するのは後半のみで、前半の друг は一切変化しません。

Они́ уважа́ют **друг дру́га**.
彼らは互いを尊敬している。

Мы сообща́ли **друг дру́гу** но́вости.
我々は互いにニュースを知らせ合った。

また、前置詞が必要な場合は間に入ります。

Лю́ди забо́тятся **друг о дру́ге**.
人々は互いに気遣い合っている。

Они́ сиде́ли бли́зко **друг от дру́га**.
彼らは互いに近くに座っていた。

ただし、前置詞が друг と дру́га の間ではなく先頭に置かれることもないわけではありません。ほかの品詞から派生した複合前置詞（ p.273 ）などでは、しばしばそのような語順が見られます。

Э́ти слова́ не мо́гут употребля́ться **вме́сто друг дру́га**.
これらの語は、互いの代わりに用いることはできない。

Они́ существу́ют **благодаря́ друг дру́гу**.
それらが存在しているのはお互いのおかげだ。

第 5 章 疑問詞とそれに関係するもの

Что?「何」、Кто?「誰」、Когда́?「いつ」などの疑問詞がロシア語にはいくつかあります。また、関係詞は疑問詞をそのまま使いますし、否定代名詞や不定代名詞は疑問詞を元にして作ります。これらは文法的には名詞や形容詞、副詞などさまざまな品詞にまたがって存在していますが、ここでは1つにまとめて学習しましょう。

1. 疑問詞

（1）疑問代名詞

◆ кто と что

疑問代名詞には кто と что があります。名詞に関して尋ねるための疑問詞です。人や動物を表す活動体名詞（☞ p.50）に対応するのが кто「誰」、物や事を表す不活動体名詞（☞ p.50）に対応するのが что「何」です。

疑問代名詞	活動体	不活動体
主格	кто	что
生格	кого́	чего́
与格	кому́	чему́
対格	кого́	что
造格	кем	чем
前置格	ком	чём

кто が主語になる場合、動詞は3人称単数（現在、未来の場合）あるいは男性（過去の場合）として扱います。

Кто его́ зна́ет? 誰が彼を知っているのか？
Кто пришёл? 誰が来たのか？

что が主語になる場合、動詞は3人称単数（現在、未来の場合）あるいは中性（過去の場合）として扱います。

Что там нахо́дится? あそこに何があるのか？
Что случи́лось? 何が起こったのか？

110

> **学習のヒント**
>
> 辞書では、活動体の кто と不活動体の что の変化形を組み合わせることで、動詞などの格支配を示すことがしばしばあります。例えば *кого-что* とあれば対格支配で、*кого-чего* とあったら生格支配です。また、*кому* とだけある場合は、与格でも活動体名詞を補語（☞ p.348）として支配するのが原則であることが示されています。

（2）疑問所有代名詞

◆чей「誰の」

疑問所有代名詞には чей「誰の」があります。名詞の所有者を尋ねるための疑問詞です（疑問詞以外の通常の所有代名詞については ☞ p.100~104）。

疑問所有代名詞 чей		男性	中性	女性	複数
主格		чей	чьё	чья	чьи
生格		чьего́		чьей	чьих
与格		чьему́		чьей	чьим
対格	活動体	чьего́	чьё	чью	чьих
	不活動体	чей			чьи
造格		чьим		чьей(чье́ю)	чьи́ми
前置格		чьём		чьей	чьих

＊女性の造格形の（ ）で示した чье́ю という形は、現代では普通は用いられませんが、文献などで出てくることがある形です。

（3）疑問形容詞

◆како́й「どんな、どの」（長語尾形のみ）

形容詞に関して尋ねるための疑問詞です。形容詞の硬変化に正書法の規則（☞ p.12~13）を適用した混合変化Ⅱの変化（☞ p.136~137）です。

5.1 疑問詞

疑問形容詞 какóй				
	男性	中性	女性	複数
主格	какóй	какóе	какáя	какúе
生格	какóго		какóй	какúх
与格	какóму		какóй	какúм
対格 活動体	какóго	какóе	какýю	какúх
対格 不活動体	какóй			какúе
造格	какúм		какóй(-óю)	какúми
前置格	какóм		какóй	какúх

* 女性の造格形の（ ）で示した какóю という形は、現代では普通は用いられませんが、文献などで出てくることがある形です。

ほかに котóрый「どの」（変化は硬変化Ⅰ）もありますが、疑問詞よりも関係代名詞として用いるのが普通です（☞ p.118~121）。

◆ какóв「どんな」（短語尾形のみ）

形容詞短語尾形に関して問うための疑問詞です（第6章も参照 ☞ p.137~138）。

疑問形容詞 какóв			
男性	中性	女性	複数
какóв	каковó	каковá	каковы́

（4）疑問数量詞

◆ скóлько「いくつの、どれくらいの」（長語尾形のみ）

ものの数や量を尋ねる、数量詞（☞ p.305）に対応する疑問詞です。

疑問数量詞 скóлько	
主格	скóлько
生格	скóльких
与格	скóльким
対格 活動体	скóлько/скóльких
対格 不活動体	скóлько
造格	скóлькими
前置格	скóльких

* 活動体の名詞を修飾する場合、対格形は主格と同形（скóлько）になる場合と生格と同形（скóльких）になる場合がありますが、現代語では скóлько のほうがより一般的です。

мно́го (p.331) などと同じで、可算名詞（＝数えられる名詞）を伴う場合は複数生格形、不可算名詞（＝数えられない名詞）を伴う場合は単数生格形を要求します。

副詞として用いることもあります。

Ско́лько вы бу́дете в То́кио?
どのくらいの期間東京にいますか？

ско́лько は、決まった表現で前ページの変化表にはない со скольки́, до скольки́, к(ко) скольки́ などの特殊な形になることがあります。

Со скольки́ и **до скольки́** магази́н рабо́тает?
店は何時から何時までやっていますか？
К(Ко) скольки́ ты придёшь?
何時ごろまでに来ますか？
До скольки́ лет вы бу́дете рабо́тать?
あなたは何歳まで働くつもりですか？

（5）疑問副詞

疑問副詞には内容に応じていくつかのタイプがあります。

a）空間と時間

まずは場所と時の疑問副詞を対応関係にある副詞と合わせて覚えましょう（詳細は第12章 p.258~259 ）。

	空間と時間を表す疑問副詞			
	行為や存在の場所	移動の方向・目的地	移動の起点	時
疑問詞	Где? どこで	Куда́? どこへ	Отку́да? どこから	Когда́? いつ
近い	здесь ここで	сюда́ ここへ	отсю́да ここから	сейча́с 今
遠い	там （あ）そこで	туда́ （あ）そこへ	отту́да （あ）そこから	тогда́ あの・その時

b）理由を尋ねる疑問詞 почему́/заче́м/отчего́

◆**почему́**「なぜ」

3つの中で最も広く使われます。

Почему́ ты живёшь в То́кио?
なぜ君は東京に住んでいるのか？
Почему́ она́ у́чится так мно́го?
なぜ彼女はそんなにたくさん勉強するのか？

以下の Заче́м? や Отчего́? は、たいていの場合 Почему́? で置き換えられますが、逆は必ずしも真ではありません。

◆**заче́м**「何のために」

理由というよりも目的を尋ねます。ときに「一体何のためにこんなことをしでかしたんだ?!」というように感嘆あるいは非難する含みが出ることもあります。

Заче́м ты рабо́таешь так мно́го?
何のために君はそんなにたくさん働くのか？
Заче́м он уби́л своего́ отца́?
一体何のために彼は自分の父を殺したのか？

◆**отчего́**「どうして、一体なぜ」

どちらかというと、理由というよりも自分ではどうにもならない原因を尋ねます。少々大げさで、純粋な質問というよりも「一体全体何でまたこんなことになったんだ?!」という感嘆の意味で用いることもあります。

Отчего́ произошло́ тако́е несча́стье?
こんな不幸がどうして起こったんだ？
Отчего́ вы не хоти́те рабо́тать?
一体なぜ君は働きたくないんだ？

c）как「どのように、どのくらい」

疑問形容詞 Како́й? に対応する副詞の形です。動詞、副詞、形容詞（短語尾）などについて、その様態、程度などを尋ねます。

Как он у́чится?
彼の勉強はどうですか（彼はどのように勉強していますか）？

Как мно́го мы должны́ рабо́тать?
我々はどれだけ働かなければならないのか？

Ты ви́дел, **как** она́ краси́ва?
彼女がどれだけ美しいか見た？

（6）疑問詞を使わず **да/нет** で答える疑問文

ここまでに示した疑問詞を使う疑問ではなく、да/нет で答えるような疑問文は、通常話し言葉ではイントネーションだけで疑問文であることを示します。

Ма́ша рабо́тает на заво́де？　マーシャは工場で働いているの？

その際、疑問の焦点（質問したい部分）となる語のアクセントのある音節を上昇させると疑問文になります。上の例だと「働いているのが工場なのか、どこか別の場所なのか」が聞きたい部分です。以下のように上昇イントネーションの場所を変えると、聞きたいことが何なのか明確に区別できます。

Ма́ша рабо́тает на заво́де？　マーシャは工場で働いているの？
（働いているのか、それとも例えば、勉強しているのか？）

Ма́ша рабо́тает на заво́де？　マーシャが工場で働いているの？
（働いているのはマーシャなのか、それとも例えば、サーシャなのか？）

ただし、どちらかというと文語的な表現ですが、イントネーションだけでなく助詞の ли を用いて疑問文であることを表すこともあります。その場合、疑問の焦点となる部分を文頭に置き、その直後に ли を置いてください。

На заво́де **ли** рабо́тает Ма́ша？　マーシャが働いているのは工場なのか？

Рабо́тает **ли** Ма́ша на заво́де？　マーシャは工場で働いているの？

Ма́ша **ли** рабо́тает на заво́де？　マーシャが工場で働いているの？

（7）譲歩の表現

◆〔疑問詞＋**бы**＋**ни**＋過去形〕「たとえ〜であろうとも」

疑問詞を用いて譲歩の意味を表します。ちょっと長いですが、ある種の成句と考えてよいでしょう（詳しくは仮定法の項も参照 ☞ p.220 ）。

Где бы ты **ни был**, я всегда́ ду́маю о тебе́.
君がどこにいようとも、私はいつも君のことを考える。
Что бы он **ни сказа́л**, я не ве́рю.
彼が何を言おうとも、私は信じない。
Когда́ бы она́ **ни позвони́ла**, меня́ нет до́ма.
彼女がいつ電話しても、私は家にいない。

（8）間接疑問文

疑問文をそのまま従属節にして間接疑問文を作ります。必ずコンマで区切ってください。

Я не зна́ю**, где он живёт**.
私は彼がどこに住んでいるのか知らない。
Никто́ не зна́ет**, когда́ она́ родила́сь**.
彼女がいつ生まれたのか誰も知らない。

複数の疑問詞を従属節の先頭に並べることも可能です。

Он сказа́л**, кто (и) кого́ лю́бит**.
彼は誰が誰を好きなのか言った。

疑問詞を使わない да/нет で答える疑問文で間接疑問文を作る場合は、ли を使った疑問文（ ☞ p.115 ）を使わなければなりません。その場合、疑問の焦点によって節の先頭に来る要素が違ってくるのは同様です。

Я не зна́ю, **он ли** живёт в Москве́.
私はモスクワに住んでいるのが彼なのかどうか知らない。
Я не зна́ю, **в Москве́ ли** он живёт.
私は彼が住んでいるのがモスクワかどうか知らない。

2. 関係詞

疑問詞の多くは**関係詞**としても用いることができます。関係詞とは名詞を従属節によって修飾するためのものです。

英語：　　　the boy **who** speaks Russian

ロシア語：мáльчик, **котóрый** говори́т по-ру́сски

日本語：　　ロシア語を話す　少年

- 関係詞によって導かれる従属節（☐で囲んだ部分）のことを**関係節**と呼びます。
- 日本語にも関係節はありますが、関係詞にあたるものがありません。
- ロシア語は英語と同じように関係詞が先頭に来る関係節が先行詞の直後に置かれ、後ろから前に先行詞を修飾します。
- 英語と違い、ロシア語の関係詞は先行詞との間に必ずコンマを打ちます。

関係詞には大きく分けて**関係代名詞**と**関係副詞**があります。関係代名詞は関係節の中で名詞や代名詞の役割を果たすもので、関係副詞は副詞の役割を果たすものです。まず以下の例をご覧ください。

　　жéнщина, **котóрая** поёт в теáтре　劇場で歌う女性

この例で котóрая は поёт の主語という名詞の役割を果たす関係代名詞です。

次の例もご覧ください。

　　теáтр, **где** поёт жéнщина　女性が歌う劇場

こちらの где は「歌う」という行為が行われる場所を表す副詞の役割を果たしている関係副詞です。

以下、関係代名詞から順に整理していきましょう。

5.2 関係詞

(1) 関係代名詞

a) кото́рый

i) кото́рый の変化

関係代名詞 кото́рый は、基本的にあらゆる名詞を先行詞とすることができます。まず最初にマスターすべき関係代名詞はこれだと考えるべきでしょう。

関係代名詞 кото́рый の変化は形容詞の硬変化Ⅰ（ p.134 ）と同じです。

<table>
<tr><th colspan="5">関係代名詞 кото́рый</th></tr>
<tr><th rowspan="2"></th><th colspan="3">単数</th><th rowspan="2">複数</th></tr>
<tr><th>男性</th><th>中性</th><th>女性</th></tr>
<tr><td>主格</td><td>кото́рый</td><td>кото́рое</td><td>кото́рая</td><td>кото́рые</td></tr>
<tr><td>生格</td><td>кото́рого</td><td></td><td>кото́рой</td><td>кото́рых</td></tr>
<tr><td>与格</td><td>кото́рому</td><td></td><td>кото́рой</td><td>кото́рым</td></tr>
<tr><td rowspan="2">対格</td><td>活動体</td><td>кото́рого</td><td rowspan="2">кото́рое</td><td rowspan="2">кото́рую</td><td>кото́рых</td></tr>
<tr><td>不活動体</td><td>кото́рый</td><td>кото́рые</td></tr>
<tr><td colspan="2">造格</td><td>кото́рым</td><td></td><td>кото́рой(-ою)</td><td>кото́рыми</td></tr>
<tr><td colspan="2">前置格</td><td>кото́ром</td><td></td><td>кото́рой</td><td>кото́рых</td></tr>
</table>

＊ 単数女性形の（　）で示した кото́рою という形は、現代では普通は用いられませんが、文献などで出てくることがある形です。

ii) кото́рый の用法

◆ 性・数・格について

кото́рый は先行詞として活動体も不活動体も取ることができます。性と数は先行詞によって、格は関係詞節の中での役割に従って決まります。

Там сиди́т **ма́льчик**, **кото́рый** говори́т по-ру́сски.
あそこにロシア語を話す少年が座っている。

> кото́рый が単数、男性なのは、先行詞 ма́льчик が単数で男性だから。主格なのは関係詞節の動詞 говори́т の主語だから。

Там стои́т **маши́на**, которую он купи́л вчера́.
あそこに彼が昨日買った車が止まっている。

> кото́рую が単数、女性なのは、先行詞 маши́на が単数で女性だから。
> 対格なのは関係節の動詞 купи́л の目的語だから。

◆語順とコンマ

以下のような場合、語順とコンマの入る場所に気をつけてください。

- 関係代名詞が生格で名詞を修飾し、さらにその前に先行詞がある場合
  У́мер челове́к, **и́мя кото́рого** я не зна́ю.
  私がその名を知らない人が死んだ。
- 関係代名詞が前置詞の目的語となっており、さらにその前に先行詞がある場合
  Э́то был челове́к, **о кото́ром** ты мне говори́л.
  それは君が私に話してくれた人だった。

補足

> 以下の英語の例のように前置詞とその目的語が離れるようなことは、ロシア語ではありません（☞ p.358）。
>
> the friend **whom** I was waiting **for**（＜for whom）
> 私が待っていた友人

さらにそれらが組み合わされることもあります。

Нет челове́ка, **в жи́зни кото́рого** не случа́лось бы тяжёлых испыта́ний.
人生において辛い経験がない人などいない。

Э́то геро́й, **фильм о кото́ром** я неда́вно смотре́л.
これは最近その人についての映画を私が見た英雄だ。

iii）活動体と不活動体の区別について

関係代名詞 кото́рый は、対格の場合、先行詞が活動体か不活動体かによって変化形が違いますが、その変化のしかたは一致定語の場合と同じです（☞ p.348）。

◆先行詞が女性単数の場合

活動体・不活動体にかかわらず、主格とも生格とも違う кото́рую になります。

де́вочка, **кото́рую** я хорошо́ зна́ю
私がよく知っている少女 (**活動体・女性・単数**)

кни́га, **кото́рую** я уже́ прочита́л
私がもう読んでしまった本 (**不活動体・女性・単数**)

◆先行詞が中性単数の場合

活動体・不活動体にかかわらず、主格と同形の кото́рое になります。

чудо́вище, **кото́рое** они́ окрести́ли и́менем Не́сси
彼らがネッシーと呼んだ怪物 (**活動体・中性・単数**)

и́мя, **кото́рое** мы не зна́ем
我々が知らない名前 (**不活動体・中性・単数**)

◆先行詞が男性単数の場合

活動体なら生格と同形で кото́рого、不活動体なら主格と同形で кото́рый になります。

ма́льчик, **кото́рого** вчера́ он ви́дел
昨日彼が見かけた少年 (**活動体・男性・単数**)

стол, **кото́рый** он купи́л вчера́
彼が昨日買った机 (**不活動体・男性・単数**)

◆先行詞が複数の場合

性別に関係なく活動体なら生格と同じで кото́рых、不活動体なら主格と同じで кото́рые になります。

студе́нтки, **кото́рых** я хорошо́ зна́ю
私がよく知っている女学生たち (**活動体・複数・女性**)

кни́ги, **кото́рые** я чита́л
私が読んだ本 (**不活動体・複数・女性**)

ли́ца, **кото́рых** он счита́ет свои́ми друзья́ми
彼が自分の友人と見なしている人物たち (**活動体・複数・中性**)

имена́, **кото́рые** роди́тели дава́ли де́тям
両親が子どもたちに付けた名前 (**不活動体・複数・中性**)

студе́нты, **кото́рых** я ви́дел
私が見かけた学生たち（活動体・複数・男性）

карандаши́, **кото́рые** я ему́ подари́л
私が彼にプレゼントした鉛筆（不活動体・複数・男性）

b）кто と что

кто は活動体、что は不活動体の名詞をそれぞれ先行詞とします。

В числе́ госте́й, **кто** к нам постоя́нно е́здил, был и Ива́н Ива́нович.
我が家にひっきりなしにやって来ていたお客の中にイワン・イワノヴィチもいた。

Он изуча́л ка́рту, **что** висе́ла на стене́.
彼は壁に掛かっていた地図を調べていた。

ただ、一般の名詞を先行詞とする кто や что は кото́рый に比べると比較的少なく、特定のものを指し示すことのない指示代名詞 тот, то や定代名詞 все, всё など、限られたものを先行詞とする成句で用いるほうがより一般的です。以下、そのような成句を見ていきましょう。

i）кто

◆ **тот, кто** ～「～な人」

тот の格は主節の中の役割に応じて決まり、кто の格は関係節中の役割によって決まります。言い換えると、先行詞の тот は主節中での格を示すためにだけ存在する「ダミー」のようなものです。

Не ошиба́ется **тот, кто** ничего́ не де́лает .
何もしない人は失敗しない。

> тот が主格なのは主節の動詞 ошиба́ется の主語だから。
> кто が主格なのは関係節の動詞 де́лает の主語だから。

У́мер **тот,** **кого́** она́ люби́ла .
彼女が愛した人が死んだ。

> тот が主格なのは主節の動詞 у́мер の主語だから。
> кого́ が対格なのは関係節の動詞 люби́ла の補語だから。

5.2 関係詞

Бог помога́ет **тому́**, **кто** помога́ет сам себе́.
神は自分自身を助ける者を助ける。

> тому́ が与格なのは主節の動詞 помога́ет が補語に与格を要求するから。
> кто が主格なのは関係節の動詞 помога́ет の主語だから。

また、その人が女性であることが明白な場合は тот が女性形の та, кто となり、その人が女性であることを示すこともあります。複数の「〜な人たち」なら複数形の те, кто となることもあります（指示代名詞 тот の変化 ☞ p.105 ）。

Ему́ нра́вится **та**, **кому́** я пишу́ пи́сьма.
彼は私が手紙を書く人が気に入っている。

Я ви́дел **ту**, **о ком** я всегда́ мечта́л.
私はいつも夢見た人を見かけた。

Те, **о ком** он расска́зывает, сидя́т ря́дом с ним.
彼がその人について話しているその人たちが彼の隣に座っている。

Я вчера́ поговори́л с **те́ми**, **кто** был там.
私はそこにいた人たちと昨日少し話した。

кто が関係節の主語として機能している場合、кто は男性・単数として扱うのが原則ですので（☞ p.110 ）、女性形の та, кто でも複数形の те, кто でも、кто を主語とする関係節内の動詞も、現在・未来なら3人称単数形、過去なら男性形となるのが原則です。ただし、実際の意味を考えれば та, кто なら女性が主語で、те, кто なら複数の人が主語であるのも事実ですので、意味内容に合わせて、しばしば女性形、複数形になることもあります。

та, **кто** был/была́ ря́дом со мной　私の隣にいた人
те, **кто** зна́ет/зна́ют об э́том　そのことについて知っている人たち
те, **кто** пришёл/пришли́　来た人たち

◆ все, кто「〜な人すべて」

весь の複数形 все（☞ p.334 ）は「全員、すべての人」という意味で用いられますが、それに関係代名詞 кто で始まる関係節を付けると、「〜な人すべて」という意味になります。

Он лю́бит всех, **кому́** он помога́ет.
彼は彼が手助けしている人すべてを愛している。

Он помогáет всем, **когó** он лю́бит.
彼は彼が愛する人すべてを手助けしている。

все は複数形ですが、кто は単数男性の扱いです（ p.110 ）。したがって、たとえば以下の例文では кто を主語とする関係節の動詞は3人称単数形（знáет、過去なら男性形）になるのが原則ですが、実際の意味に影響されてしばしば複数形（знáют）なることがあります。ただし、主節の動詞 уважáют の主語は все ですので、こちらは必ず複数形です。

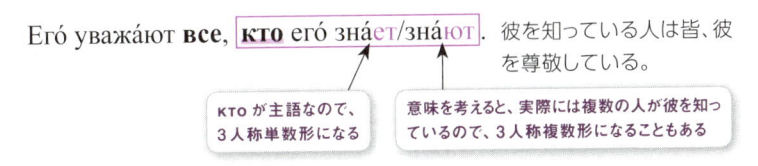

Егó уважáют **все**, **кто** егó знáет/знáют. 彼を知っている人は皆、彼を尊敬している。

кто が主語なので、3人称単数形になる

意味を考えると、実際には複数の人が彼を知っているので、3人称複数形になることもある

ほかにも、кáждый を先行詞とした **кáждый, кто**「～な人それぞれ、すべて」という表現もあります。

Кáждый, **кто** был в аудитóрии, прекрáсно всё понимáл.
教室にいた人はそれぞれ全部よくわかっていた。

この場合は все, кто の場合と違って、関係節の動詞 был も主節の動詞 понимáл もいずれも単数形にならなくてはなりません。кáждый が原則として単数形だからです。

ii）что

◆ **то, что**「～なこと、もの」

この場合の先行詞 то も、тот, кто の場合と同じように主節の中での格を示すために存在するダミーのような存在です。

Онá удиви́лась **тому́**, **что** он сдéлал.
彼女は彼がやったことに驚いた。
Мы не соглáсны с **тем**, **что** происхóдит сейчáс.
我々は今起こっていることに賛成しない。

что は単数・中性ですので（ p.110 ）、それに一致する動詞は現在・未来形なら3人称単数形、過去形なら中性形になります。

С ним не случи́тся **то**, **что** со мной случи́лось.
私に起こったことは彼には起こらない。

次の場合も同様に関係詞の что を用いた то, что であるかのように見えますが、こちらの что は関係詞ではなく接続詞です。что を含まない он вино́вен の部分だけで文が一つ完成していることに注意してください。

Э́то свиде́тельствует о **том**, **что** он вино́вен.
このことは彼が有罪であることを証明している。
　＊ このタイプの то, что については ☞ p.296 。

また、先行詞の то なしで「〜なことに、…」という意味になることもあります。

Его́ мать была́ высо́кая, си́льная и, **что** удиви́ло меня́, — молода́я.
彼の母は背が高く力強く、そして私が驚いたことに、若かった。

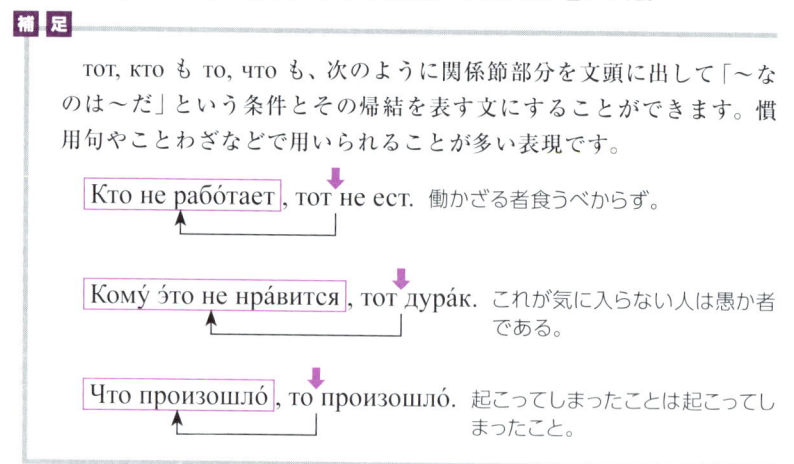

補足

тот, кто も то, что も、次のように関係節部分を文頭に出して「〜なのは〜だ」という条件とその帰結を表す文にすることができます。慣用句やことわざなどで用いられることが多い表現です。

Кто не рабо́тает, тот не ест. 働かざる者食うべからず。

Кому́ э́то не нра́вится, тот дура́к. これが気に入らない人は愚か者である。

Что произошло́, то произошло́. 起こってしまったことは起こってしまったこと。

◆ всё, что 「〜なことすべて」

定代名詞 весь の中性形 всё (☞ p.334) は「すべてのもの、こと」という意味で用いられますが、それに関係代名詞 что で始まる関係節を続けると、「〜なことすべて」という意味になります。

Всё, **что** мне нра́вится, нра́вится и ему́.
私が気に入っていることは彼も気に入っている。
Она́ вспо́мнила обо **всём**, **что** случи́лось.
彼女は起こったことすべてについて思い出した。

◆先行する文全体を先行詞とする **что**

直前の文全体を先行詞とする場合があります。この用法は кото́рый にはありません。どこからどこまでが先行詞になるのかは文脈から判断します。

> **Ве́тер си́льно дул**, **что** бы́ло обы́чно для апре́ля.
> 風が強く吹いたが、それは4月としては普通だった。
>
> **Он владе́ет япо́нским языко́м**, **что** я зна́ю.
> 彼は日本語をマスターしているが、そのことを私は知っている。
>
> **Она́ уже́ ушла́**, **чего́** я не знал.
> 彼女は去って行ったが、私はそれを知らなかった。
>
> ＊ この чего́ は не знал の補語の否定生格。

◆名詞化した形容詞を先行詞とする **что**

еди́нственное「唯一のこと」、гла́вное「主要なこと」など名詞化した形容詞を先行詞とすることもしばしばあります。

> **Еди́нственным**, **что** удиви́ло его́, была́ её реа́кция.
> 彼を驚かせた唯一のことは彼女の反応だった。
>
> **Гла́вное**, **чего́** он хо́чет, — э́то показа́ть америка́нцам свой но́вый фильм.
> 彼が求める主要なことは、アメリカ人に自分の新しい映画を見せることだ。
>
> ＊ この чего́ は動詞 хо́чет が補語に要求している生格（☞ p.41 ）。

iii）**чей**

関係代名詞の чей は文語的な言い回しになります。より中立的な言い方としては、関係代名詞 кото́рый の生格形が用いられます。

> Прие́хал в То́кио поэ́т, **чьи** стихи́ он перево́дит.
> 彼がその詩を訳している詩人が日本に来た。
> （＝Прие́хал в То́кио поэ́т, стихи́ **кото́рого** он перево́дит.）

чей は чьи стихи́、кото́рый は стихи́ кото́рого という語順で使われます。関係詞の位置に気をつけましょう。

iv）**како́й**「～のような、～のタイプの、～と同種類の」

кото́рый と違って、како́й は特定の人や物ではなくタイプや種類を示すのに用います。また、しばしば先行詞に тако́й を伴います。

Она́ вы́шла за́муж за тако́го челове́ка, **каки́м** был её оте́ц.
彼女は彼女の父のような人に嫁いだ。

[cf. Она́ вы́шла за́муж за челове́ка, **кото́рого** она́ не зна́ла.
彼女は知らない人に嫁いだ。]

Э́то была́ же́нщина, **каку́ю** не ча́сто встре́тишь.
それはそうそうは会えないようなタイプの女性だった。

最上級とともに用いて「〜の中で最も」という意味でも使えます。

Он са́мый до́брый челове́к, **како́го** я знал.
彼は私が知っている中で最も善良な人だ。

（2）関係副詞

関係副詞は、где なら場所を表す名詞、когда́ なら時を表す名詞をそれぞれ先行詞とします。関係節の中でいずれも状況語（☞ p.247, p.349〜350）の役割を果たしているところが、関係代名詞と違うところです。

a）場所

関係節内での役割に従って、где, куда́, отку́да を使います。

Э́то дом, **где** я роди́лся.　これは私が生まれた家だ。
　＊生まれた場所なので где。

Я встре́тился с Та́ней в э́том го́роде, **куда́** прие́хал отдыха́ть.
私は休息を取るためにやって来たこの町でターニャに会った。
　＊やって来た目的地なので куда́。

В го́роде, **отку́да** прие́хал Ва́ня, у́мер Ва́нин оте́ц.
ワーニャの出身の町でワーニャの父が死んだ。
　＊そこから来た出発点なので отку́да。Ва́нин は Ва́ня から作った所有形容詞（☞ p.152〜154）。

b）時

関係節内の行為が行われる時を表すために、когда́ が関係副詞として用いられます。

Муж подари́л мне цветы́ в день, **когда́** сын роди́лся.
息子が生まれた日、夫が私に花をくれた。

c）там, туда́, тогда́ を先行詞にする場合

関係副詞は副詞の там, туда́, тогда́ などの副詞を先行詞とすることもあります。この場合、先行詞は関係節が示す場所や時の、主文の中での役割を示しているだけで、実質は意味のないダミーです。

Он рабо́тает **там**, **где** она́ ра́ньше рабо́тала.
彼は以前彼女が働いていたところで働いている。

> **там** は主節の場所、つまり彼が働いている場所。
> **где** は関係節の場所、つまり彼女が働いていた場所。

Мы е́здили **туда́**, **где** ма́ма живёт.
我々は母が住んでいるところに行ってきた。

> **туда́** は主節の目的地、つまり我々が行った場所。
> **где** は関係節の場所、つまり母が住んでいる場所。

Пробле́мы возни́кли **тогда́**, **когда́** война́ зако́нчилась.
戦争が終わったときに問題が生じた。

> **тогда́** は主節の時、つまり問題が生じた時。
> **когда́** は関係節の時、つまり戦争が終わった時。

3. 否定代名詞

疑問詞に否定を示す要素 ни- や не- を付けて否定代名詞を作ります。いずれも否定的な意味を持ちますが、それぞれ微妙な違いがありますので注意してください。

(1) ни-

疑問詞に ни- を付けて<u>否定文で用い</u>、否定を強調します。例えば кто「誰」に ни- を付ければ никто́ で「誰も（～ない）」、куда́「どこへ」に付ければ никуда́ で「どこへも（～ない）」です。

Об э́том **никто́ не** зна́ет.
そのことについて誰も知らない。

Там **ничего́ нет**. — **ничего́** は否定生格（☞ p.42-43）の形
そこには何もない。

Я **ничего́ не** зна́ю. ──(ничего́ は否定生格（☞ p.42~43）の形)
私は何も知らない。

Никому́ не скажи́.
誰にも言うな。

Они́ **ниче́м не** интересу́ются.
彼らは何にも興味がない。

Ле́том я **никуда́ не** е́здил.
夏、私はどこにも行かなかった。

Сне́га уже́ **нигде́ не** оста́лось.
雪はもうどこにも残っていなかった。

Я в Москве́ **никогда́ не́** был.
私はモスクワには一度も（いついかなる時も）行ったことがない。

前置詞が付くときは ни と疑問詞の間に入ります。ни、前置詞、疑問詞がすべて分かち書きされます。

Он **ни с кем не** разгова́ривал.
彼は誰とも話をしなかった。

Ни о **чём не** спра́шивай!
何についての質問もするな！

ни- ＋疑問詞を複数連ねることも可能です。

Здесь **никто́ никогда́ ни с кем не** говори́л.
ここでは誰も決して（＝いついかなる時も）誰とも話をしなかった。

しばしば否定の部分が省略されることもあります。

Ничего́ интере́сного!
おもしろいことは何もない！

— Ты хо́чешь изуча́ть ру́сский язы́к?　— Нет, **никогда́**!
「ロシア語勉強したい？」「いいえ、絶対ないです！」

（2）**не́-**＋疑問詞＋不定形

疑問詞に не- をつけて動詞の不定形を伴い、「〜する…がない」という意味になります。アクセントは必ず не́- にあります。

Не́где рабо́тать.
働く場所がない。

Не́когда объясня́ть.
説明する時間がない。

кто や что の格は文の中での役割に応じて決まります。

Не́кому писа́ть. 手紙を書く人がいない。

> писа́ть の間接補語なので与格

Не́кого спроси́ть. 尋ねる人がいない。

> спроси́ть の直接補語なので対格

Не́чем занима́ться. することがない。

> занима́ться の補語なので造格

Не́чего чита́ть. 読むものがない。

> この場合の не́чего は否定生格です。通常の否定文での対格補語は必ずしも否定生格にならなくてもよいのですが（☞ p.43）、〔не́чего＋不定形〕では必ず否定生格にならなくてはなりません。

なお、否定代名詞としての не́кто（主格）と не́что（主格・対格）という形はなく、「(確か) ～な人」「(何か) ～なもの、こと」という不定代名詞（☞ p.132）としてのみ用います。

前置詞を伴う場合は не- と疑問詞の間に入ります。また間にスペースを入れて、別の単語としてつづってください。

Не́ с кем поговори́ть. 話す人がいない。
Не́ о чем писа́ть. 書くことがない。

> この чем は前置詞 о の目的語ですので前置格ですが、чём ではありません。上で触れたようにこの構文ではアクセントは не́- に置かれ、疑問詞にはアクセントが置かれないからです。その点は前置詞が間に割って入っても同じです。

この構文もある種の無人称文（☞ p.351~354）です。もし主語を明示する必要があれば、与格形になります。また過去なら бы́ло を、未来なら бу́дет を添えてください。

Нам не́кому писа́ть.
我々は手紙を書く人がいない。

Мне не́чего **бы́ло** чита́ть.
私は読むものがなかった。

Ему́ не́ с кем **бу́дет** говори́ть.
彼は話す相手がいないだろう。

4. 不定代名詞

「これ」や「あれ」のように何か特定のものを具体的に指し示さず、「何か」や「誰か」「どこか」など、具体的にはよくわからない、あるいは明言するのを避けようとする場合の代名詞を、**不定代名詞**と呼びます。疑問詞に何らかの要素を付けることによって形成しますが、いくつかの作り方がありますので、違いに注意しながら覚えましょう。

a）-то

少なくともそういう物・人が存在していることは確かだけれど、それが具体的に何なのか・誰なのかわからない、そういう場合に使います。b) の -нибудь/-либо と比べてみてください。

Кто́-то ей звони́л.
誰かが彼女に電話をしてきた。

Действи́тельно э́то **кому́-то** ну́жно.
実際にこれは誰かにとって必要だ。

b）-нибудь/-либо

具体的に何なのか・誰なのかわからない以前に、そのような物・人が存在しているかもわからない場合に用います。必然的に疑問文や条件節で使うことが多くなります。-нибудь と -либо はほぼ同じ意味ですが、-либо のほうがどちらかというと文語的です。

Мне **кто́-нибудь** звони́л?
私に誰か電話してきた？

Е́сли **когда́-нибудь** у меня́ бу́дет миллио́н рубле́й, то обяза́тельно куплю́ маши́ну.
もしいつか私に100万ルーブル手に入ったら、必ず車を買う。

Позвони́ **кому́-нибудь**.
誰かに電話しろ。

Вы звони́ли **кому́-либо**?
あなたは誰かに電話しましたか？

c) кòe-

知っているのに具体的に明言することを避ける場合に用います。大きく分けて「それが具体的に何であるか特定を避ける」場合、「その数、量を明言するのを避ける」場合、あるいはその両方の場合があります。これだけは日本語に訳すときに「～か」と訳せないことが多く、むしろ「ある～」とするほうがしっくりくることが多いです。

кòe- に第2アクセント（☞ p.11 ）が置かれ、そのあとの疑問詞に第1アクセントが置かれます。

Кòe-ктó хóчет поговорúть с тобóй.
ある人が君と話したがっている。

Он **кòe-чтó** предложúл.
彼はあることを提案した。

Онá позвонúла **кòe-кудá**.
彼女はあるところに電話した。

数量の明言を避ける場合は、「いくつか」程度のニュアンスの場合もあれば、それよりもう少し多めのニュアンスの場合もあります。前後のコンテキストに気をつけてください。

Он мне дал **кòe-какúе** продýкты.
彼は私にいくらかの食料品をくれた。

Я встречáл **кòe-когó** из них.
彼らのうちの何人かに会った。

Кòe-гдé в лесáх ужé появляются грибы́.
森の中のあちこちでもうキノコが生えている。

кòe-кáк は「いくつかの方法、いろいろな方法」から転じて、「どうにかこうにか、何とか」という程度の意味で使います。

Кòe-кáк доéхал домóй.
どうにかこうにか家にたどり着いた。

前置詞を伴う場合は、кòe と疑問詞の間に位置します。

Кòe для **когó** э́то óчень хорошó.
これはある人たちにとってはとても良いことだ。

Я хочý **кòe** о **чём** вам сообщúть.
あなたにお伝えしたいことがあるのですが。

d) не́кто, не́что

кто́-то, что́-то と同様の使い方をしますが、多くの場合何らかの定語（ p.348~349 ）を後続させ、「(誰か) ～な人」「(何か) ～な物、こと」という意味で使います。

Вчера́ ко мне приходи́л **не́кто** в костю́ме.
昨日私のところに背広を着た人が来た。

Они́ предлага́ют **не́что** интере́сное.
彼らは興味深いことを提案している。

また、не́кто は固有名詞を従えて「～とかいう人、～某」などという意味でも使います。

Там сиди́т **не́кто** Петро́в.
あそこにペトロフとかいう人が座っている。

не́кто は主格のみ、не́что は主格と対格のみで用いられ、ほかの格では用いません。これはちょうどほかの形でのみ用いられる否定代名詞 не́кого, не́чего（ p.128~129 ）と逆の関係です。

第 6 章 形容詞

形容詞は名詞と動詞に次いで基本的な品詞の1つです。日本語では「赤い屋根」「大きな石」のように名詞を修飾する場合と、「この山は高い」「空が青い」のように文の述語として用いられるのが基本的な用法ですが、ロシア語でも同様です。本章では形容詞のさまざまな側面を見ていきます。

1. さまざまな形容詞

本節ではまず、おおざっぱに形容詞のあり方を見てみましょう。

（1）長語尾形と短語尾形

形容詞は**長語尾変化**と**短語尾変化**を行います。長語尾形は定語（名詞修飾語）と述語（☞ p.347~349）の両方で使えますが、短語尾形は述語でのみ用いられ、定語では使うことができません。

◆長語尾形
　интере́сная кни́га　おもしろい本（定語）
　Э́та кни́га **интере́сная**.　この本はおもしろい。（述語）
◆短語尾形
　×интере́сна кни́га　おもしろい本（定語は不可）
　Э́та кни́га **интере́сна**.　この本はおもしろい。（述語）

（2）性質形容詞と関係形容詞

また、形容詞はその意味内容から**性質形容詞**と**関係形容詞**に分かれ、この違いが形容詞の変化のところどころに影響を与えます。

性質形容詞はものごとの「性質・特徴」などを表すもので、большо́й「大きい」、краси́вый「美しい」、интере́сный「おもしろい」など、程度の違いがありえるものです。

それに対して関係形容詞は деревя́нный「木の」（＜де́рево）、ме́сячный「月の」（＜ме́сяц）などほかの名詞との関係を示すもので、通常「程度」を語ることはないものです。つまり、普通は о́чень「とても」などで強めることはありません。また、性質形容詞には反対語（「大きい」なら「小さい」、「美しい」なら「醜い」）がありえますが、関係形容

詞にはその性質上反対語はありません。ただし、この2つの形容詞の境界線はあいまいなもので、絶対的ではありませんので、あくまでも目安と考えてください。

以下、変化や使い方についてもう少し詳細に見ていきましょう。

2. 長語尾形

長語尾形は定語（名詞修飾語）（☞ p.348~349）としても述語としても用いられる形です。長語尾形は性質形容詞にも関係形容詞にもあります。

長語尾形は性・数・格で変化しますが、その変化には基本的な3タイプ（硬変化Ⅰ、硬変化Ⅱ、軟変化）とそれに正書法の規則（☞ p.12~13）を適用した3タイプ（混合変化Ⅰ、混合変化Ⅱ、混合変化Ⅲ）があります。

（1）基本変化

ⅰ）硬変化Ⅰ：красный「赤い」

硬変化Ⅰ		男性	中性	女性	複数
主格		красный	красное	красная	красные
生格		красного		красной	красных
与格		красному		красной	красным
対格	活動体	красного	красное	красную	красных
	不活動体	красный			красные
造格		красным		красной(-ою)	красными
前置格		красном		красной	красных

＊造格形の（ ）で示した -ою という形は現代では普通は用いられませんが、文献などで出てくることがある形です。

ⅱ）硬変化Ⅱ：голубой「水色の」

硬変化Ⅱ	男性	中性	女性	複数
主格	голубой	голубое	голубая	голубые
生格	голубого		голубой	голубых

与格		голубо́му		голубо́й	голубы́м
対格	活動体	голубо́го	голубо́е	голубу́ю	голубы́х
	不活動体	голубо́й			голубы́е
造格		голубы́м		голубо́й(-о́ю)	голубы́ми
前置格		голубо́м		голубо́й	голубы́х

* このタイプは、男性の主格と対格（不活動体）が異なる以外はすべて硬変化Ⅰと同じです。
* ただし、必ずアクセントが語尾にあります。逆に言うと、アクセントが語尾にあれば必ずこのタイプです。
* 造格形の（　）で示した -о́ю という形は現代では普通は用いられませんが、文献などで出てくることがある形です。

ⅲ）軟変化：си́ний「青い」

軟変化				
	男性	中性	女性	複数
主格	си́ний	си́нее	си́няя	си́ние
生格	си́него		си́ней	си́них
与格	си́нему		си́ней	си́ним
対格　活動体	си́него	си́нее	си́нюю	си́них
不活動体	си́ний			си́ние
造格	си́ним		си́ней(-ею)	си́ними
前置格	си́нем		си́ней	си́них

* 造格形の（　）で示した -ею という形は現代では普通は用いられませんが、文献などで出てくることがある形です。

　軟変化は2つの硬変化とだいぶ違うように見えますが、これも母音の硬軟の対応（а=я, ы=и, у=ю, о=е/ё, ☞ p.13~14）を考慮に入れると、実は硬変化Ⅰと同じものであることがわかります。

|注意|　軟変化形容詞と所有形容詞（☞ p.152~154）の変化は混同しやすいので注意してください。微妙に違います。

（2）混合変化

　以下の3タイプは上記3つの基本タイプとは微妙に異なりますが、いずれも基本タイプに正書法の規則（☞ p.12~13）を当てはめただけのもので、実態としては基本タイプと同じです。

i) 混合変化Ⅰ：ру́сский「ロシアの」

このタイプは実は硬変化Ⅰです。

混合変化Ⅰ			
	男性	中性	女性	複数
主格	ру́сский	ру́сское	ру́сская	ру́сские
生格	ру́сского		ру́сской	ру́сских
与格	ру́сскому		ру́сской	ру́сским
対格 活動体	ру́сского	ру́сское	ру́сскую	ру́сских
対格 不活動体	ру́сский			ру́сские
造格	ру́сским		ру́сской(-ою)	ру́сскими
前置格	ру́сском		ру́сской	ру́сских

* 下線を引いた語尾は軟変化の語尾のように見えますが、硬変化Ⅰの語尾 -ый, -ый, -ым, -ые, -ых, -ым, -ые, -ыми, -ых に正書法の規則（ p.12-13 ）が適用されたものです。
* 造格形の（ ）で示した -ою という形は現代では普通は用いられませんが、文献などで出てくることがある形です。

このタイプに属する形容詞は、語幹が г, к, х のいずれかで終わります。逆に、-гий, -кий, -хий で終わる形容詞はすべてこのタイプです。

ii) 混合変化Ⅱ：плохо́й「悪い」

このタイプは実は硬変化Ⅱです。

混合変化Ⅱ			
	男性	中性	女性	複数
主格	плохо́й	плохо́е	плоха́я	плохи́е
生格	плохо́го		плохо́й	плохи́х
与格	плохо́му		плохо́й	плохи́м
対格 活動体	плохо́го	плохо́е	плоху́ю	плохи́х
対格 不活動体	плохо́й			плохи́е
造格	плохи́м		плохо́й(-о́ю)	плохи́ми
前置格	плохо́м		плохо́й	плохи́х

* 下線を引いた語尾は軟変化の語尾のように見えますが、硬変化Ⅱの語尾 -ым, -ые, -ых, -ым, -ых, -ые, -ыми, -ых に正書法の規則（ p.12-13 ）が適用されたものです。
* 造格形の（ ）で示した -о́ю という形は現代では普通は用いられませんが、文献などで出てくることがある形です。

このタイプに属する形容詞は、語幹が г, к, х, ж, ш のいずれかで終わります (ч と щ は含まれません)。逆に、-го́й, -ко́й, -хо́й, -жо́й, -шо́й で終わる形容詞はすべてこのタイプです。

あくまで硬変化Ⅱに正書法の規則が適用されたものですので、必ず語尾にアクセントがある、という点は同じです。

ⅲ) 混合変化Ⅲ：хоро́ший「良い」

このタイプは実は**軟変化**です。

混合変化Ⅲ			
	男性	中性	女性	複数
主格	хоро́ш**ий**	хоро́ш**ее**	хоро́ш**ая**	хоро́ш**ие**
生格	хоро́ш**его**		хоро́ш**ей**	хоро́ш**их**
与格	хоро́ш**ему**		хоро́ш**ей**	хоро́ш**им**
対格 活動体	хоро́ш**его**	хоро́ш**ее**	хоро́ш**ую**	хоро́ш**их**
対格 不活動体	хоро́ш**ий**			хоро́ш**ие**
造格	хоро́ш**им**		хоро́ш**ей**(-ею)	хоро́ш**ими**
前置格	хоро́ш**ем**		хоро́ш**ей**	хоро́ш**их**

＊下線を引いた語尾は硬変化の語尾のように見えますが、軟変化の語尾 -яя, -юю に正書法の規則（☞ p.12~13）が適用されたものです。

＊造格形の（ ）で示した -ею という形は現代では普通は用いられませんが、文献などで出てくることがある形です。

このタイプに属する形容詞は、語幹が ж, ч, ш, щ のいずれかで終わります。逆に、-жий, -чий-, -ший, -щий で終わる形容詞はすべてこのタイプです。

3. 短語尾形

短語尾形は述語としてしか用いられない形で、性質形容詞（☞ p.133~134）からのみ作られます。長語尾形と違い名詞を修飾する際には用いられません。したがって修飾する名詞と格を合わせるということは起こりません。必然的に長語尾形のように格で変化することがなく、主語の性と数のみによって変化しますので、長語尾形と比べると変化がだいぶ簡素です。

ただし、規則的に形が予想できるとは限らず、いくつかの形が容認されている場合が多々あるため、一つ一つ確認しながら覚えていく必要があります。軟変化形容詞は短語尾形を作ることができないものも多いので、まずは以下の<u>硬変化形容詞</u>から覚えましょう。

	краси́вый 美しい	живо́й 生きている	тяжёлый 重い
男性形：語尾なし	краси́в	жив	тяжёл
女性形：-а	краси́ва	жива́	тяжела́
中性形：-о	краси́во	жи́во	тяжело́
複数形：-ы	краси́вы	жи́вы	тяжелы́

（1）短語尾形のアクセント

長語尾形はアクセントの移動が起こりませんが、短語尾形はしばしばアクセントが移動します。краси́в「美しい」のようにアクセントが移動しないもの以外では、上の表にある жив, жива́, жи́во, жи́вы「生きている」のように「女性形だけアクセントが語尾に移動」するパターンと、тяжёл, тажела́, тяжело́, тяжелы́「重い」のように「男性形を除いた女性形、中性形、複数形でアクセントが語尾に移動」するパターンの2つがしばしば見られます。

ただし、短語尾形のアクセントには、例えば次のような「ゆれ」が見られ、2つのアクセントが併存している箇所が含まれるものもあります。辞書で一つ一つ確認しましょう。

	ми́лый 愛らしい	а́лый 真っ赤な	вку́сный おいしい
男性形	мил	ал	вку́сен
女性形	мила́	а́ла́	вкусна́
中性形	ми́ло	а́ло	вку́сно
複数形	ми́лы́	а́лы	вку́сны́

＊下線を引いた形には2か所にアクセント記号がついていますが、どちらの位置も容認されていることを示しています。

（2）短語尾形と正書法の規則

長語尾形の混合変化Ⅰ、Ⅱ（ p.135~137 ）のタイプは硬変化Ⅰ、Ⅱに正書法の規則（ p.12~13 ）を適用させたものでしたが、短語尾形でも複数形で正書法の規則が適用され、語尾 -ы が -и になります。

	одино́кий 孤独な	дорого́й 大切な、高価な
男性形	одино́к	до́рог
女性形	одино́ка	дорога́
中性形	одино́ко	до́рого
複数形	одино́ки	до́роги

（3）短語尾形の出没母音

短語尾男性形は語尾を取り去ること（語尾なし）によって形成します。その結果、語末にしばしば子音連続が生まれ、その間に出没母音（ p.86~89 ）が現れることがあります。男性形以外のほかの形では出没母音は現れません。

a) -ный で終わる形容詞で多く見られる出没母音は e

интере́сный 興味深い ➡ интере́сен
ва́жный 重要な ➡ ва́жен

ь や й は出没母音 e に置き換えられます。

больно́й 病気の ➡ бо́лен
споко́йный 静かな ➡ споко́ен

ただし、中には o や ё になるものもありますので、確認が必要です。

смешно́й おかしな ➡ смешо́н   по́лный 満ちた ➡ по́лон
хмельно́й 酔った ➡ хмелён

b) 語幹末尾の子音が г, к だと出没母音は o

до́лгий 長い ➡ до́лог   кре́пкий 強い ➡ кре́пок
у́зкий 狭い ➡ у́зок

6.3 短語尾形

ただし、出没母音が ь や й を置き換える場合や、語幹末尾の子音連続が жк, чк, шк の場合は е になります。

го́рький 苦い → го́р**е**к
сто́йкий 不屈の → сто́**е**к
тя́жкий 重い、つらい → тя́ж**е**к

c）-енный

以上の話から、-е(ё)нный タイプの形容詞は、短語尾男性形で語幹末尾の子音連続 нн の間に出没母音が入って -енен になると予測できます。

постепе́нный 段階的な → постепе́н**е**н

しかし、発音の難しさからでしょうか、あたかも語幹の末尾は нн という子音連続ではなく、単一の н だけであるかのように振る舞う語がしばしば見られます。つまり出没母音がどこにも出てこない形が用いられるのです。

самоуве́ренный 自信満々な → **самоуве́рен**
вооружённый 武装した → **вооружён**

また、両方の形が容認されている語もしばしばあります。

ме́дленный ゆっくりとした → **ме́длен**е**н / ме́длен**
суще́ственный 本質的な → **суще́ствен**е**н / суще́ствен**

（4）軟変化の短語尾形

軟変化形容詞（と語幹が ж, ч, ш, щ で終わる軟変化形容詞に正書法の規則を適用した混合変化Ⅲ）の多くは長語尾形しかなく、短語尾形を形成できません。しかし、短語尾形を持つものも存在します。

軟変化の短語尾は基本、**-ь, -я, -е, -и** ですが、これに正書法の規則（☞ p.12~13）に加え、次に示すような微調整が加わります。

	си́ний 青い	могу́чий 強力な	горя́чий 熱い	хоро́ший 良い
男性形	синь	могу́ч	горя́ч	хоро́ш
女性形	синя́	могу́ча	горяча́	хороша́
中性形	си́не	могу́че	горячо́	хорошо́
複数形	си́ни	могу́чи	горячи́	хоро́ши

微調整①：男性形はьが残りますが、語幹末尾が ж, ч, ш, щ の混合変化Ⅲの場合はそれがありません。

微調整②：中性形の語尾は -e ですが、語尾にアクセントがある場合は -o になります。

（5）特殊な短語尾形

◆ **большо́й** と **ма́ленький** の短語尾形

以下の2つはそれぞれ вели́кий「偉大な」と ма́лый「小さい」の短語尾形を流用します。

　　большо́й　大きい：**вели́к, велика́, велико́, велики́**
　　ма́ленький　小さい：**мал, мала́, ма́ло́, ма́лы́**
　　　　　　　　　　　＊ма́ло, ма́лы は2つのアクセントの位置が容認されています。

◆ 短語尾形を持たない形容詞

基本的に、形容詞のうち短語尾形を持つのはもの・ことの性質を示す性質形容詞のみで、関係形容詞は短語尾形を持ちません（性質形容詞と関係形容詞の違いについては ☞ p.133~134 ）。

また、бо́жий「神の」、ры́бий「魚の」など、軟変化形容詞によく似た所有形容詞（☞ p.152~154）も短語尾形を持ちません（これもある種の関係形容詞と言えます）。

さらに пе́рвый「1番目の」、второ́й「2番目の」などの順序数詞（☞ p.338~339）も短語尾形を持ちません（これもある種の関係形容詞と言えます）。

> **補足**
>
> 逆に、рад, ра́да, ра́до, ра́ды「うれしい」は短語尾形しかありません。
>
> Я рад вас ви́деть. お会いできてうれしいです。

◆ 短語尾形の指示詞 **таков**、疑問形容詞 **каков**

таков, такова́, таково́, таковы́「こんな」は短語尾形のみの指示詞、каков, какова́, каково́, каковы́「どんな」は短語尾形のみの疑問形容詞です。短語尾形ですので、いずれも述語としてしか使いません。どちらかと言うと、文語的な表現です。

Таково́ его мне́ние.
彼の意見はこんなだ。

Какова́ у вас пого́да?
そちらの天気はどうですか？

（6）副詞として用いる形容詞短語尾中性形

短語尾中性形はしばしば副詞として用いられます。これは英語の -ly のようなもので、非常に高い生産性がある副詞派生の手段です（☞ p.248~249）。また、辞書でもしばしば形容詞とは別の単語として記載されています。

Он **хорошо́** рабо́тает.
彼はよく働く。

Она́ живёт **далеко́** отсю́да.
彼女はここから遠くに住んでいる。

（7）述語として用いる長語尾形と短語尾形の違い

短語尾形は述語としてしか用いないのに対して、長語尾形は述語としても名詞修飾語としても用いられます（☞ p.133）。つまり、述語としての形容詞は短語尾形の場合も長語尾形の場合もあることになります。その使い分けはどうなっているのでしょうか。

まず、短語尾形のほうがより書き言葉的で、長語尾形のほうがより口語的、あるいはそのどちらでもなく中立的に用いられると一般に言われます。そのほかにも以下に示すような傾向が指摘されますが、必ずしも明確な違いとは言えないのも事実です。

a）短語尾形は一時的／長語尾形は恒常的

短語尾形は一時的な特徴、長語尾形は「常にそうだ」という場合に使います。

Э́та река́ **споко́йна**.
この川は静かだ。（例えば、「今日は」）
Э́та река́ **споко́йная**.
この川は静かな川だ。（常に流れが穏やかな川だ）
Пе́тя **ве́сел**.
ペーチャは明るい。（例えば、「さっきうれしいことがあったので」）
Пе́тя **весёлый**.
ペーチャは陽気な人だ。（いつも明るい人）

b）短語尾形は相対的／長語尾形は絶対的

短語尾形は何らかの条件下での特徴を表し、長語尾形は絶対的な特徴を表します。

Дверь **низка́**.
ドアが低い。（例えば、「こんな天井の高い部屋にしては」）
Дверь **ни́зкая**.
このドアは背が低いドアだ（どんな部屋だろうと、絶対的に）。
За́работок враче́й **высо́к**.
医師の給料は高い。（例えば、「ほかの職業と比べれば」）
За́работок враче́й **высо́кий**.
医師は高給取りの職業だ。（ほかとの比較ではなく、絶対的に）

> **補足**
>
> 　こうした使い分けはあいまいなものです。短語尾形と長語尾形が混在した次のような会話も成り立ちます。
>
> 　　— Э́та кни́га **интере́сная**?「この本はおもしろいですか？」
> 　　— Да, весьма́ **интере́сна**.「はい、とってもおもしろいです」

4. 比較級・最上級

(1) 比較級

　何かと何かを比較して比較級「より〜」を表すには、合成形と単一形があります。英語の比較級にも more 〜 と -er という2つの形があり、それに似ているようですが、ロシア語の比較級の場合は同じ形容詞から合成形と単一形の2つが作られる、という点が違います（ただし、以下で示すように単一形が作れない形容詞はあります）。また、単一形には -ee タイプと -e タイプがあります。これに関しては、どちらを使うかが単語ごとに決まっています。

合成形	бо́лее 〜	бо́лее краси́вый　より美しい бо́лее интере́сный　よりおもしろい бо́лее дорого́й　より高価な бо́лее молодо́й　より若い
単一形	-ee タイプ	краси́вее　より美しい интере́снее　よりおもしろい
	-e タイプ	доро́же　より高価な моло́же　より若い

a) 合成形 бо́лее 〜

　形容詞の前に бо́лее を置いて比較級を作ります。たいていの形容詞に бо́лее を付けることができますが、単一形がある形容詞は、特に話し言葉では単一形を使うことが多くなります。形容詞のほうは名詞に合わせて規則通りに変化しますが、бо́лее のほうは全く変化しません。

бо́лее интере́сная кни́га
よりおもしろい本
бо́лее совреме́нный го́род
より現代的な都市
Она́ купи́ла **бо́лее дорогу́ю** кварти́ру.
彼女はもっと高いマンションを買った。
страна́ с **бо́лее до́лгой** исто́рией
もっと長い歴史を持った国

　長語尾形だけでなく、短語尾形や短語尾中性形からなる副詞（☞ p.248~249）とも用いることができます。

Ваш го́род **бо́лее краси́в**.
あなたの町がより美しい。

Она́ танцу́ет **бо́лее краси́во**.
彼女はもっと美しく踊る。

◆ **ме́нее ~**

бо́лее の反対語 ме́нее（英語の less）を使って、逆の意味を表現することもあります。

Э́то **ме́нее ва́жная** зада́ча.
これはそれほど重要ではない課題だ。

Она́ **ме́нее краси́ва**.
彼女のほうが美しくない。

Он поёт **ме́нее краси́во**.
彼のほうが歌うのが美しくない。

b）単一形

単一形の比較級を作るのは、原則的に性質形容詞（p.133~134）です。-ee タイプと -e タイプの2種類が存在し、どちらのタイプかは形容詞によって決まっています。単一形は、述語としても定語（p.347~349）としても用いることができます。また、性、数、格などで変化することは一切ありません。

Москва́ **краси́вее**. ◁ 述語。女性名詞が主語。
モスクワはもっと美しい。

Петербу́рг **краси́вее**. ◁ 述語。男性名詞が主語。
ペテルブルクはもっと美しい。

Сего́дня **тепле́е**. ◁ 述語。無人称文なので中性。
今日のほうが暖かい。

＊無人称文については p.351~354。

定語として名詞を修飾するときは後ろから名詞を修飾するところが、通常と違います。

Он хо́чет жени́ться на же́нщине **моло́же** себя́.

彼は自分より若い女性と結婚したがっている。 定語。名詞は女性の前置格。

副詞としても用いることができます。

Он говори́т **быстре́е**. 彼はもっと早口で話す。

i) -ee タイプ

多くの性質形容詞がこの形の単一比較級を作ります。アクセントの位置は短語尾女性形（☞ p.138）と同じです。

	単一比較級	短語尾形
краси́вый 美しい	краси́вее	краси́в, краси́ва, краси́во, краси́вы
интере́сный おもしろい	интере́снее	интере́сен, интере́сна, интере́сно, интере́сны
у́мный 賢い	умне́е	умён, умна́, у́мно́, у́мны́
тру́дный 難しい	трудне́е	тру́ден, трудна́, тру́дно́, тру́дны́

＊ умно, умны, трудно, трудны には 2 か所にアクセント記号がついていますが、どちらの位置も容認されていることを示しています。

補足

話し言葉では -ee ではなく -ей になることもあります。

Иди́ **быстре́й**（＝быстре́е）! 早く来い!

ii) -e タイプ

数は多くありませんが、比較的頻度の高いものが多く、語幹の末尾子音に子音交替（☞ p.14~15）を伴うのが特徴です。以下にいくつかのパターンを示しますが、必ずしも規則的に予測がつくわけではありません。多くの場合辞書にも比較級の形が示されていますので、一つ一つ確認してください。アクセントは語幹に置かれます。

	長語尾男性形	比較級
г → ж	дорого́й 高価な	доро́же
д → ж	молодо́й 若い	моло́же
к → ч	мя́гкий 柔らかい	мя́гче
т → ч	бога́тый 豊かな	бога́че
х → ш	ти́хий 静かな	ти́ше
ст → щ	чи́стый 清潔な	чи́ще

ほかにも、一般の子音交替のパターン（☞ p.14~15）とは異なった子音交替を伴うものや、例外的な変化を伴うものがあります。

зк → ж	бли́зкий 近い ни́зкий 低い у́зкий 狭い	бли́же ни́же у́же
ск → щ	пло́ский 平らな	пло́ще
-ше の追加	молодо́й 若い ста́рый 年を取った до́лгий （時間が）長い то́нкий 細い ра́но 早く	мла́дше ста́рше до́льше то́ньше ра́ньше
その他	глубо́кий 深い ре́дкий まれな по́здний 遅い широ́кий 広い	глу́бже ре́же по́зже ши́ре
形が全く違うもの	хоро́ший 良い плохо́й 悪い	лу́чше ху́же
2つの語の比較 級を兼ねるもの	большо́й 大きな／мно́го 多くの ма́ленький 小さな／ма́ло 少しの	бо́льше ме́ньше

＊ мла́дше は「年下の」という意味で、「より若い」という意味のときは左ページの моло́же を使います。また、ста́рше も「年上の」という意味で、「より年取った、老いた」という意味なら старе́е という形を使います。

いくつか特別に長語尾形の比較級を持っているものもあります。いずれも、-e タイプの単一比較級も存在します。

большо́й 大きい	➡	**бо́льший** (бо́льше)
ма́ленький 小さい	➡	**ме́ньший** (ме́ньше)
хоро́ший 良い	➡	**лу́чший** (лу́чше)
плохо́й 悪い	➡	**ху́дший** (ху́же)
ста́рый 年取った	➡	**ста́рший** (ста́рше) 年上の
молодо́й 若い	➡	**мла́дший** (мла́дше) 年下の

補足

上の特別な長語尾比較級のうち、лу́чший, ху́дший, ста́рший, мла́дший は最上級の意味で用いられることがあります。
　лу́чший отве́т 最良の答え　　мла́дшая дочь 末娘

また、これらはさらに最上級を示す са́мый を伴って、最上級であることを明確化することがあります。

> **са́мая мла́дшая де́вочка**　最年少の女の子
> **са́мый лу́чший отве́т**　最も良い答え
>
> 以下のように比較級を示す бо́лее を伴って比較級であることを明確化することもありますが、これはあまり美しいロシア語ではないとする人が多いようです。
>
> **бо́лее лу́чшее** предложе́ние　より良い提案

c）比較の対象

比較級とともに用い、比較の対象「〜よりも」を表す方法は2つあります。

, чем ~	Росси́я бо́льше**, чем Аме́рика**. ロシアはアメリカより大きい。
	名詞、前置詞句、副詞などさまざまなものを比較できます。чем の前にコンマが入るので注意。
	Я бо́льше люблю́ матема́тику**, чем фи́зику**. 私は物理学より数学が好きだ。 〔фи́зику も матема́тику と同じ対格。〕
	У меня́ бо́льше де́нег**, чем у вас**. 私にはあなたよりお金がたくさんある。 〔у меня́ 同様に у вас も前置詞は省略できない。〕
	Он говори́т по-ру́сски лу́чше**, чем по-япо́нски**. 彼は日本語よりロシア語のほうがよく話せる。
生格	Росси́я бо́льше **Аме́рики**. ロシアはアメリカより大きい。
	単一比較級の場合しか使えません。比較できるのは主語同士、対格補語同士のみです。
	Ви́ктор моло́же **Са́ши**.　〔主語同士の比較〕 ヴィクトルはサーシャより若い。 Я люблю́ матема́тику бо́льше **фи́зики**.　〔対格補語同士の比較〕 私は物理学より数学が好きだ。

чем の後に続く名詞の格が違うと、比較する対象が変わります。以下の例で чем я となっている場合は主格ですので、「私」と主格の он「彼」を比較していることになります。чем меня́ としている場合は、「私」と対格の её「彼女」を比較しています。

Он её лю́бит бо́льше, **чем я**.
私より彼のほうが、強く彼女を愛している。
Он её лю́бит бо́льше, **чем меня́**.
彼は、私より彼女のほうを強く愛している。

чем はある種の従属接続詞（ p.293~294 ）ですので、後には一つの名詞句や前置詞句だけでなく複数の物や文を比較対象として置くことも可能です。

Она́ рабо́тает лу́чше, **чем я ду́мал**.
彼女は私が思っていたよりよく働く。
В реа́льности ци́фры не́сколько лу́чше, **чем пока́зывает стати́стика**. 現実の数字は統計が示すより多少良い。
Он говори́т по-ру́сски лу́чше, **чем она́ пи́шет по-англи́йски**.
彼女が英語を書くより彼がロシア語を話すほうが上手だ。

d）比較の差

比較する際にその差を示すには、〔前置詞 на + 対格〕を用います。

Он ста́рше меня́ **на де́сять лет**.
彼は私より10歳年上だ。
На ско́лько доро́же ру́чка, чем каранда́ш?
ペンは鉛筆よりいくら高いですか？

「～倍」は〔前置詞 в + 数詞 + раз〕で表現します。

Э́то **в два ра́за** доро́же.
これは2倍高い。

比較の差は造格によっても表すことがあります（ p.64 ）。

e）比較級を強める方法

英語は very では比較級を強められませんが、それと同様にロシア語でも о́чень で比較級を強めることはできません。その代わり、гора́здо, намно́го, мно́го, значи́тельно「ずっと、はるかに、だいぶ」、ещё「さらに、もっと」などの語を用います。

Она́ **намно́го** умне́е, чем Ми́ша. 彼女はミーシャよりはるかに賢い。
Алёша стал **ещё** умне́е. アリョーシャはさらに賢くなった。

f) по- 「もう少し」

単一比較級は接頭辞 по- を付けて「もう少し」という意味を出すことが可能です。

Говори́те **поти́ше**!　もう少し静かに話してください！
Я хочу́ встава́ть **пора́ньше**.　私はもう少し早起きがしたい。

（2）最上級

何らかの範囲の中で「最も〜」であることを表す最上級にも合成形と単一形があります。

合成形	са́мый 〜	са́мый ва́жный
	наибо́лее 〜	наибо́лее ва́жный
単一形	-ейший/-айший	важне́йший

1つの単語が最大で3種類の最上級の形を持ちえます。

a) са́мый タイプの合成形

са́мый 自体が形容詞の長語尾形ですので、形容詞の長語尾形にしか付かず、その長語尾形容詞と一緒に変化します。

Фудзи — **са́мая краси́вая** гора́ в Япо́нии.
富士は日本で最も美しい山だ。
Байка́л — **са́мое глубо́кое** о́зеро в ми́ре.
バイカルは世界一深い湖だ。
Он рабо́тает в **са́мом краси́вом** го́роде в Росси́и.
彼はロシアでいちばん美しい町で働いている。

b) наибо́лее タイプの合成形

長語尾形容詞にも短語尾形容詞にも副詞にも付きます。наибо́лее 自体は変化しません。どちらかというと са́мый より文語的です。

Э́то **наибо́лее высо́кая** гора́.
これが最も高い山だ。（**長語尾形容詞**）
Э́та о́бласть **наибо́лее бога́та** астеро́идами.
この領域は最も小惑星が多い。（**短語尾形容詞**）
Э́тот компью́тер рабо́тает **наибо́лее эффекти́вно**.
このコンピュータが最も効果的に動いている。（**副詞**）

c) -ейший/-айший タイプの単一形

性質形容詞に接尾辞 -ейший または -айший を付けて長語尾の最上級を形成することがあります。関係形容詞（ p.133~134 ）からは作れません。

i) -ейший タイプ

限られた一部の形容詞からのみ作ります。アクセントの位置は短語尾女性形と同じです。

長語尾男性形	-ейший
интере́сный おもしろい	интере́снейший (<интере́сна)
ва́жный 重要な	важне́йший (<важна́)
но́вый 新しい	нове́йший (<нова́)

ii) -айший タイプ

上の -ейший タイプ同様、限られた一部の形容詞からのみ作り、子音交替が起こります。アクセントは -а́йший に置かれます。

	長語尾男性形	-айший
г → ж	стро́гий 厳しい	строжа́йший
к → ч	вели́кий 偉大な	велича́йший
х → ш	ти́хий 静かな	тиша́йший
その他	бли́зкий 近い	ближа́йший

これら -ейший/-айший タイプは、しばしば「最も」だけでなく「非常に」「極めて」など単なる強めを表すことがあります。

Где **ближа́йшая** ста́нция метро́?
最寄りの地下鉄駅はどちらですか？
Он **интере́снейший** челове́к.
彼は非常に興味深い人だ。
Попро́буйте **вкусне́йшие** пирожки́.
非常においしいピロシキをお試しください。

d) 事実上の最上級

比較級を使って、事実上の最上級の意味を表現することがあります。比較的頻度の高い表現ですので、最上級の一種として覚えておいたほうがよいでしょう。

単一比較級 (-ee/-e) +	всегó（もの・ことの場合）	直訳は「すべてのものより～だ」
	всех（人の場合）	直訳は「すべての人より～だ」

Здорóвье **дорóже всегó**.
健康が何より大切だ。（＜健康がすべてのものより大切だ）

Я **бóльше всегó** люблю́ мýзыку.
私は何より音楽が好きだ。（＜私はすべてのものより音楽が好きだ）

Онá **красивее всех**.
彼女はいちばん美しい。（＜彼女はすべての人より美しい）

Он рабóтает **лýчше всех**.
彼は誰よりもよく働く。（＜彼はすべての人よりよく働く）

5. 所有形容詞

所有者を表すのに最も多く用いられるのは名詞の生格形ですが（☞ p.37~38 ）、その他、とくに話し言葉においては、活動体名詞（☞ p.50 ）であれば所有形容詞（物主形容詞）を用いることもあります。ただし、述語としては用いられず、名詞を修飾する場合にしか使いません。以下の例をご覧ください。

мáмина кóшка　お母さんの猫
отцóва маши́на　お父さんの車
пти́чьи я́йца　鳥の卵

所有形容詞は、形容詞と同じように修飾する名詞の性、数、格と活動体・不活動体の違いに従って変化しますが、大きく分けて以下の3通りの作り方があります。ただし、どのような名詞がどのタイプの形になるかはあいまいな点も多く、一つ一つ覚えていく必要があります。

◆ -ин/-ын 型

-а/-я で終わる女性名詞と男性名詞、その中でもとくに人を表す名詞は、-ин/-ын タイプです。主格形と対格形に通常の長語尾形容詞との違いがあります。

мáма「お母さん」の

	男性	中性	女性	複数
主格	мáмин	мáмино	мáмина	мáмины
生格	мáминого(-а)		мáминой	мáминых
与格	мáминому(-у)		мáминой	мáминым
対格 活動体	мáминого(-а)	мáмино	мáмину	мáминых
対格 不活動体	мáмин			мáмины
造格	мáминым		мáминой	мáмиными
前置格	мáмином		мáминой	мáминых

＊（ ）内に示した形は古い形で、現代では例えば、Шемя́кина судá (Шемя́кин суд 「不公平な裁判」の生格)、Трóицыну дню (Трóицын день「三位一体祭」の与格) など所有形容詞を用いた成句などで用いられることがあります。

◆ -ов/-ев 型

子音終わりの男性名詞、その中でもとくに人を表す名詞は、-ов/-ев タイプです。形容詞的な変化と名詞的な変化が混在しています。現代語では一部の語以外あまり用いません。

отéц「父」の

	男性	中性	女性	複数
主格	отцóв	отцóво	отцóва	отцóвы
生格	отцóва		отцóвой	отцóвых
与格	отцóву		отцóвой	отцóвым
対格 活動体	отцóва	отцóво	отцóву	отцóвых
対格 不活動体	отцóв			отцóвы
造格	отцóвым		отцóвой	отцóвыми
前置格	отцóвом		отцóвой	отцóвых

◆ -ий タイプ

-а/-я 終わりの名詞からも子音終わりの名詞からも作られ、とくに動物を表す名詞から作られることが多いタイプです。しばしば子音交替（☞ p.14~15）を伴います。男性主格形だけ見ると軟変化形容詞（☞ p.135）と同じように見えますが、それ以外の形はьが入り込み、

軟変化形容詞とは微妙に違いますので注意してください。ちなみに、順序数詞 трéтий「3番目の」も同じ変化です（ p.339 ）。

<table>
<tr><th colspan="5">птица「鳥」の</th></tr>
<tr><th></th><th></th><th>男性</th><th>中性</th><th>女性</th><th>複数</th></tr>
<tr><td colspan="2">主格</td><td>птичий</td><td>птичье</td><td>птичья</td><td>птичьи</td></tr>
<tr><td colspan="2">生格</td><td colspan="2">птичьего</td><td>птичьей</td><td>птичьих</td></tr>
<tr><td colspan="2">与格</td><td colspan="2">птичьему</td><td>птичьей</td><td>птичьим</td></tr>
<tr><td rowspan="2">対格</td><td>活動体</td><td>птичьего</td><td rowspan="2">птичье</td><td rowspan="2">птичью</td><td>птичьих</td></tr>
<tr><td>不活動体</td><td>птичий</td><td>птичьи</td></tr>
<tr><td colspan="2">造格</td><td colspan="2">птичьим</td><td>птичьей</td><td>птичьими</td></tr>
<tr><td colspan="2">前置格</td><td colspan="2">птичьем</td><td>птичьей</td><td>птичьих</td></tr>
</table>

第 7 章 動詞その1　動詞の変化

動詞は名詞と並んで文の構造の中核を成す重要な品詞です。本章からいくつかの章を使って、ロシア語の動詞を見ていきますが、本章では動詞の変化の全体像とその中核である非過去形と過去形の変化を取り上げます。

1. 動詞の変化の全体像

まずロシア語の動詞の全変化形を概観しましょう。少しずつ整理していくとわかると思いますが、いろいろな組み合わせによってさまざまな変化形が生まれています。実際に覚えなければいけないことは意外に少ないので、恐れないでください。

必ずしもすべての動詞がすべての変化形を持っているわけではありませんが、全部で以下の形があります。читáть/прочитáть「読む」を例に見てみましょう。

		читáть / прочитáть　読む	
		不完了体	完了体
不定形		читáть	прочитáть
非過去形		читáю, читáешь читáет, читáем, читáете, читáют	прочитáю, прочитáешь, прочитáет, прочитáем, прочитáете, прочитáют
過去形		читáл, читáла, читáло, читáли	прочитáл, прочитáла, прочитáло, прочитáли
命令形		читáй, читáйте	прочитáй, прочитáйте
形動詞	能動現在	читáющий, читáющее …	
	能動過去	читáвший, читáвшее …	прочитáвший, прочитáвшее …
	受動現在	читáемый, читáемое …	
	受動過去	чи́танный, чи́танное …	прочи́танный, прочи́танное …
副動詞		читáя	прочитáв(ши)

＊それぞれ詳しくは、不定形（ p.156 ）、非過去形（ p.160–169 ）、過去形（ p.169–172 ）、命令形（ p.209–213 ）、形動詞（ p.228–240 ）、副動詞（ p.240–246 ）を参照。

7.2 語幹について

　不定形は辞書の見出しとして使われる基本となる形で、語尾として -ть, -ти, -чь という形があります。最も多く見られる語尾は -ть です。

　非過去形は形の上では不完了体と完了体で同じですが、不完了体では基本的に現在のことを、完了体では未来のことを表します。それゆえ、多くの教材では不完了体の非過去形を現在形、完了体の非過去形を未来形と呼んでいます。「現在と未来をひっくるめた形」＝「過去以外の形」ということで、本書では原則として非過去形と呼びます。ただし、ときには、あくまで現在のことを表しているということで現在形、未来のことを表しているということで未来形という名称も用います。

　英語の be 動詞にあたる быть「ある、〜だ」だけは、「過去形」＝ был, былá, бы́ло, бы́ли、「現在形」＝ есть（ただし多くの場合省略されます ☞ p.32）、「未来形」＝ бу́ду, бу́дешь, бу́дет, бу́дем, бу́дете, бу́дут と、過去、現在、未来の3つの時制を区別する形があります。

いくつか補足があります。
① 能動形動詞現在（☞ p.229~231）と受動形動詞現在（☞ p.233~234）は、完了体動詞には当てはまる形態がありません。
② 受動形動詞過去（☞ p.234~237）は多くは完了体動詞から作られますが、不完了体動詞からも作られます。
③ 副動詞（☞ p.240~246）の -в(ши) の形は、現代語では基本的に完了体動詞から作られます。少し古い文献では不完了体動詞から作られたものも見られますが、現代語では一般的ではありません。

2. 語幹について

　前ページの動詞「読む」の例では、変化しているのは語尾の部分だけで、語幹はすべて共通していました。しかし、動詞が語形変化するとき、変わるのは必ずしも語尾だけではありません。名詞も同様ですが（☞ p.71~81）、動詞によっては語幹の形が変わることがあります。

（1）語幹の子音交替

　以下の例では語幹の末尾で子音交替が起こっています。

ви́деть 見る	単数	複数
1人称	ви́жу	ви́дим
2人称	ви́дишь	ви́дите
3人称	ви́дит	ви́дят

このような語幹の子音交替は、ある程度規則的に起こります（基本的なパターンは ☞ p.14~15 ）。

（2）語幹の交替

ある程度規則的な子音交替とは別に、明らかに語幹が異なったものに交替する場合もあります。

不定形 （不定語幹）	рисова́ть 描く （不完了体）	взять 取る （完了体）
非過去形 （非過去語幹）	рису́ю, рису́ешь, рису́ет, рису́ем, рису́ете, рису́ют	возьму́, возьмёшь, возьмёт, возьмём, возьмёте, возьму́т
過去形 （不定語幹）	рисова́л, рисова́ла, рисова́ло, рисова́ли	взял, взяла́, взя́ло, взя́ли
命令形 （非過去語幹）	рису́й, рису́йте	возьми́, возьми́те
形動詞 能動現在 （非過去語幹）	рису́ющий, рису́ющее …	
形動詞 能動過去 （不定語幹）	рисова́вший, рисова́вшее …	взя́вший, взя́вшее …
形動詞 受動現在 （非過去語幹）	рису́емый, рису́емое …	
形動詞 受動過去 （不定語幹）	рисо́ванный, рисо́ванное …	взя́тый, взя́тое …
副動詞（不完了体は 非過去語幹、完了体 は不定語幹）	рису́я	взяв(ши)

ご覧のように、これらの動詞には動詞の中心を成す部分（＝語幹）がそれぞれ 2 種類あります（рисова- と рису-、взя- と возьм-）。不定形で用いている語幹を**不定語幹**（рисова- と взя-）と呼び、非過去形（＝

不完了体なら現在形、完了体なら未来形（☞ p.156 ）で用いている語幹を非過去語幹（рису- と возьм-）と呼びます。

　不完了体動詞は不定形、過去形、能動形動詞過去、受動形動詞過去が不定語幹から作られ、非過去形、命令形、能動形動詞現在、受動形動詞現在、副動詞が非過去語幹から作られています。完了体動詞は不定形、過去形、能動形動詞過去、受動形動詞過去、副動詞が不定語幹から作られ、非過去形、命令形が非過去語幹から作られています。

　つまり、副動詞を除けば、不完了体動詞も完了体動詞も2種類の語幹の使われるところが同じであることになります。ロシア語の動詞は、語幹が1つに統一されているものと、このパターンで2つの語幹を使い分けているものが多数を占めています。覚えるときの参考にしてください。

　ただし、語幹が3種類以上あるもの、語幹の使い方のパターンが異なっているもの、一部の形が存在しないものなど、このパターンから外れるものもあります。

3. 動詞の変化

（1）体と時制

　ロシア語の動詞は不完了体も完了体も似たような変化をします。ただ、過去形はどちらの体でも過去のことを表しますが、完了体は現在のことを表すことができないため、非過去形（☞ p.156 ）の使い方に違いが生じます。

a）完了体

　不完了体の非過去形は現在のことを表しますが、完了体の非過去形は現在のことを表せないため、代わりに未来のことを表現します。そのため、しばしば完了体の非過去形は未来形と呼ばれることもあります。また、形動詞も完了体には現在形がありません。能動形動詞過去と受動形動詞過去のみです。

b）不完了体

不完了体の非過去形は基本的に現在のことを表し、通常は未来のことを表せないため、しばしば現在形とも呼ばれます。未来を表現するためには、быть の未来形（ p.156 ）を助動詞のように使って、次のように表現します。

> **быть の未来形　＋　不完了体動詞の不定形**

このような未来形を合成未来形と呼ぶこともあります。
例えば、читáть「読む」なら、以下のようになります。

	単数	複数
1人称	бу́ду читáть	бу́дем читáть
2人称	бу́дешь читáть	бу́дете читáть
3人称	бу́дет читáть	бу́дут читáть

читáть「読む」の未来形

不完了体動詞の場合は、бу́ду, бу́дешь ... が英語で言うところの未来を表す助動詞 will の役割を果たしているわけです。

◆不完了体の未来
　Зáвтра я **бу́ду читáть** э́ту кни́гу.
　明日私はこの本を読むだろう。

◆完了体の未来
　Зáвтра я **прочитáю** э́ту кни́гу.
　明日私はこの本を読んでしまうだろう。

不完了体と完了体のその他の意味的な違いについては　 p.181~191 。

c）それぞれの体の過去、現在、未来の表し方

まとめると以下のようになります。

	不完了体	完了体
過去	過去形	過去形
現在	非過去形	×
未来	быть の未来形+不定形	非過去形

（2）非過去形

非過去形は不完了体なら現在のことを表し（それゆえ多くの文献で「現在形」と呼ばれます）、完了体なら未来のことを表す（それゆえ多くの文献で「未来形」と呼ばれます）のが基本です。

ここではまず非過去形の変化をまとめるにとどめ、不完了体、完了体は区別しません。非過去形は主語の人称と数に合わせて変化しますが、不完了体、完了体とも形の上では同じような変化です。まず代表的なパターンとして、第1変化と第2変化があります。

a）第1変化（e 変化）

第1変化の語尾は以下の通りです。

- 語幹にアクセントがある場合の語尾
  -у/-ю, -ешь, -ет, -ем, -ете, -ут/-ют
- 語尾にアクセントがある場合の語尾
  -ý/-ю́, -ёшь, -ёт, -ём, -ёте, -ýт/-ю́т

語幹が母音で終わるタイプでは1人称単数形と3人称複数形で -ю, -ют を使いますが、子音で終わるタイプでは -ю, -ют の場合と -у, -ут の場合があります。

i）母音語幹で語幹の交替が起こらないもの

語幹が母音終わりで非過去語幹と不定語幹が同じもの。最も基本的なタイプで、不規則なことも起こりません。初級向けの教材では、これだけを第1変化として、残りの第1変化は不規則変化などに入れていることも多いです。このタイプの不定形の末尾の形には、-ать, -ять, -еть があります。

不定形		чит**á**ть 読む	гул**я́**ть 散歩する	ум**é**ть できる
1人称単数	я	чит**á**ю	гул**я́**ю	ум**é**ю
2人称単数	ты	чит**á**ешь	гул**я́**ешь	ум**é**ешь
3人称単数	он	чит**á**ет	гул**я́**ет	ум**é**ет
1人称複数	мы	чит**á**ем	гул**я́**ем	ум**é**ем
2人称複数	вы	чит**á**ете	гул**я́**ете	ум**é**ете
3人称複数	они́	чит**á**ют	гул**я́**ют	ум**é**ют

ii) 語幹の交替が起こり、とくに重要度が高いもの

非過去語幹と不定語幹が異なるもののうち、比較的重要度が高いパターンです。

◆ -овать タイプ

-ова- の部分が -у- に替わります。

不定形		рисов**á**ть 描く	фотограф**и́**ровать 写真を撮る
1人称単数	я	рис**у́**ю	фотограф**и́**рую
2人称単数	ты	рис**у́**ешь	фотограф**и́**руешь
3人称単数	он	рис**у́**ет	фотограф**и́**рует
1人称複数	мы	рис**у́**ем	фотограф**и́**руем
2人称複数	вы	рис**у́**ете	фотограф**и́**руете
3人称複数	они́	рис**у́**ют	фотограф**и́**руют

◆ -евать タイプ

-ева- の部分が -у- に替わるものと -ю- に替わるものがあります。

不定形		танцев**á**ть 踊る	плев**á**ть つばを吐く
1人称単数	я	танц**у́**ю	плю**ю́**
2人称単数	ты	танц**у́**ешь	плю**ё**шь
3人称単数	он	танц**у́**ет	плю**ё**т
1人称複数	мы	танц**у́**ем	плю**ё**м
2人称複数	вы	танц**у́**ете	плю**ё**те
3人称複数	они́	танц**у́**ют	плю**ю́**т

7.3 動詞の変化

◆ -авать タイプ

-ава- の部分が -а- に替わります。アクセントは必ず語尾にあるので、-éшь, -éт... ではなく、-ёшь, -ёт... となります。

不定形		дава́ть 与える	встава́ть 起きる
1人称単数	я	даю́	встаю́
2人称単数	ты	даёшь	встаёшь
3人称単数	он	даёт	встаёт
1人称複数	мы	даём	встаём
2人称複数	вы	даёте	встаёте
3人称複数	они́	даю́т	встаю́т

iii) その他さまざまなタイプ

その他、さまざまなタイプの第1変化動詞があります。語幹の交替に気をつけながら、パターンごとに一つ一つ覚えていきましょう。比較的重要な動詞で使われているタイプをいくつか紹介します（移動動詞はまとめて第9章 ☞ p.192~195）。

◆ 非過去語幹の音 a が消えるタイプ

不定語幹と非過去語幹が母音 a の分だけ微妙に違います。不定形だけを見ると чита́ть などの語幹の交替が起こらないものと同じに見えますので、気をつけましょう。

不定形		ждать 待つ	рвать もぎ取る	жа́ждать 渇望する
1人称単数	я	жду	рву	жа́жду
2人称単数	ты	ждёшь	рвёшь	жа́ждешь
3人称単数	он	ждёт	рвёт	жа́ждет
1人称複数	мы	ждём	рвём	жа́ждем
2人称複数	вы	ждёте	рвёте	жа́ждете
3人称複数	они́	ждут	рвут	жа́ждут

7.3 動詞の変化

◆ 非過去語幹に в が追加されるタイプ

不定形		жить 生きる	плыть 泳ぐ
1人称単数	я	живу́	плыву́
2人称単数	ты	живёшь	плывёшь
3人称単数	он	живёт	плывёт
1人称複数	мы	живём	плывём
2人称複数	вы	живёте	плывёте
3人称複数	они́	живу́т	плыву́т

◆ 非過去語幹で母音 и が ь になるタイプ

不定形		пить 飲む	бить 打つ
1人称単数	я	пью	бью
2人称単数	ты	пьёшь	бьёшь
3人称単数	он	пьёт	бьёт
1人称複数	мы	пьём	бьём
2人称複数	вы	пьёте	бьёте
3人称複数	они́	пьют	бьют

◆ 非過去語幹の母音 ы, е が о になるタイプ

不定形		откры́ть 開く	мыть 洗う	петь 歌う
1人称単数	я	откро́ю	мо́ю	пою́
2人称単数	ты	откро́ешь	мо́ешь	поёшь
3人称単数	он	откро́ет	мо́ет	поёт
1人称複数	мы	откро́ем	мо́ем	поём
2人称複数	вы	откро́ете	мо́ете	поёте
3人称複数	они́	откро́ют	мо́ют	пою́т

7.3 動詞の変化

◆ 非過去語幹の中に e が入るタイプ、消えるタイプ

不定形		брать 取る	умере́ть 死ぬ
1人称単数	я	беру́	умру́
2人称単数	ты	берёшь	умрёшь
3人称単数	он	берёт	умрёт
1人称複数	мы	берём	умрём
2人称複数	вы	берёте	умрёте
3人称複数	они́	беру́т	умру́т

◆ 非過去語幹の中に o が入るタイプ

不定形		звать 呼ぶ	взять 取る
1人称単数	я	зову́	возьму́
2人称単数	ты	зовёшь	возьмёшь
3人称単数	он	зовёт	возьмёт
1人称複数	мы	зовём	возьмём
2人称複数	вы	зовёте	возьмёте
3人称複数	они́	зову́т	возьму́т

＊ взять の語幹は、母音 o が語幹に入り込む以外にもいろいろな変化が起こっています。次の「非過去語幹に м が追加されるタイプ」も参照してください。

◆ 非過去語幹に м が追加されるタイプ

不定形		поня́ть 理解する	снять 取り去る	приня́ть 受け入れる
1人称単数	я	пойму́	сниму́	приму́
2人称単数	ты	поймёшь	сни́мешь	при́мешь
3人称単数	он	поймёт	сни́мет	при́мет
1人称複数	мы	поймём	сни́мем	при́мем
2人称複数	вы	поймёте	сни́мете	при́мете
3人称複数	они́	пойму́т	сни́мут	при́мут

7.3 動詞の変化

◆ 非過去語幹に н が追加されるタイプ

不定形		стать なる	начáть 始める
1人称単数	я	стáну	начнý
2人称単数	ты	стáнешь	начнёшь
3人称単数	он	стáнет	начнёт
1人称複数	мы	стáнем	начнём
2人称複数	вы	стáнете	начнёте
3人称複数	они́	стáнут	начнýт

◆ -быть タイプ

不定形		быть ～である	забы́ть 忘れる
1人称単数	я	бýду	забýду
2人称単数	ты	бýдешь	забýдешь
3人称単数	он	бýдет	забýдет
1人称複数	мы	бýдем	забýдем
2人称複数	вы	бýдете	забýдете
3人称複数	они́	бýдут	забýдут

＊ быть は不完了体ですが、この動詞だけは非過去形が未来のことを表します（☞ p.156）。

◆ その他の重要語

不定形		расти́ 育つ	сесть 座る	посла́ть 発送する
1人称単数	я	растý	ся́ду	пошлю́
2人称単数	ты	растёшь	ся́дешь	пошлёшь
3人称単数	он	растёт	ся́дет	пошлёт
1人称複数	мы	растём	ся́дем	пошлём
2人称複数	вы	растёте	ся́дете	пошлёте
3人称複数	они́	растýт	ся́дут	пошлю́т

― 学習のヒント ―
第1変化にはほかにもいろいろタイプがありますが、動詞の非過去形の変化は辞書を見れば確認が取れます。確認する癖をつけましょう。

b）第2変化（и 変化）

第2変化の語尾は以下の通りです。

◆ 通常の語尾

-ю, -ишь, -ит, -им, -ите, -ят

◆ 正書法の規則が適用される **-ж, -ч, -ш, -щ** 終わりの語幹の場合の語尾

-у, -ишь, -ит, -им, -ите, -ат

i）基本的な変化

第2変化は非過去語幹の末尾の母音がなくなりますので、非過去形で母音が一つ減ったように見えます。第1変化に比べてバリエーションは少ないですが、子音交替（☞ p.167~168）やアクセントの移動（☞ p.168~169）が頻繁に起こりますので、辞書で確認する癖をつけましょう。

不定形		стоя́ть 立っている	говори́ть 話す	звене́ть 鳴り響く
1人称単数	я	стою́	говорю́	звеню́
2人称単数	ты	стои́шь	говори́шь	звени́шь
3人称単数	он	стои́т	говори́т	звени́т
1人称複数	мы	стои́м	говори́м	звени́м
2人称複数	вы	стои́те	говори́те	звени́те
3人称複数	они́	стоя́т	говоря́т	звеня́т

c）不規則変化

第1変化にも第2変化にも属さない動詞がいくつか存在します。いずれも第1変化と第2変化の形が混在していたり、あるいはそのどちらでもない形が混ざっていたりします。

不定形		дать 与える	есть 食べる	хоте́ть 欲する	бежа́ть 走る
1人称単数	я	дам	ем	хочу́	бегу́
2人称単数	ты	дашь	ешь	хо́чешь	бежи́шь
3人称単数	он	даст	ест	хо́чет	бежи́т
1人称複数	мы	дади́м	еди́м	хоти́м	бежи́м
2人称複数	вы	дади́те	еди́те	хоти́те	бежи́те
3人称複数	они́	даду́т	едя́т	хотя́т	бегу́т

＊сдать, съесть, захоте́ть, прибежа́ть などのように、これらの動詞に接頭辞がついて派生した動詞も同様に変化します。

d）子音交替と正書法の規則について

子音交替（☞ p.14~15）によって語幹が、正書法の規則（☞ p.12~13）によって語尾の形が変わるものがあります。また、両方が絡み合って、さらに形の変更を引き起こすこともあります。

i）子音交替

第1変化動詞の非過去形では以下の2つの子音交替のパターンがあります。

◆第1変化：非過去形すべてで同様に子音交替が起こるもの

дрема́ть のように л が入り込むものも含みます。

不定形		писа́ть 書く	сказа́ть 言う	пла́кать 泣く	дрема́ть まどろむ
1人称単数	я	пишу́	скажу́	пла́чу	дремлю́
2人称単数	ты	пи́шешь	ска́жешь	пла́чешь	дре́млешь
3人称単数	он	пи́шет	ска́жет	пла́чет	дре́млет
1人称複数	мы	пи́шем	ска́жем	пла́чем	дре́млем
2人称複数	вы	пи́шете	ска́жете	пла́чете	дре́млете
3人称複数	они́	пи́шут	ска́жут	пла́чут	дре́млют

＊子音交替が起こった結果、正書法の規則（☞ p.12~13）によって語尾 -ю, -ют が -у, -ут に替わっています。

◆第1変化：不定形の語尾が -чь のもの

1人称単数形および3人称複数形とそれ以外で子音交替が起こり、г→ж, к→ч となります。

不定形		мочь できる	помо́чь 助ける	печь 焼く	течь 流れる
1人称単数	я	могу́	помогу́	пеку́	теку́
2人称単数	ты	мо́жешь	помо́жешь	печёшь	течёшь
3人称単数	он	мо́жет	помо́жет	печёт	течёт
1人称複数	мы	мо́жем	помо́жем	печём	течём
2人称複数	вы	мо́жете	помо́жете	печёте	течёте
3人称複数	они́	мо́гут	помо́гут	пеку́т	теку́т

7.3 動詞の変化

◆ 第2変化の子音交替

第2変化の子音交替（☞ p.14-15）は1人称単数形でのみ起こります。готóвить のように л が入り込むものも含みます。

不定形	вúдеть 見える	приглаcúть 招く	готóвить 準備する
1人称単数　я	вúжу	приглашý	готóвлю
2人称単数　ты	вúдишь	приглаcúшь	готóвишь
3人称単数　он	вúдит	приглаcúт	готóвит
1人称複数　мы	вúдим	приглаcúм	готóвим
2人称複数　вы	вúдите	приглаcúте	готóвите
3人称複数　онú	вúдят	приглаcя́т	готóвят

＊子音交替が起こった結果、正書法の規則（☞ p.12-13）により語尾 -ю は -у に替わります。

ii) 正書法の規則の適用

また次のように、子音交替が起こらなくても語幹の末尾が -ж, -ч, -ш, -щ であれば、正書法の規則（☞ p.12-13）によって -ю は -у に -ят は -ат に替わります。

不定形	лежáть 横たわっている	учúть 学ぶ
1人称単数　я	лежý	учý
2人称単数　ты	лежúшь	ýчишь
3人称単数　он	лежúт	ýчит
1人称複数　мы	лежúм	ýчим
2人称複数　вы	лежúте	ýчите
3人称複数　онú	лежáт	ýчат

e) アクセントの移動

第1変化動詞も第2変化動詞も、アクセント移動には次のパターンがあります。

i) 非過去形内で一貫して変わらないパターン

不定形	читáть 読む（第1変化）	растú 育つ（第1変化）	говорúть 話す（第2変化）
1人称単数　я	читáю	растý	говорю́
2人称単数　ты	читáешь	растёшь	говорúшь
3人称単数　он	читáет	растёт	говорúт

1人称複数	мы	читáем	растём	говорим
2人称複数	вы	читáете	растёте	говорите
3人称複数	они́	читáют	растýт	говоря́т

ii）2人称単数形から違うパターン

不定形		писáть 書く（第1変化）	смотрéть 見る（第2変化）
1人称単数	я	пишý	смотрю́
2人称単数	ты	пи́шешь	смо́тришь
3人称単数	он	пи́шет	смо́трит
1人称複数	мы	пи́шем	смо́трим
2人称複数	вы	пи́шете	смо́трите
3人称複数	они́	пи́шут	смо́трят

（3）過去形

　過去形は非過去形とは違い、主語の性と数に従って変化します。単数では男性形、女性形、中性形が区別され、複数では性の区別はないので、都合4つの形があります。

> 過去形の語尾 ： -л, -ла, -ло, ли

a) 基本的な過去形の作り方：規則変化

　過去形は大多数の場合、不定形と語幹が同じです。したがって、ほとんどの動詞では、不定形の語尾 -ть を過去形の語尾に置き換えれば過去形ができあがります。非過去形の第1変化や第2変化の区別は、過去形では無関係です。

過去形の規則変化

	非過去形は第1変化		非過去形は第2変化	非過去形は不規則変化	
不定形	читáть 読む	сказáть 言う	смотрéть 見る	хотéть 欲する	бежáть 走る
男性形	читáл	сказáл	смотрéл	хотéл	бежáл
女性形	читáла	сказáла	смотрéла	хотéла	бежáла
中性形	читáло	сказáло	смотрéло	хотéло	бежáло
複数形	читáли	сказáли	смотрéли	хотéли	бежáли

b）不規則変化

規則変化のほかに、語幹の形が不定語幹と異なるもの、語尾が通常と異なるなど、不規則に変化する過去形を持つ動詞が若干あります。

i）語尾が通常通り〔-л, -ла, -ло, -ли〕と変化するもの

◆ -сти タイプ

不定形	過去形
вести 導く	вёл, вела́, вело́, вели́
цвести 咲く	цвёл, цвела́, цвело́, цвели́

＊このタイプに含まれるのは、非過去語幹に д や т が現れるもの（веду́, цвету́）のみ。例えば везти́「運ぶ」は везу́ と変化しますので、このようにはなりません（以下 ii）、および ☞ p.194 ）。

◆ -сть タイプ

不定形	過去形
кра́сть 盗む	кра́л, кра́ла, кра́ло, кра́ли
попа́сть 当たる	попа́л, попа́ла, попа́ло, попа́ли
есть 食べる	ел, е́ла, е́ло, е́ли
сесть 座る	сел, се́ла, се́ло, се́ли

◆ 語幹が全く異なる形になるもの

不定形	過去形
идти́ 行く	шёл, шла, шло, шли

＊ идти́ は非過去語幹 ид- のほかに、ш(ё)-, шед という3種類の語幹を持つ特殊なタイプの動詞です。

ii）男性形の語尾がなく、〔語尾なし、-ла, -ло, -ли〕と変化するもの

◆ -сти/-зти タイプ

不定形	過去形
расти́ 育つ	рос, росла́, росло́, росли́
везти́ 運ぶ	вёз, везла́, везло́, везли́

＊非過去語幹に д や т が現れるもの（вести́ → веду́）は除きます（そのようなタイプは上記）。

◆ -чь タイプ

不定形	過去形
мо**чь** できる	мог, могла́, могло́, могли́
пе**чь** 焼く	пёк, пекла́, пекло́, пекли́

◆ -нуть タイプ

不定形	過去形
исче́з**нуть** 消える	исче́з, исче́зла, исче́зло, исче́зли
поги́б**нуть** 死ぬ	поги́б, поги́бла, поги́бло, поги́бли

＊不定語幹から -нуть を取り払ったものが過去形の語幹になりますが、それが子音終わりの場合です。母音終わりの場合は通常通り過去形を作ります（обману́ть「だます」→ обману́л）。

◆ -ереть タイプ

不定形	過去形
ум**ере́ть** 死ぬ	у́мер, умерла́, у́мерло, у́мерли
т**ере́ть** こする	тёр, тёрла, тёрло, тёрли

＊不定形と過去形で語幹が替わっていることにも注意。

c) アクセントの移動

過去形のアクセントの移動のパターンは基本的に次の3種で、形容詞の短語尾形によく似ています（☞ p.138）。

i) 語幹にアクセントがあり動かないもの

大多数の動詞は語幹にアクセントが固定され、動くことはありません。

	чита́ть 読む	бить 打つ
男性形	чита́л	бил
女性形	чита́ла	би́ла
中性形	чита́ло	би́ло
複数形	чита́ли	би́ли

ii）アクセントが移動するもの

アクセントが移動する動詞も、比較的少数ですが存在します。

◆ 女性形からアクセントが移動するタイプ

	мочь できる	идти́ 行く
男性形	мог	шёл
女性形	могла́	шла́
中性形	могло́	шло́
複数形	могли́	шли

＊このタイプは、語尾にアクセントがあるものの、男性形では語尾に母音がないので1つ前の母音に動いた、と考えることもできます。

◆ 女性形だけアクセントが異なるタイプ

	пить 飲む	поня́ть わかる
男性形	пил	по́нял
女性形	пила́	поняла́
中性形	пи́ло	по́няло
複数形	пи́ли	по́няли

＊不定形と男性形のアクセントが同じ場合と異なる場合があります。

（4）-ся 動詞

動詞の不定形は語尾が -ть あるいは -ти や -чь で、変化するときにはその部分が変化します。この変化する部分は「語尾」と呼ばれるくらいですから、この部分が単語の末尾のはずです。しかし、この語尾の後に、さらに -ся という後接辞が続く動詞があります。そのような動詞は -ся 動詞 と呼ばれます。

интересова́ться 興味がある　　постро́иться 建つ

-ся 動詞と普通の動詞との形の上での違いは、末尾に -ся があるかないかだけです。不完了体と完了体の違いがあることも同じですし、変化も同じように行います。

以下は上に例として挙げた2つの動詞の非過去形（интересова́ться は不完了体動詞なのですなわち現在形、постро́иться は完了体なので

すなわち未来形。詳しくは p.176 ）です。末尾の -ся/-сь を除けば、普通の動詞の非過去形の変化と同じです（ p.160~169 ）。

不定形		интересова́ться [ца] 興味がある（不完了体）	постро́иться [ца] 建つ（完了体）
1人称単数	я	интересу́юсь	постро́юсь
2人称単数	ты	интересу́ешься	постро́ишься
3人称単数	он	интересу́ется [ца]	постро́ится [ца]
1人称複数	мы	интересу́емся	постро́имся
2人称複数	вы	интересу́етесь	постро́итесь
3人称複数	они́	интересу́ются [ца]	постро́ятся [ца]

ただし、気をつけなければならないことが2点あります。

① -ться, -тся とつづる箇所はいずれも [-ца] と発音します。ただし、例えば развле́чься「楽しむ」や найти́сь「見つかる」は、不定形は -ться ではなく -чься, -тись ですので、発音はつづりどおりです。なお、不定形と非過去形以外でこのルールが当てはまる箇所はありません。

② -ся は母音の後にあると -сь に替わります。非過去形の場合、いずれの動詞も1人称単数形と2人称複数形に注目すると、母音のあとで -ся が -сь に替わることがわかります。不定形でもそうなる場合があります。例えば найти́сь「見つかる」などでは不定形の語尾が -ти なので、-ся は母音の直後ということで -сь に替わっています。

過去形も見てみましょう。

不定形		интересова́ться	постро́иться
男性	он	интересова́лся	постро́ился
女性	она́	интересова́лась	постро́илась
中性	оно́	интересова́лось	постро́илось
複数	они́	интересова́лись	постро́ились

過去形は男性形以外の語尾がいずれも母音終わりですので、-сь になる箇所がぐっと増えています。

ほかの形も見てみましょう。いずれも母音の後では -ся は -сь になっています。

7.3 動詞の変化

不定形		интересова́ться	постро́иться
命令形		интересу́йся, интересу́йтесь	постро́йся, постро́йтесь
形動詞	能動現在	интересу́ющийся	
	能動過去	интересова́вшийся	постро́ившийся
	受動現在		
	受動過去		
副動詞		интересу́ясь	постро́ившись

* それぞれ詳しくは以下のページを参照してください。不定形（☞ p.156）、命令形（☞ p.209~213）、形動詞（☞ p.228~240）、副動詞（☞ p.240~246）。

補足

① 能動形動詞現在と能動形動詞過去（完了体動詞には能動形動詞現在はありません）は、名詞を修飾すると、その名詞に合わせて形容詞と同じように変化します（☞ p.228）。しかし変化の結果、語尾が母音終わりになっても -ся は -сь になりません。

能動現在 ➡ интересу́ющийся, интересу́ющееся,
　　　　　　интересу́ющаяся, интересу́ющиеся ...
能動過去 ➡ интересова́вшийся, интересова́вшееся,
　　　　　　интересова́вшаяся, интересова́вшиеся ...

② 完了体副動詞では -в の場合と -вши の場合がありますが（☞ p.243）、-ся 動詞の完了体副動詞は **-вшись** のみです。-вся という形はありません。ただし、развле́чься「楽しむ（完了体）」の副動詞は развлёкшись で、このように в がない場合もあります。

③ -ся 動詞は原則として自動詞です。したがって、補語（☞ p.348）のある他動詞からしか作れない受動形動詞は、-ся 動詞からは作れません。

第8章 動詞その2 体（たい）について

ロシア語の動詞には完了体動詞と不完了体動詞という2種類があり、それらを使い分けることによってさまざまなニュアンスを出し分けます。この使い分けを完全にマスターしようと思うと一生ものかもしれませんが、全体の8割〜9割程度マスターすれば十分実用的な価値はありますので、まずはそこを目指しましょう。

1. 体（アスペクト）とは

日本語と英語の例を見てみましょう。

日本語：①私は今手紙を書いている。
　　　　②私はもう手紙を書いてしまった。
　　　　③私は毎日手紙を書く。
英語：　①I am writing letters now.
　　　　②I have already written letters.
　　　　③I write letters everyday.

日本語でも英語でも、さまざまな助動詞を使いいろいろなニュアンスを表現し分けています。ロシア語ではこのようなニュアンスを出し分けるのに、**不完了体動詞**と**完了体動詞**という2つの動詞を使い分ける、という手段を用います。

例えば、「書く」は不完了体の писа́ть と完了体の написа́ть という2つの動詞がペアを成して存在しています。そして、上の①〜③の文をロシア語にする場合、これら2つを使い分けて次のようになります。

ロシア語：①Я сейча́с **пишу́** пи́сьма.（不完了体）
　　　　　②Я уже́ **написа́л** пи́сьма.（完了体）
　　　　　③Я ка́ждый день **пишу́** пи́сьма.（不完了体）

2つの動詞でさまざまなニュアンスを出し分けなければなりませんので、実際にはいろいろと複雑な規則や条件があります。本章では不完了体と完了体の使い分けについて見ていきましょう。

2. 体の形式

（1）体による変化形の意味の違い

過去形は不完了体動詞も完了体動詞も同じように過去のことを表します。主語の人称と数によって変化させる非過去形（☞ p.156）は体によって表す意味が異なり、不完了体は現在のことを、完了体は未来のことを表します。

例えば、「書く」であれば、不完了体の писа́ть と完了体の написа́ть は、それぞれ以下のように非過去形の変化をしますが、不完了体の писа́ть は現在のことを表すのに使われ、完了体の написа́ть は未来のことを表すのに使われます。

現在のことを表す

писа́ть 書く（不完了体）	単数	複数
1人称	я пишу́	мы пи́шем
2人称	ты пи́шешь	вы пи́шете
3人称	он пи́шет	они́ пи́шут

未来のことを表す

написа́ть 書く（完了体）	単数	複数
1人称	я напишу́	мы напи́шем
2人称	ты напи́шешь	вы напи́шете
3人称	он напи́шет	они́ напи́шут

それゆえ、多くの教科書では、不完了体の非過去形を「現在形」、完了体の非過去形を「未来形」と呼んでいます。しかし、これらの変化はあくまで同じシステムで行われるものですので、本書では、とくに変化のことを問題としている場合は統一して「非過去形」と呼びます。ただし、必要に応じて不完了体の非過去形を「現在形」、完了体の非過去形を「未来形」と言うこともあります（第7章も参照 ☞ p.156）。

（2）体の作り方と見分け方

a）形から見た体の対応関係

　形から見た不完了体と完了体の対応関係は動詞ごとに決まっており、簡単にまとめることができません。原則として、単語ごとに覚えていく必要があると思ってください。ですが、一定のパターンはありますので、本節では形から見た不完了体と完了体の対応関係について、主なパターンを紹介します。

体の対応の主なパターン		
不完了体	完了体	意味
不完了体に接頭辞を加えると完了体になるもの		
писа́ть чита́ть обе́дать	написа́ть прочита́ть пообе́дать	書く 読む 昼食を取る
接尾辞による違い		
完了体に -ва- を加えて不完了体になるもの (-ыва- や -ива- もあり)		
встава́ть перепи́сывать спра́шивать	встать переписа́ть спроси́ть	起きる 書き直す 尋ねる
不完了体は -а(я)- 、完了体は -и-		
получа́ть реша́ть проверя́ть	получи́ть реши́ть прове́рить	受け取る 決める、解決する チェックする
不完了体は -а- 、完了体は -ну-		
исчеза́ть крича́ть достига́ть	исче́знуть кри́кнуть дости́гнуть	消える 叫ぶ 達成する
完了体にその他さまざまな接尾辞を加え不完了体になるもの		
выбира́ть призыва́ть начина́ть понима́ть помога́ть	вы́брать призва́ть нача́ть поня́ть помо́чь	選出する 呼び寄せる 始める 理解する 助ける
-ся の有無が異なるもの		
ложи́ться станови́ться сади́ться	лечь стать сесть	横になる なる 座る

形が全く違うもの

говори́ть	сказа́ть	言う、話す
брать	взять	取る、つかむ
класть	положи́ть	置く
лови́ть	пойма́ть	捕まえる

＊ ほかにも形から見た対応のパターンはいろいろあり、全く予測がつかないものもたくさんあります。一つ一つ覚えてください。

> **学習のヒント**
>
> 原則的に、ペアを成している不完了体動詞と完了体動詞は、どちらか一方だけが辞書の見出し語になっています。一律不完了体を見出し語にしている辞書もありますが、多くの辞書ではどちらが見出し語になるかが語によって違います。そのような場合、以上の表の太枠で囲んであるほうが見出し語になっています。
> ただし、体が異なると意味にも違いが生じることがあるため、両方の体がそれぞれ別の見出しとして掲載されている場合もあります。例えば、上の例の говори́ть/сказа́ть「言う、話す」などは、両方とも見出し語になっている場合が多いようです。

b) 接頭辞と接尾辞について

前節で見たように、不完了体動詞に接頭辞を付けると、しばしば完了体ができあがります。

例えば、писа́ть「書く」（不完了体）に接頭辞の на- を付ければ、написа́ть（完了体）となり、2つの動詞は**体のペア**を成しています。この場合、на- を付けることによって違うのは体だけであって、それ以外の意味には違いがありません。

しかし、以下の例を見てください。いずれも писа́ть「書く」に接頭辞を付けてできた完了体動詞です。

вписа́ть　書き込む　　　вы́писать　書き出す
дописа́ть　書き上げる　　переписа́ть　書き写す

これらは接頭辞を付けることによって不完了体から完了体に変わっただけでなく、それ以外の意味が加わっています。このように、接頭辞には、不完了体を完了体に変えるだけでそれ以外の意味を変えないものと、動詞の体以外の意味にも変更を加えてしまうものの2つがあります。

接頭辞 на- を付けても体以外の意味には変わりがない написа́ть「書く」の場合は、元の動詞 писа́ть と体のペアを成します。一方、接頭辞を付けることで体以外の意味にも違いが生じる вписа́ть「書き込む」、вы́писать「書き出す」などは、元の動詞とすでに意味が違っていますので、体のペアとして結びつくことはできません。結局、これらの動詞のためには、次のように接尾辞を追加することで別の相手を作る必要があります。

писа́ть ➡ **接頭辞を付加** ➡ { вписа́ть / вы́писать / переписа́ть } ➡ { впи́сывать / выпи́сывать / перепи́сывать }

元の動詞とは意味が違ってしまっている。

接尾辞で不完了体を作る。

　このように体のペアの形成は2段階で行われる場合もしばしばあります。

　ちなみに、どれが体以外の意味を変えない接頭辞かは動詞によって違いますので一つ一つ覚えなければなりません。参考までに、上で紹介していないいくつかの接頭辞による体のペアを挙げます。

　　буди́ть / разбуди́ть　起こす
　　рисова́ть / нарисова́ть　描く
　　мыть / помы́ть　洗う
　　ви́деть / уви́деть　見る
　　де́лать / сде́лать　する
　　плати́ть / заплати́ть　払う
　　учи́ть / вы́учить　教える

c）体のペアに関して基本から外れるもの

　ロシア語は不完了体と完了体の2つの動詞が1対1でペアを成しているのが原則ですが、この基本から外れているものもあります。

ⅰ）単体動詞

　体のペアを成さず、1つだけで存在しているものです。例えば次のようなものがあります。

◆接頭辞の付かない移動動詞はすべて不完了体

以下のような移動動詞（☞ p.192 ）はすべて不完了体で、ペアとなる完了体がありません。

идти́　歩いて行く（定向） 不完了体
ходи́ть　歩いて行く（不定向） 不完了体
éхать　乗り物で行く（定向） 不完了体
éздить　乗り物で行く（不定向） 不完了体
лете́ть　飛んで行く（定向） 不完了体　…

◆移動動詞に接頭辞 по- を付けてできた完了体動詞

定向動詞でも不定向動詞でも、接頭辞 по- を移動動詞（☞ p.192 ）に付けるとできあがるのは意味の異なる2つの完了体動詞で、ペアとなる不完了体はありません（☞ p.206 ）。

пойти́　歩いて出発する 完了体　　пое́хать　乗り物で出発する 完了体
походи́ть　少し歩く 完了体　　　пое́здить　少し旅する 完了体　…

◆状態を表す不完了体のみの動詞

以下のように状態を表す動詞には、不完了体しかなく、ペアとなる完了体がないものが多くあります。

жить　住んでいる 不完了体　　　име́ть　持っている 不完了体
знать　知っている 不完了体　　　быть　ある、いる、～である 不完了体
состоя́ть　～から成る 不完了体　отсу́тствовать　ない、いない 不完了体
зави́сеть　～による 不完了体　…

ii）両体動詞

1つの形で不完了体としても完了体としても使われるものです。

испо́льзовать　使う 不完了体 完了体
ра́нить　怪我させる 不完了体 完了体
иссле́довать　研究・調査する 不完了体 完了体
электрифици́ровать　電化する 不完了体 完了体　…

iii）1対1ではないもの

以下のようにペアを成す相手が複数あるものもあります。

возвраща́ть　戻す 不完了体　　｛ возврати́ть 完了体
　　　　　　　　　　　　　　　　верну́ть 完了体

3. 体の基本的な使い分け

おおざっぱにまとめると、<u>不完了体は行為をある程度継続する過程として捉え、完了体はひとまとまりの瞬間として捉える</u>、と言えます。基本的な用法をもう少し具体的に見てみましょう。

(1) 進行／完了（結果残存）

不完了体は行為が終わらずにまさに行われている最中であることを示します。それに対して、完了体は完了したことを示し、場合によっては完了した行為の結果が今も残っている、ということまで示すこともあります。

不完了体	完了体
進行	完了
◆「〜している」 Я сейча́с слу́шаю му́зыку. 私は今音楽を聴いている。	◆「〜してしまった、〜し終えた」 Я уже́ написа́л статью́. 私はもう論文を書いてしまった。
◆「〜するところだ、〜しかけている」 Спекта́кль конча́лся. 劇は終わるところだった。 Она́ умира́ла. 彼女は死にかけていた。	Спекта́кль ко́нчился. 劇は終わった。 Она́ умерла́. 彼女は死んでしまった。
◆「〜しようとしている」 Он весь день запомина́л но́вые слова́. 彼は一日中新しい単語を覚えようとしていた。	Он запо́мнил все слова́. 彼はすべての単語を覚えてしまった。
結果残存の意味がない	結果残存
Ва́ня приходи́л. ワーニャが来た（もう帰った）。	Ва́ня пришёл. ワーニャが来た（その結果、今いる）。

（完了体の欄に注記：完了した結果が今も残っている）

完了体は、「完了」とはいっても以下のように「始める」という行為が完了することを表す場合もあります。

Он **на́чал** ле́кцию. 彼は講義を始めた。
Она́ вдруг **запла́кала**. 彼女は突然泣き始めた。

これらの例では、完了したのは「講義」でもなければ「泣く」という行為でもありません。「始める」のが完了した、ということになります。

（2）継続／一瞬

不完了体は時間の長さのある行為を表せますが、完了体は一瞬の行為、あるいは行為をひとまとめにして、時間の長さを認識せずに捉えます。

不完了体	完了体
継続　時間の長さがある行為	一瞬　一瞬で行われる行為か、ひとまとめに一瞬として捉えられた行為
Мáльчик дóлго кричáл. 少年は長い間叫んでいた。 Мáша дóлго решáла задáчу. マーシャは長い間問題を解いていた。	Мáльчик вдруг крúкнул. 少年は突然叫び声を上げた。 Мáша срáзу решúла задáчу. マーシャはすぐさま問題を解いてしまった。

完了体は基本的には一瞬のことを表しますので、通常は時間の長さを表す状況語（☞ p.247, p.349~350）などを伴うことはできません。

○ Он **читáл** два часá.
彼は2時間読書していた。（不完了体なので○）

× Он **прочитáл** два часá.
（完了体なので時間の長さを表す два часá は伴えない）

ただし、про-「ある時間やり通す」や по-「少しの間、しばらくの間行う」など一部の接頭辞を用いて作った完了体動詞の中には、時間の長さを表す状況語を伴えるものもあります。

Он **просидéл** цéлый час у окнá.
彼はまる1時間窓辺に座っていた。

Мы **погуля́ли** два часá.
我々は2時間散歩した。

（3）繰り返し／一回

不完了体動詞は繰り返しの行為を表せますが、完了体動詞は原則的に一回だけの行為しか表せません。

不完了体	完了体
繰り返し	一回
Он ка́ждый ме́сяц **получа́ет** пе́нсию. 彼は毎月年金をもらっている。	Вчера́ он **получи́л** пе́нсию. 昨日彼は年金をもらった。
Я обы́чно **встаю́** в 6 часо́в. 私は普段は6時に起きる。	Сего́дня я **встал** в 8 часо́в. 今日私は8時に起きた。

完了体は繰り返しの行為を表すことはできません。したがって、完了体動詞が頻度や回数などを表す状況語を伴うことは通常ありません。

✗ Он ка́ждый день **посмотре́л** э́тот фильм.
彼は毎日この映画を見た。

不完了体なら繰り返しの行為を表せますので、問題ありません。

Он ка́ждый день **смотре́л** э́тот фильм.
彼は毎日この映画を見ていた。

しかし、繰り返された一連の動作を1つのものと捉えてそれが完了したことを示したい場合などには、完了体動詞が pa3「回」を用いた回数を表す状況語（ p.257 ）を伴うこともあります。

Он уже́ де́сять раз **перекрести́лся**.
彼はもう10回も十字を切った。

Он ко́ротко **позвони́л** два ра́за.
彼は短く2回ベルを鳴らした。

また、完了体の未来形は、（現在、あるいは未来の）普遍的な可能、不可能の意味を表すことがあります。

Без труда́ не **вы́нешь** и ры́бку из пруда́.
苦労せずに魚を池から獲ることはできない。（ことわざ）

このような場合は、всегда́「いつも」、ча́сто「しばしば」、иногда́「時々」などの頻度を表す状況語（ p.257 ）を伴うことがあります。

Там всегда́ **найдётся** свобо́дное ме́сто.
あそこはいつも空いてる席が見つかる。

Э́то была́ така́я же́нщина, каку́ю не ча́сто **встре́тишь**.
それはそうそうお目にかかれないようなタイプの女性だった。

このような完了体動詞の使い方は、特に一般（普遍）人称文（☞ p.355、☞ p.186）でしばしば見られます。

一方、不完了体動詞は、現在形で、単なる繰り返しとは違う、一般的真理や好意や欲求、能力など、各種の「状態」を表すこともあります。

◆ 一般的真理

Луна́ **враща́ется** вокру́г Земли́.
月は地球の周りを回っている。

Пти́цы **лета́ют**, а ры́бы **пла́вают**.
鳥は飛び、魚は泳ぐ。

◆ 状態

Я **люблю́** Достое́вского.
私はドストエフスキーが好きだ。（好意）

Я **хочу́** изуча́ть ру́сский язы́к.
私はロシア語が勉強したい。（欲求）

Он не **уме́ет** пла́вать.
彼は泳げない。（能力）

（4）事実の確認、経験の不完了体

不完了体動詞は、過去形や未来形で事実を確認するときなどに用います。その際、完了したかどうかは全く問題ではありません。また、その事実の確認の延長として、経験（〜したことがある）の意味で使うこともあります。その場合は、現在形ではなく過去形であることに注意してください。

不完了体	完了体
事実の確認	事実の確認の意味を表現しようとして完了体を使うと、完了の意味が加わり、単純な事実の確認とは違ってきます。
—Вчера́ ты смотре́л но́вости по телеви́зору? 「昨日テレビでニュース見た？」 —Да, смотре́л. 「はい、見ました」	Вы посмотре́ли э́тот фильм? この映画、見終えましたか？
—Вы чита́ли его́ но́вый рома́н? 「彼の新しい小説、読みましたか？」 —Нет, не чита́л. 「いいえ、読んでいません」	Вы прочита́ли его́ но́вый рома́н? 彼の新しい小説は読み終えましたか？

—Что ты бу́дешь де́лать за́втра? 「明日君は何をするの？」 —Я бу́ду чита́ть кни́гу. 「本を読みます」	За́втра я прочита́ю кни́гу. 明日僕は本を読んでしまいます。
経験	
—Вы когда́-нибудь ви́дели таку́ю красоту́? 「あなたは今までにこんなに美しいものを見たことありますか？」 —Нет, не ви́дел. 「いいえ、ありません」	

4. その他の体の使い分けについて

(1) 注意すべき体の使い方

a) 比較的近い確定した未来を表す不完了体

不完了体動詞の現在形（＝非過去形）が、比較的近い確定した未来のことを表す場合があります。

За́втра я **веду́** сы́на к врачу́.
明日私は息子を医者に連れて行く。

В сентябре́ я **поступа́ю** в университе́т.
9月に私は大学に入学する。

ただ、このような使い方はすべての動詞でできるわけではなく、移動動詞（ p.192 ）や、отправля́ться「出発する」、поступа́ть「入学する」、возвраща́ться「戻る」のような、移動動詞ではないけれど人や物の移動を表す動詞などでよく見られます。ほかにも начина́ть(ся)「始める（始まる）」、конча́ть(ся)「終える（終わる）」などでもこの用法が見られます。

За́втра **начина́ется** но́вый уче́бный год.
明日新しい学年が始まる。

В суббо́ту **конча́ем** рабо́ту.
土曜日に仕事を終えます。

b）未来のことを表す完了体過去形

完了体過去形が未来のことを表す場合があります。

① Ну, я **пошёл**. じゃあ、僕は行くよ。
② Давáй, **пошлá** тудá! さあ、あっちへ行け！
③ **Поéхали**! 出発しよう！

これらの例のうち、①は自分の行動の予告あるいは意志の表明、②は相手への命令、③は誘う言い方ですが、いずれも話し手の意志が強く表れているところが共通している点だと言えます。このような過去形の使い方をする完了体動詞としては、пойти, поéхать（☞ p.206）のほか、начáть「始める」, кóнчить「終える」などがあります。いずれも口語的な言い方です。

c）現在の普遍的事実を表す完了体未来形

完了体未来形（＝非過去形）が現在の普遍的事実を表す場合があります。

一般（普遍）人称文（☞ p.355 、☞ p.184）では完了体動詞の非過去形がしばしば用いられ、未来のことではなく現在の普遍的事実や状態を表すことがあります。しばしば、可能・不可能の意味が加わります。

На чужóй ротóк не **накúнешь** платóк.
他人の口をハンカチで覆うわけにはいかない。

Что напúсано перóм, тогó не **вы́рубишь** топорóм.
ペンで書かれたものは斧では断てない。

d）2つの行為の同時並行と継起

〔不完了体 и 不完了体〕は基本的に2つの行為が同時に行われたことを示し、〔完了体 и 完了体〕は2つの行為が前後して継起することを示します。

◆ 不完了体
　Он **обéдает** и **слýшает** мýзыку.
　彼は昼食を取りながら音楽を聴いている。
◆ 完了体
　Он **пообéдал** и **ушёл**.
　彼は昼食を取ると去って行った。

когда で導かれる従属節と主節の関係でも同様の違いが見られます（ p.302~303 ）。

（2）不定形の体

不定形における不完了体と完了体の使い分けに関して、いくつか注意すべき点を見ましょう。

a）不定形でも繰り返す行為は不完了体

不定形でも、繰り返す行為は不完了体で示します。

> Надо чáще **звонúть**.
> もっと頻繁に電話しなければならない。 不完了体
>
> Надо **позвонúть** úменно сейчáс.
> まさに今電話する必要がある。 完了体

b）継続的な行為を表す不完了体、時間の長さがない完了体

継続的な行為が不完了体で表せ、完了体には時間の長さがないということも、ほかと同様です。

> Он хóчет **рабóтать** до концá сентябрá.
> 彼は9月末まで働きたいと思っている。 不完了体
>
> Он хóчет **прыгнуть**.
> 彼はジャンプしたがっている。 完了体

c）не дóлжен＋不定形の体の使い分け

〔не дóлжен＋不定形〕には、体によって次のような使い分けの傾向があります。

◆不完了体：禁止「〜してはいけない」か不必要「〜しなくてよい」
> В закóне не должнó **быть** исключéний.
> 法には例外があってはいけない。（**禁止**）
>
> Вы не должны́ так мнóго **трудúться**.
> あなたはそんなにたくさん働かなくてもいい。（**不必要**）

◆完了体：推量「〜ではないに違いない」
> Никтó не дóлжен **прийтú**.
> 誰も来ないだろう。

d) мо́жно と нельзя́

мо́жно の否定形は нельзя́ です。не мо́жно とは言いません。従える動詞不定形の不完了体・完了体の使い分けも мо́жно と нельзя́ で対応関係にありますので、まとめて覚えましょう。

i) мо́жно ＋不完了体／нельзя́ ＋不完了体

мо́жно / нельзя́ ＋不完了体	許可「～してよい」 不許可「～してはいけない」

Вам мо́жно **идти́** домо́й.
あなたは家に帰っていいですよ。 不完了体

Вам нельзя́ **идти́** домо́й.
あなたは家に帰ってはいけない。 不完了体

ii) мо́жно ＋完了体／нельзя́ ＋完了体

мо́жно / нельзя́ ＋完了体	可能「～できる」 不可能「～できない」

Мо́жно **заплати́ть** нало́ги че́рез Интерне́т.
インターネットで税金を払える。 完了体

Нельзя́ **заплати́ть** нало́ги че́рез Интерне́т.
インターネットで税金を払うことはできない。 完了体

e) 不定形を従えるその他の述語

不定形を従えるその他の述語には、原則的に不完了体動詞だけを従えるもの、完了体動詞だけを従えるものがあります。これらは覚えておく必要があります。

◆不完了体だけを従える述語

начина́ть / нача́ть　～し始める
стать（完了体のみ）～し始める
конча́ть / ко́нчить　～し終える
продолжа́ть / продо́лжить　～し続ける
принима́ться / приня́ться　着手する
прекраща́ть / прекрати́ть　中止する、断絶する
перестава́ть / переста́ть　やめる、中止する
броса́ть / бро́сить　（習慣的行為を）やめる

привыка́ть / привы́кнуть　～するのに慣れる

отвыка́ть / отвы́кнуть　～する習慣を失う

устава́ть / уста́ть　～するのに疲れる

запреща́ть / запрети́ть　～するのを禁ずる

надоеда́ть / надое́сть　～するのにうんざりする

* надоеда́ть / надое́сть は無人称動詞（☞ p.351~353）なので、主語がある場合は与格（☞ p.47~48）。
 Мне надое́ло говори́ть. 私は話すのにうんざりした。不完了体

でも考えてみれば、以上は不定形のこれらの動詞が示す行為が時間的に継続したりあるいは繰り返されたりするものであることを前提にしなければ、話が成り立ちません（例えば、一定の時間継続してきた行為だからこそ「やめる」ことができるわけです）。ですから、言ってみれば本来の不完了体の意味から予測できるものと言えるのかもしれません。

◆完了体だけを従える述語

забы́ть　～し忘れる

успе́ть　～するのに間に合う

уда́ться　うまく～できる

* уда́ться は無人称動詞（☞ p.351~353）なので、主語がある場合は与格（☞ p.47~48）。
 Ему́ удало́сь э́то сде́лать. 彼はうまいことそれをやってしまった。完了体

これらも言ってみれば不定形の動詞が持っている完了の意味が前提になっていると言えましょう。

次の〔пора́＋不定形〕（☞ p.268~269）の例は、不完了体と完了体の違いが全体の意味にも表れている例です。

◆пора́「～すべき時間、頃だ」＋不定形

пора́＋	不完了体	開始する時間
	完了体	完了すべき時間

Пора́ **идти́** домо́й.
家に帰る時間だ。不完了体

Пора́ **привы́кнуть** к но́вому поря́дку.
新しい秩序に慣れてよい頃だ。完了体

189

（3）命令形の体

a）基本的な使い分け

命令形の場合も、ほかと同様、原則的に不完了体は繰り返す行為を、完了体は一回の行為を依頼するときに用いられます。

Звони́те ча́ще!
もっと頻繁に電話をください！ 不完了体
Позвони́те за́втра!
明日電話をください！ 完了体

また、行為の継続も不完了体です。

Чита́йте да́льше!
さらに先を読んでください！ 不完了体

b）丁寧な勧誘・許可の不完了体

多くの場合、肯定の命令・依頼は具体的な一回のことを依頼するので完了体が普通ですが、不完了体もしばしば一回の行為に関して用いられることがあります。こちらのほうが一般に丁寧であり、命令や依頼というより勧誘あるいは許可などの際に多く用いられます。

Проходи́те, пожа́луйста!
どうぞお入りください！ 不完了体
Приса́живайтесь!
おかけください！ 不完了体
Заходи́те, пожа́луйста!
遊びに来てください！ 不完了体

—Мо́жно? 「よろしいですか？」
—Коне́чно, **входи́те**! 「もちろんです、お入りください！」 不完了体

c）行為の行われ方に注目する不完了体

行為の行われ方に注目する場合は不完了体が用いられます。

Говори́те ти́ше. もっと静かにしゃべってください。 不完了体

d）促す、せかすときの不完了体

本来行わなければならないことを促す、あるいはせかすときなどは不完了体を用います。

Встава́й! 起きなさい！ 不完了体

e）否定の命令

否定の命令は不完了体が普通です。

Не **чита́йте** таку́ю ерунду́.
こんなばかなものは読まないでください。 不完了体

Не **пей** во́ду.
水を飲むな。 不完了体

完了体の否定の命令は間違ったことを行わないよう警告する場合などに使われます。また、このような場合、しばしば Смотри́(те)！「気をつけて」を伴ったりもします。

Смотри́, не **забу́дь**！
忘れないよう気をつけろ！ 完了体

Смотри́, не **опозда́й**！
遅刻しないよう気をつけろ！ 完了体

第9章 動詞その3 移動動詞

ロシア語には移動動詞（＝運動の動詞）という特別なグループの動詞があります。移動動詞というのは、人や物の移動を表す動詞のうち、ほかの動詞とは異なる特別な体系を成している特定の動詞を指す用語です。本章では、移動動詞がほかの動詞とどう違うのかを見ながら、その特徴を覚え、理解することで学習の助けとしていきます。

1. いろいろな移動動詞

（1）移動動詞の種類

ロシア語では、同じ移動を表すにもいろいろな行き方があり、同じ「行く」でも、例えば「歩いて行く」と「乗り物で行く」では全く違う動詞を使います。

一般に**移動動詞**と呼ばれるものは、下の表に示すとおり全部で14通りの行き方を区別して表現します。この行き方による違いに加えて、**定向動詞**（定動詞）と**不定向動詞**（不定動詞）というペアが存在します。したがって、全部で14×2＝28通りの移動動詞があります。

<table>
<tr><th colspan="4">移動動詞</th></tr>
<tr><th></th><th>定向動詞</th><th>不定向動詞</th><th>行き方</th></tr>
<tr><td rowspan="8">自動詞</td><td>идти́</td><td>ходи́ть</td><td>歩いて</td></tr>
<tr><td>е́хать</td><td>е́здить</td><td>乗り物で</td></tr>
<tr><td>бежа́ть</td><td>бе́гать</td><td>走って</td></tr>
<tr><td>плыть</td><td>пла́вать</td><td>泳いで、水中を・水上を</td></tr>
<tr><td>лете́ть</td><td>лета́ть</td><td>飛んで</td></tr>
<tr><td>брести́</td><td>броди́ть</td><td>のろのろ、ぶらぶらと</td></tr>
<tr><td>ползти́</td><td>по́лзать</td><td>這って</td></tr>
<tr><td>лезть</td><td>ла́зить</td><td>よじ登って</td></tr>
<tr><td rowspan="6">他動詞</td><td>нести́</td><td>носи́ть</td><td>～を手に持って</td></tr>
<tr><td>везти́</td><td>вози́ть</td><td>～を乗り物などで運んで</td></tr>
<tr><td>вести́</td><td>води́ть</td><td>～を連れて</td></tr>
<tr><td>тащи́ть</td><td>таска́ть</td><td>～を引いて</td></tr>
<tr><td>кати́ть</td><td>ката́ть</td><td>～を転がして</td></tr>
<tr><td>гнать</td><td>гоня́ть</td><td>～を追い立てて</td></tr>
</table>

＊太線で囲まれているのはより重要度の高い動詞です。優先的に覚えましょう。

(2) 移動動詞の変化：現在形（＝非過去形）

　左ページで挙げた28の移動動詞はすべて不完了体動詞ですので、主語の人称・数によって変化する非過去形（☞ p.156 ）は、現在のことを表す現在形です（☞ p.156 ）。ただし特殊な変化をするものが多く含まれますので、変化には注意してください。第7章で触れた変化パターン（☞ p.160~169）も含まれていますが、ここでは移動動詞だけをタイプ別にまとめてみましょう。

　変化表の中で、語幹の交替（☞ p.157~158）、子音交替（☞ p.14~15、☞ p.167~168）、正書法の規則の適用（☞ p.12~13）などが起こっている注意すべき形には下線を引いてあります。

a) 第1変化、語幹が母音で終わり、子音交替や語幹の交替が起こらないもの

　最も基本的な第1変化（☞ p.160~161）の動詞です。代表して бе́гать「走って行く」の変化だけを示します。最も基本的な変化ですので、通常は辞書でも変化が示されていないタイプです。

бе́гать 走って行く 不定向		
	単数	複数
1人称	бе́гаю	бе́гаем
2人称	бе́гаешь	бе́гаете
3人称	бе́гает	бе́гают

　特別な変化ではありませんのですべての変化表は示しませんが、бе́гать「走って行く」のほかには、пла́вать「泳いで行く、水中を・水上を行く」、лета́ть「（空を）飛んで行く」、по́лзать「這って行く」、таска́ть「～を引いて行く」、ката́ть「～を転がして行く」、гоня́ть「～を追い立てて行く」があります。

b) 語幹が子音で終わるもの以外の第1変化

　このタイプは、不定形の語尾が -ти だったり、語幹の交替が起こったりなど、注意が必要です（第7章も参照 ☞ p.162~165）。それぞれの変化は以下の通りです。

9.1 いろいろな移動動詞

不定形		идти́ 歩いて行く 定向	éхать 乗り物で行く 定向	плыть 泳いで行く 定向	брести́ のろのろ行く 定向	ползти́ 這って行く 定向
1人称単数	я	иду́	éду	плыву́	бреду́	ползу́
2人称単数	ты	идёшь	éдешь	плывёшь	бредёшь	ползёшь
3人称単数	он	идёт	éдет	плывёт	бредёт	ползёт
1人称複数	мы	идём	éдем	плывём	бредём	ползём
2人称複数	вы	идёте	éдете	плывёте	бредёте	ползёте
3人称複数	они́	иду́т	éдут	плыву́т	бреду́т	ползу́т

不定形		лезть よじ登って行く 定向	нести́ 手に持って行く 定向	везти́ 乗り物などで 運んで行く 定向	вести́ 連れて行く 定向
1人称単数	я	ле́зу	несу́	везу́	веду́
2人称単数	ты	ле́зешь	несёшь	везёшь	ведёшь
3人称単数	он	ле́зет	несёт	везёт	ведёт
1人称複数	мы	ле́зем	несём	везём	ведём
2人称複数	вы	ле́зете	несёте	везёте	ведёте
3人称複数	они́	ле́зут	несу́т	везу́т	веду́т

c）第2変化タイプ

アクセント移動（☞ p.168~169）、語幹末尾の子音交替（☞ p.14~15）と正書法の規則（☞ p.12~13）の適用などが起こりますので、注意が必要です。また、不定語幹末尾の母音は現在形ではすべて消えており、語幹の交替が起こっています（詳しくは ☞ p.166, p.167~169）。

不定形		ходи́ть 歩いて行く 不定向	éздить 乗り物で行く 不定向	лете́ть 飛んで行く 定向
1人称単数	я	хожу́	éзжу	лечу́
2人称単数	ты	хо́дишь	éздишь	лети́шь
3人称単数	он	хо́дит	éздит	лети́т
1人称複数	мы	хо́дим	éздим	лети́м
2人称複数	вы	хо́дите	éздите	лети́те
3人称複数	они́	хо́дят	éздят	летя́т

不定形		**броди́ть** のろのろ行く 不定向	**ла́зить** よじ登って 行く 不定向	**носи́ть** 手に持って 行く 不定向	**вози́ть** 乗り物などで 運んで行く 不定向	**води́ть** 連れて行く 不定向
1人称単数	я	брожу́	ла́жу	ношу́	вожу́	вожу́
2人称単数	ты	бро́дишь	ла́зишь	но́сишь	во́зишь	во́дишь
3人称単数	он	бро́дит	ла́зит	но́сит	во́зит	во́дит
1人称複数	мы	бро́дим	ла́зим	но́сим	во́зим	во́дим
2人称複数	вы	бро́дите	ла́зите	но́сите	во́зите	во́дите
3人称複数	они́	бро́дят	ла́зят	но́сят	во́зят	во́дят

不定形		**тащи́ть** ～を引いて行く 定向	**кати́ть** ～を転がして行く 定向	**гна́ть** ～を追い立てて 行く 定向
1人称単数	я	тащу́	качу́	гоню́
2人称単数	ты	та́щишь	ка́тишь	го́нишь
3人称単数	он	та́щит	ка́тит	го́нит
1人称複数	мы	та́щим	ка́тим	го́ним
2人称複数	вы	та́щите	ка́тите	го́ните
3人称複数	они́	та́щат	ка́тят	го́нят

d) 不規則な変化をするもの

移動動詞の中で、бежа́ть だけは第1変化と第2変化が混在した不規則な変化をします。また、子音交替も特殊なパターンで起こっていますので、注意してください。

бежа́ть 走って行く 定		
	単数	複数
1人称	бегу́	бежи́м
2人称	бежи́шь	бежи́те
3人称	бежи́т	бегу́т

(3) 移動動詞の変化：過去形

過去形は、現在形に比べると機械的に作ることができます。例えば不定形の語尾が -ть のものは、ほとんどが -ть を過去形の語尾 -л, -ла,

-ло, -ли に置き換えるだけで過去形ができあがります。ただし、中には以下に示すようにアクセントが移動するものや語幹が交替するものなども含まれますので、注意が必要です。なお、過去形で不規則なことが起こるのはすべて定向動詞です。以下は何かしらの不規則なことが生じているものです。

注意すべき移動動詞の過去形

不定形	行き方	過去形
идти́	歩いて	шёл, шла, шло, шли
плы́ть	泳いで、水中を・水上を	плыл, плыла́, плы́ло, плы́ли
брести́	のろのろ、ぶらぶらと	брёл, брела́, брело́, брели́
ползти́	這って	полз, ползла́, ползло́, ползли́
лезть	よじ登って	лез, ле́зла, ле́зло, ле́зли
нести́	～を手に持って	нёс, несла́, несло́, несли́
везти́	～を乗り物などで運んで	вёз, везла́, везло́, везли́
вести́	～を連れて	вёл, вела́, вело́, вели́
гнать	～を追い立てて	гнал, гнала́, гна́ло, гна́ли

（4）定向動詞と不定向動詞の用法

接頭辞が付いていない移動動詞はすべて不完了体動詞で、ペアを成す完了体を持ちません。その代わり、定向動詞と不定向動詞がペアで存在し、その使い分けによってさまざまなニュアンスを出し分けます。その結果、定向動詞と不定向動詞の使い分けは体の使い分けに似た部分もあります。

a) 定向動詞の用法

定向動詞は1回の移動でかつ、目的地へ向けて片道・一方向、具体的で、「行くところだ」など進行中の移動を表します（目的地の表現に関しては p.258~259 ）。

—Куда́ вы **идёте**?
「どちらへ行くところですか？」
—Мы сейча́с **идём** в магази́н.
「店へ行くところです」

Он сейча́с **е́дет** в Москву́ на по́езде.
彼は今列車でモスクワに行くところだ。

Пти́ца **лети́т** на юг.
鳥が南に飛んで行く。

Я сейча́с **несу́** цветы́ ма́ме.
私は今母に花を持って行くところです。

Когда́ они́ **шли** по у́лице, начался́ дождь.
彼らが通りを歩いているとき、雨が降り出した。

Когда́ мы **е́хали** в Петербу́рг, мы разгова́ривали о жи́зни.
ペテルブルクに向かう途中、我々は人生について語った。

ⅰ) 繰り返しの定向動詞

　定向動詞では通常、繰り返しの意味は表せません。ただし、以下のような場合は定向動詞で繰り返しを表すこともあります。

◆ 繰り返されるのが明らかに片道の場合

Обы́чно я на рабо́ту **иду́** пешко́м, а обра́тно **е́ду** на авто́бусе.
普段私は職場へは歩いて行くが、帰りはバスで帰る。

◆ 連続した行為を表す場合

　このような場合は、「原則として」とか「いつも」「たいていは」などの意味があります。

Ка́ждое у́тро я встаю́ и **иду́** гуля́ть с соба́кой.
毎朝私は起きると、犬と散歩に出かける。

Когда́ тороплю́сь, я беру́ такси́ и **е́ду** на рабо́ту.
急ぐとき、私はタクシーを捕まえて職場に行く。

ⅱ) 確定未来

　近くて確実な未来を定向動詞の現在形で表すことがあります（動詞の体も参照 ☞ **p.185** ）。

Сего́дня ве́чером я **иду́** к врачу́.
今晩私は医者に行く。

За́втра мы **е́дем** на мо́ре.
明日我々は海に行く。

b）不定向動詞の用法

不定向動詞は繰り返しや往復、あるいは方向・目的地が決まっていなかったり、抽象的で具体性のない移動を表すことができます。不完了体動詞ではありますが（不完了体動詞の用法については ☞ p.181~185 ）、不定向動詞では原則的に「行くところだ」などの進行の意味は表せません。

◆繰り返し

Ка́ждое ле́то я **е́зжу** в Со́чи.
私は毎夏ソチに行く。

Он всегда́ **е́здит** на рабо́ту на маши́не.
彼はいつも仕事に車で通っている。

Обы́чно де́ти **хо́дят** в шко́лу вме́сте.
普段子どもたちは一緒に学校に行く。

Секрета́рша **но́сит** мне но́вые докуме́нты ка́ждое у́тро.
秘書は私に新しい書類を毎朝持ってくる。

Она́ ча́сто **лета́ет** в Нью-Йо́рк.
彼女はしばしばニューヨークに行く。

Я ра́ньше **ходи́л** в це́рковь.
私は以前は教会に通っていた。

◆往復：「行ってきた」「行った」

—Куда́ вы вчера́ **ходи́ли**?
「昨日どちらへ行ってきたのですか？」

—Вчера́ мы **ходи́ли** в рестора́н.
「昨日はレストランへ行ってきました」

Я в про́шлом году́ **лета́л** в Аме́рику.
私は去年アメリカに行った。

◆経験：「行ったことがある」

「行ってきた」が転じて、「行ったことがある」という経験の意味になることもあります。

В Петербу́рг мы **е́здили** мно́го раз.
ペテルブルクには我々は何度も行ったことがある。

Туда́ я уже́ **ходи́л** в сентябре́.
そこにはもう9月に行ったことがある。

◆方向や目的地がない移動

Он **е́здит** на маши́не по То́кио.
彼は東京中を車で走っている。

Лю́ди **хо́дят** по у́лице без зо́нтиков.
人々は通りを傘なしで歩いている。

Я **пла́ваю** в бассе́йне почти́ ка́ждый день.
私はほぼ毎日プールで泳いでいる。

◆ 具体性がなく抽象的な移動

方向や目的地がない移動は、場合によっては具体性がなく抽象的な話の場合もあります。

Я люблю́ **е́здить** на велосипе́де.
私は自転車で走り回るのが好きだ。（行為一般）

Наш ребёнок уже́ **хо́дит**.
我々の赤ん坊はもう歩く。（能力）

（5） **быть** を使った表現

不定向動詞の過去形を使って「行ってきた」「行った」「行ったことがある」を表現できますが、それとほぼ同じ内容を быть の過去形を用いて表現することができます。

Вчера́ я **ходи́л** на по́чту.
＝Вчера́ я **был** на по́чте.
昨日私は郵便局に行ってきた。

В про́шлом году́ я **е́здил** в Москву́.
＝В про́шлом году́ я **был** в Москве́.
去年私はモスクワに行った。

В Пари́ж я **е́здил** уже́ три ра́за.
＝В Пари́же я **был** уже́ три ра́за.
私はパリにはもう3回行ったことがある。

行き先を表すために、移動動詞の場合は〔в/на ＋対格〕のような目的地を示す表現、быть の場合は〔в/на ＋前置格〕のような場所を示す表現になることに注意してください（ p.258~259 ）。また、これら2つの言い方を混在させても会話は成り立ちます。

—Куда́ вы **ходи́ли** вчера́?
「昨日あなたはどこに行ってきたんですか？」

—Я **был** в библиоте́ке.
「私は図書館に行ってきました」

また、「〜に行く（予定）」という未来のことを表すのに пойти́
（☞ p.206~207）を用いて以下のように言いますが、それも同様に быть
の未来形を使って表現できます。

За́втра я **пойду́** в шко́лу．＝ За́втра я **бу́ду** в шко́ле．
明日私は学校に行く。

ちなみに、この用法の быть は存在を表しているものとは少し違う
ので、否定文になっても否定生格（☞ p.42~43）になりません。

Я не́ был в Москве́． 私はモスクワには行かなかった。

2. 接頭辞による動詞の派生

ほかの品詞に比べて、動詞は接頭辞を用いた造語が頻繁に行われます。
中でも移動動詞は造語能力が非常に高く、接頭辞を付加することでさ
まざまな新しい動詞を派生することができます。その派生の仕組みと
主な接頭辞を覚えておくと、わざわざ辞書を引かなくても初めて見る
動詞の意味がわかることがあります。

(1) 接頭辞による派生のメカニズム

移動動詞はさまざまな意味をもった接頭辞を付すことによって新
しい意味を追加し、体系的に新しい動詞を生み出すことができます。
次の例をご覧ください。

в-「入る」＋ ходи́ть「歩いて行く」 ➡ **входи́ть**「歩いて入る」
вы-「出る」＋ лете́ть「飛んで行く」 ➡ **вы́лететь**「飛び出る」

接頭辞の意味を覚えていれば、できあがった動詞の意味はかなりの
程度予想できます。

a）不定向動詞・定向動詞と不完了体動詞・完了体動詞の対応

接頭辞のない移動動詞はすべて不完了体で、その代わりに定向動詞
と不定向動詞でペアを成していましたが、接頭辞が付くと定向・不
定向の区別は消え、通常の動詞と同じように不完了体動詞と完了体動詞

でペアを成すようになります。その対応は以下の通り規則的になっています（動詞の体については第8章 ☞ p.175 ）。

```
接頭辞＋定向動詞    ＝  完了体動詞
接頭辞＋不定向動詞  ＝  不完了体動詞
```

したがって、左ページの例で挙げた動詞の場合、ходи́ть が不定向動詞ですから входи́ть は不完了体、лете́ть が定向動詞ですから вы́лететь は完了体ということになります。

b) 接頭辞が付くと形が変わる移動動詞

◆ идти́ ➡ -йти́

未来形（＝非過去形）の各変化形にも注意しましょう。過去形は идти́ と同じです。

不定形		уйти́ 去って行く	зайти́ 立ち寄る	прийти́ 来る
1人称単数	я	уйду́	зайду́	приду́
2人称単数	ты	уйдёшь	зайдёшь	придёшь
3人称単数	он	уйдёт	зайдёт	придёт
1人称複数	мы	уйдём	зайдём	придём
2人称複数	вы	уйдёте	зайдёте	придёте
3人称複数	они́	уйду́т	зайду́т	приду́т

прийти́ は未来形では й が消えるのでさらに注意が必要です。

й に注意しましょう。

◆ е́здить ➡ -езжа́ть

変化タイプが第2変化から第1変化に変わります。

е́здить: е́зжу, е́здишь ...

➡ приезжа́ть: приезжа́ю, приезжа́ешь ...

◆ бе́гать ➡ -бега́ть

アクセントが変わるだけです。

◆ пла́вать ➡ -плыва́ть

微妙に形が変わり、アクセントも変わります。

c）形の変わる接頭辞

子音終わりの接頭辞は -йти に付くと母音 о が付加され、-ехать/-езжать に付くと ъ が付加されます。

- **в-** ： войти́, въе́хать/въезжа́ть
- **от-** ： отойти́, отъе́хать/отъезжа́ть
- **под-** ： подойти́, подъе́хать/подъезжа́ть …

（2）主な接頭辞と用法

主要な接頭辞とその用法をまとめましょう。

接頭辞にもいろいろな対応関係があります。また、意味が似通っているものもありますので、関連づけて覚えましょう。

◆ **в-**「中へ」/ **вы-**「外へ」

Он **вошёл** в ко́мнату.
彼は部屋に入った。

Он **вы́шел** из ко́мнаты.
彼は部屋から出た。

接頭辞 вы- が付いた動詞は、完了体ではアクセントが必ず接頭辞 вы- に置かれますが、不完了体では違います。

выходи́ть 不完 / вы́йти 完 歩いて出る
выезжа́ть 不完 / вы́ехать 完 乗り物で出る …

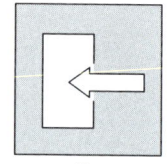

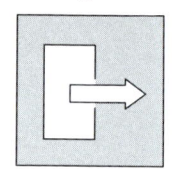

вы́йти の過去形 вы́шел では、接頭辞にアクセントが置かれた結果 -шёл が -шел に替わりますので注意してください。また、移動動詞以外でも、同様に完了体でのみアクセントが接頭辞に置かれます。

выбира́ть 不完 / вы́брать 完 選び出す
выполня́ть 不完 / вы́полнить 完 実行する …

◆ **при-**「到着する・来る」/ **у-**「離れる・去る」

Она́ **прие́хала** в То́кио.
彼女は東京にやって来た。

Она́ **уе́хала** из Петербу́рга.
彼女はペテルブルクから去って行った。

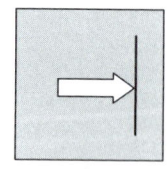

Он ка́ждый день **прихо́дит** домо́й по́здно.
彼は毎日帰宅が遅い。
Он ка́ждый день **уходи́л** с рабо́ты в шесть часо́в.
彼は毎日職場を6時に出た。

完了体の過去形はしばしば「結果残存」の意味で用いられ（☞ p.181）、それぞれ「到着したので今いる」「去ったので今はいない」ということを含意します。

Она́ уже́ **пришла́**. 彼女はもう到着している。
Он **ушёл**. 彼はいません。

◆ **под**(**подо**)-「近づく・接近する」/
от(**ото**)-「離れる」

под- は近づいて接触することは含意しませんし、от- ももともと接触した状態にあったということを含意しません。したがって、近づく対象は〔к + 与格〕で、離れる対象は〔от + 生格〕で表します（前置詞については ☞ p.258 ）。

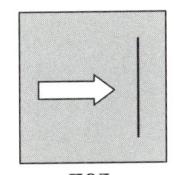

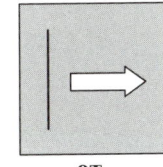

Он **подошёл** к ней.
彼は彼女に近づいた。
Он **отошёл** от окна́.
彼は窓から離れた。

от- はある人・物から離れることを意味しますが、у- と違って「いなくなる」ということまでは含意していません。

Уйди́те! あっちへ行ってください！（消えていなくなれ）
Отойди́те! どいてください！（道が狭くて通れないときなどに）

от- には「しかるべきところに、当然持って行くべきところに」という意味もあります。

Он **отнёс** ну́жные докуме́нты в муниципалите́т.
彼は市役所に必要な書類を持って行った。
Ско́рая по́мощь **отвезла́** ребёнка в больни́цу.
救急車は子どもを病院に連れて行った。

◆**про-**「通る・通り抜ける・通り過ぎる」/
пере-「移る・渡る」

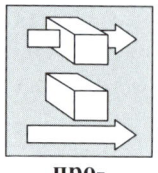

про- は中を通り抜けるか、そばを通り過ぎるかで通過対象を表す前置詞が違います。

Он **прошёл** через парк.
彼は公園を通り抜けた。

Он **прошёл** мимо парка.
彼は公園のそばを通り過ぎた。

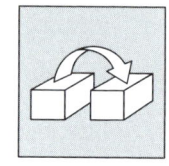

про- は「何かを通過」することを表すのに対し、пере- は「渡ったり、ある状態から別の状態へ移行したりすること」を意味します（前置詞 через なしで対格名詞のみでも渡る対象を表せます）。

Он **перешёл** (через) дорогу.
彼は道路を渡った。

Она **перешла** на другую сторону улицы.
彼女は道の反対側に渡った。

Мы **переехали** в Германию.
我々はドイツに移った（移住した）。

◆**за-**「立ち寄る」

Она **зашла** в магазин.
彼女は店に立ち寄った。

Мы **зашли** за водкой в супермаркет.
我々はスーパーマーケットにウオッカを買いに立ち寄った。

◆**до-**「到達する・たどり着く」

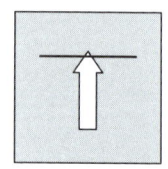

Он **дошёл** до финиша.
彼はゴールにたどり着いた。

Они ещё не **долетели** до Америки.
彼らはまだアメリカに到着していない。

＊目的地は〔до＋生格〕で表します。

◆**об(обо)-**「周りを回る・迂回する・複数のものを巡る」

Я **обошла** вокруг дома.
私は家の周りをぐるっと回った。

Мы **объе́хали** про́бку в це́нтре.
我々は都心の渋滞を迂回した。
Он **обошёл** не́сколько магази́нов.
彼はいくつか店を回った。

◆ **вз**(**взо**)- 「上へ・昇る」
Он **взошёл** на трибу́ну.
彼は演壇に上がった。
Взошло́ со́лнце.
太陽が昇った。

◆ **с**(**со**)- 「降りる・(表面から)離れる」
Она́ **сошла́** со сце́ны.
彼女は舞台から降りた。
Вы на сле́дующей **схо́дите**?
次(の駅)で降りますか？
Мы **сошли́** с доро́ги в лес.
我々は道から外れて森に入った。

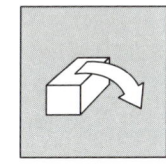

об-

вз-

с-

補足

「行ってくる」の сходи́ть と съе́здить

これは不定動詞 ходи́ть, е́здить に接頭辞 с- が付いてできた動詞ですが、完了体動詞です。「行ってくる」という意味では不定動詞 ходи́ть, е́здить が使われますが、未来のことを表そうとして бу́ду ходи́ть, бу́ду е́здить と言うと繰り返し、すなわち「通う」という意味になってしまいますので、сходи́ть, съе́здить の未来形(=非過去形)を使って以下の例のように言ったりします。

За́втра я **схожу́** в библиоте́ку. 明日、私は図書館に行ってくる。
Ле́том он **съе́здит** в Москву́. 夏に彼はモスクワに行ってくる。

この使い方の接頭辞 с- が付いても -е́здить は -езжа́ть と形を変えません。「降りる・(表面から)離れる」の с- とは別のものと考えるべきでしょう(次項の по- と同様です)。

◆ **по-**

接頭辞 по- は、定向動詞と結びついても不定向動詞と結びついてもできあがるのは完了体で、ほかの接頭辞とは違います。

① 「出発する」（定向動詞と結びついて）
Давáй **поéдем** отдыхáть на мóре!
海で休息を取りに行こう！
Ужé пóздно, я **пойдý**.
もう遅いから私は行きます。

② 「ちょっと・しばらくの間」（不定向動詞と結びついて）
Вчерá я **походúл** по магазúнам.
昨日私は少し店を見て回った。
Вéчером я немнóго **поéздил** по гóроду.
夜私は少し町を車で走った。
Пóсле рабóты он **поплáвал** в бассéйне.
仕事の後、彼は少しプールで泳いだ。

②の2つ目と3つ目の例から見て取れるように、この по- の使い方では移動動詞の形が -езжать, -плывать というふうに形を変えません（☞ p.201）。定向動詞と結びつく по- と不定向動詞と結びつく по- は、別の物と考えるべきでしょう。

3. その他気をつけるべき点

移動動詞とそれに付く接頭辞の意味を覚えておくと、それらをもとに作られるさまざまな動詞の意味や体が予想できることになります。しかし、それぞれの単語ごとに覚えなければいけないこともたくさんあります。以下、そのような「予測できない」点の中でも重要なポイントをいくつか示しておきます。

(1)「行く」の現在、過去、未来の最も自然な言い方

ロシア語ではさまざまな移動動詞と接頭辞を使い分けることによって、「行く」という行為をいろいろに表現することができることがわ

かります。ただ、「歩いて行く」場合を例に取ると、日本語の現在の「(今)〜に行くところだ」、過去の「〜に行った・行ってきた」、未来の「〜に行く(予定)」という最も自然で普通の言い方がロシア語では以下のようになると覚えておくと、何かと便利です。

◆ 現在
Я сейча́с **иду́** в библиоте́ку.
私は今図書館に行くところだ。(идти́ の現在形)

◆ 過去
Я вчера́ **ходи́л** в библиоте́ку.
私は昨日図書館に行った。(ходи́ть の過去形)

◆ 未来
Я за́втра **пойду́** в библиоте́ку.
私は明日図書館に行く。(пойти́ の未来形)

たとえば、過去の意味で定向動詞 идти́ の過去形 шёл を使うと、「〜に行くところだった」という意味になりますし、未来の意味で бу́ду идти́ と言えば、「(明日のその頃)私は〜へ行く途中だろう」などと、かなり特殊なニュアンスを持ってしまいます。

また「乗り物に乗って行く」場合なら、それぞれ е́хать の現在形 (е́ду)、е́здить の過去形 (е́здил)、пое́хать の未来形 (пое́ду) を使います。

教科書によってはこれら3つを「現在形」「過去形」「未来形」と教えているものもあるくらいですので、学習上の方便として、覚えておけば実用性は十分にあると思われます。

(2) 移動動詞が特殊な意味を持つ場合

移動動詞の一部は意味が拡張したり変わったりして、本来の意味とは違う使い方をすることも多々あります。それらはこまめに辞書を見ながら地道に覚えていくしかありませんが、以下に特に重要なものをいくつかご紹介しますので、その第一歩にしてください。

◆ 「(雨、雪が)降る」の идти́
Идёт дождь (снег).
雨 (雪) が降る。
Вчера́ **шёл** снег.
昨日は雪だった。

◆「行われる、上演・上映される」の **идти́**

В э́том кинотеа́тре сейча́с **идёт** но́вый америка́нский фильм.
この映画館では今新しいアメリカの映画が上映されている。

В Москве́ **идёт** заседа́ние Госду́мы.
モスクワでは下院の会議が行われている。

◆「似合う」の **идти́**

Вам о́чень **идёт** бе́лый цвет.
あなたには白がとてもよく似合う。

◆「着用する」の **носи́ть**

Он всегда́ **но́сит** очки́ (шля́пу, га́лстук).
彼はいつもメガネ（帽子、ネクタイ）をしている。

◆「運転する」の **води́ть**

Он лю́бит **води́ть** маши́ну.　彼は車の運転が好きだ。

◆「行う」の **вести́**

Президе́нт **вёл** перегово́ры с Аме́рикой.
大統領はアメリカと交渉を行った。

◆「振る舞う、行動する」の **вести́ себя́**

Он **вёл себя́** прили́чно (адеква́тно, скро́мно).
彼は礼儀正しく（適切に、謙虚に）振る舞った。

第10章 動詞その4 命令、仮定法、受動態など

前章まで、動詞に関して形式、意味の両面から見てきました。本章は動詞について残された点、とくに法と態に関連する点について見ていきます。

1. 命令

　　日本語では、命令形、例えば「食べろ」「読め」「書け」「歩け」などは、実際の会話の中で使う機会はそうそうありません。かなり横柄で乱暴な言い方になってしまいます。しかし、ロシア語は丁寧にお願いするときでも自然に**命令形**を使います。必然的に頻度の高い形ですので、しっかりと確認しましょう。

(1) 命令形の作り方

　　命令形には ты に対する命令形と вы に対する命令形があります。вы に対する命令形は、ты に対する命令形の末尾に -те を付け加えるだけです。例えば、

　　　　рабо́тать 働く ➡ (ты) рабо́тай
　　　　　　　　　　　　　(вы) рабо́тайте
　　　　смотре́ть 見る ➡ (ты) смотри́
　　　　　　　　　　　　　(вы) смотри́те

非過去語幹（非過去形、すなわち不完了体の現在形と完了体の未来形で使う語幹、詳しくは ☞ p.157~158 ）を元に作られます。

命令形			ты に対して	вы に対して
非過去語幹末尾が母音		①	-й	-йте
非過去語幹末尾が子音	アクセントが語尾	②	-и	-ите
	アクセントが語幹	③	-ь	-ьте

209

① **рабóтать**「働く」: рабóтаю, рабóтаешь ... рабóтают
   ➡ 非過去語幹は рабóта-（末尾が母音）
   ➡ **рабóтай / рабóтайте**

② **говори́ть**「話す」: говорю́, говори́шь ... говоря́т
   ➡ 非過去語幹は говор-（末尾が子音でアクセントは語尾）
   ➡ **говори́ / говори́те**

③ **переста́ть**「やめる」: переста́ну, переста́нешь ... переста́нут
   ➡ 非過去語幹は перестан-（末尾が子音でアクセントは語幹）
   ➡ **переста́нь / переста́ньте**

─ 学習のヒント ─
まずは命令形にこの3種類の語尾があることを覚えましょう。そうすれば、少なくとも言われたこと、書かれたことを理解できるようになります。細かい作り方はそのあとで確認していただくだけでも十分です。

以下、命令形の作り方を詳細に見ていきましょう。

i）アクセントが移動する場合は1人称単数形に従う

смотре́ть「見る」: смотрю́, смо́тришь ... смо́трят
   ➡ 非過去語幹は смотр-
      （末尾が子音で1人称単数形のアクセントは語尾）
   ➡ **смотри́ / смотри́те**

сказа́ть「言う」: скажу́, ска́жешь ... ска́жут
   ➡ 非過去語幹は скаж-
      （末尾が子音で1人称単数形のアクセントは語尾）
   ➡ **скажи́ / скажи́те**

ii）非過去語幹に子音交代が起こる場合は3人称複数形に合わせる

отве́тить「答える」: отве́чу, отве́тишь ... отве́тят
   ➡ 非過去語幹は ответ-（3人称複数形の語幹を採用、末尾が子音でアクセントは語幹）
   ➡ **отве́ть / отве́тьте**

помо́чь「助ける」: помогу́, помо́жешь ... помо́гут
   ➡ 非過去語幹は помог-（3人称複数形の語幹を採用、末尾が子音で

1人称単数形のアクセントは語尾)
➡ **помогѝ / помогѝте**

iii) 非過去語幹が子音終わりでかつアクセントが語幹にあっても、語幹末尾に子音が2つ連続している場合は -ь/-ьте ではなく -и/-ите

по́мнить「覚えている」：по́мню, по́мнишь ... по́мнят
➡ 非過去語幹は помн-（末尾が2つの子音連続、アクセントは語幹）
➡ **по́мни / по́мните**

iv) 接頭辞 вы- によって派生した動詞

接頭辞 вы- によって派生した動詞は、非過去語幹が子音終わりで、かつアクセントが語幹にある場合、規則によって -ь/-ьте が予想されます。しかし、派生元の動詞が -и/-ите であれば -и/-ите になります。

вы́брать「選出する」：вы́беру ... вы́берут
➡ вы́бер- が非過去語幹（規則通りなら -ь/-ьте となるはず）
➡ брать「取る」は берѝ / берѝте となるので、
➡ **вы́бери / вы́берите**

ほかにも、**вы́нести**「運び出す」 ➡ **вы́неси / вы́несите**
　　　　　вы́бежать「走って出る」 ➡ **вы́беги / вы́бегите**

補足

これらは вы- という接頭辞の「完了体ではアクセントを自らの上に置く」という特殊な性質によるものだと思われます。вы- の付かない動詞でアクセントや命令形について考える必要があります。ただし、不完了体動詞でも、вы- がアクセントを自らに引き寄せる語が1つだけあります。

вы́глядеть「〜に見える」 ➡ вы́гляди / вы́глядите
cf. гляде́ть ➡ гляди́

また、вы- の付かない動詞の命令形が -ь/-ьте になる場合は、вы- が付いた動詞も -ь/-ьте になります。これは規則で予想される形と同じです。

вы́бросить「放り出す」 ➡ вы́брось / вы́бросьте
これは、бро́сить「投げる」の命令形が брось/бро́сьте になるからです。

10.1 命令

v) -авать 動詞

-авать 動詞は -аю, -аёшь ... -ают と変化するので、命令形も -ай/-айте となりそうですが、不定語幹（☞ p.157~158）から作って -авай/-авайте となります。

дава́ть「与える」：даю́, даёшь ... даю́т

➡ да- から命令形を作りそうですが、

➡ **дава́й / дава́йте**（不定語幹から作る）

補 足

-авать 動詞では非過去語幹（☞ p.157~158）(да-) は非過去形（даю, даёшь...）と能動形動詞現在（даю́щий）では使われますが、多くの動詞で非過去語幹が用いられる命令形、不完了体副動詞（дава́я）、受動形動詞現在（дава́емый）では不定語幹（дава-）が用いられます。ちなみに、-овать 動詞の命令形は通常通り作られます。

рисова́ть「描く」：рису́ю, рису́ешь ... рису́ют

➡ **рису́й / рису́йте**

vi) быть「いる、ある、～だ」の命令形

быть「いる、ある、～だ」の命令形は **будь / бу́дьте** です。これは未来形（☞ p.156）の бу́ду, бу́дешь ... бу́дут の語幹から作ったもので、現在形の есть とは関係ありません。

vii) その他の不規則な命令形

пить「飲む」：пью, пьёшь ... пьют

➡ 非過去語幹（☞ p.157~158）は пь- ですが、命令形は、

➡ **пей / пе́йте**

бить「打つ」：бью, бьёшь ... бьют

➡ 非過去語幹は бь- ですが、命令形は、

➡ **бей / бе́йте**

補 足

この2つの動詞の пе-、бе- という語幹は、命令形以外では使われません。非過去語幹の中の例外です。なお、これらに接頭辞が付いて派生した動詞も同様です。

вы́пить「飲み干す」➡ вы́пей / вы́пейте

убить「殺す」→ убей / убейте

> **学習のヒント**
>
> 命令形は Извините!「ごめんなさい!」や Скажите, пожалуйста!「すみませんが教えてください!」などのように、決まった言い回しとしてもしばしば使われています。まずはそのような決まった言い回しから覚えて、次第に慣れていくのが得策です。

（2）命令に関わる表現いくつか

a）「〜しましょう」（勧誘）

自分と一緒に何かを行うことを依頼したり要求するための「〜しましょう」と誘う表現は、「1人称の命令」と呼ばれることがあります。ロシア語ではこれを次のようなやり方で表現します（-те がある場合は相手が вы の場合で、なければ相手が ты の場合です）。

不定形	①**давай(те)＋不定形** Давайте читать стихи! 詩を読みましょう! Давай играть в шахматы! チェスをしよう!
不完了体　1人称複数形	②**давай(те)＋быть の未来形（1人称複数）** p.156 (Давайте) будем друзьями! 友人になりましょう! (Давай) будем на «ты»! ты で話そう! ③**давай(те)＋быть の未来形（1人称複数）＋不定形** p.156 (Давайте) будем дружить! 仲良くしましょう! (Давай) будем говорить серьёзно. 真面目に話そう。 ④**давай(те)＋移動動詞の1人称複数形**　〔定向動詞で一回・一方向の移動の場合に限る〕 (Давайте) идём к нему! 彼のところに行きましょう! (Давай) едем обедать! お昼を食べに行こう! (Давай) бежим туда! あそこに走って行こう!
完了体	⑤**давай(те)＋1人称複数形** (Давайте) погуляем! 少し散歩しましょう! (Давай) выпьем! 飲もう!

＊ ①を除く②〜⑤はすべて давай(те) はなくても可能です。省略した場合、вы に対する命令であることを示す -те は、その後ろの1人称複数形に付きます。
例：Будемте друзьями!
　　Идёмте к нему!
　　Погуляемте!

b）пусть＋主格主語＋非過去形（＝不完了体現在形、完了体未来形）

この構文はいくつかの意味で使われ、「3人称の命令」とも言われます（口語的ですが、пуска́й という形もあります）。

i) 指示・命令「〜させろ」

Пусть（Пуска́й） она́ придёт сюда́. 彼女をここに来させろ。

ii) 許可「〜させておけ、〜させてもいい」

Пусть（Пуска́й） он спит споко́йно. 彼は静かに寝かせておけ。

iii) 祈願「〜でありますように、〜であれ」

Пусть ве́чно цветёт неруши́мая дру́жба наро́дов СССР!
ソ連邦諸民族の揺るぎなき友情が永遠に栄えるように！

> **補足**
>
> 動詞が быть の場合は、現在形の есть ではなく人称変化する未来形（☞ p.156）を使います。
>
> **Пусть** всегда́ **бу́дет** со́лнце.
> いつも太陽が輝いていますように。
>
> 基本的に3人称を主語としますが、1人称、2人称もないわけではありません。
>
> **Пусть** я расскажу́.
> 私に話させてください。
>
> **Пусть** ты бу́дешь не одна́.
> あなたが一人にならないように。
>
> 祈願の意味は да（アクセントなし）でも表すことができます。ただし、こちらは、社会主義時代のスローガンなどでしばしば使われていたような、硬い大げさな言い方です。
>
> **Да** здра́вствует Росси́я!
> ロシア万歳（ロシアが繁栄するように）！

c）Дава́й(те)＋命令形

口語では、дава́ть の命令形 дава́й(те) を命令形に添えて、行為をさらに促すことがあります。

Дава́й, смотри́ на меня́! さあ、私を見るんだ！
Дава́йте, рабо́тайте! さあ、働いてください！

d）不定形による命令

不定形を用いて強い命令や要求を示すこともあります（詳しくは不定形文の項 ☞ p.354~355 ）。

Встать! 起立！
Не **курить**. 禁煙。

2. 仮定法

ロシア語にも英語にも、現実と異なることを仮定して表現する**仮定法**と呼ばれる特別な形があります。これは英語で言えば以下のような表現に当たります。

If I **were** a bird, I **could** fly to you.
もし私が鳥だったら、あなたのところに飛んで行けるのになあ。

この場合、人間がこう言っているわけですので、鳥であることも飛んで行けることも、いずれも現実とは異なります。現実とは違うことを示すために、動詞 were と助動詞 could は過去のことを示しているわけでもないのに過去形になっています。これは仮定法だからです。また、I が主語だったら be 動詞の過去形は普通なら was になるはずなのに、were という形になっています。これも仮定法だからです。英語では、動詞を普通とは違う方法で変化させることで現実とは違うことを想定する仮定法であることを表現します。

ロシア語の場合、仮定法は次のような示し方をします。

> 仮定法　＝　бы ＋ 過去形

以下、この表現の使い方をもう少し詳細に見ていきましょう。

（1）条件と帰結

仮定法の最も基本的な使い方は、現実と異なることを仮定することです。その場合の典型的な構文として以下のようなものがあります。

10.2 仮定法

> Е́сли бы + 過去形, (то) бы + 過去形
>
> 条件節「もし〜なら」　　結果節「〜だ」

Е́сли **бы** у меня́ **бы́ли** де́ньги, (то) я **бы купи́л** свою́ маши́ну.
もし僕にお金があったら、自分の車を買うのに。

前半の е́сли で始まる条件節でも後半の то で始まる結果節でも、бы と動詞の過去形があり、仮定法になっています。結果節の то はなくても構いません。英語の if ... then ... の then と同じで、結果節がここから始まるということをよりわかりやすくするためのものです。

бы の置かれる位置は、上の例のように「2番目の位置」(е́сли の後ろ、主語 я の後ろ) や、下の例の結果節のように動詞の後ろ (отказа́лся の後ろ) が一般的です。

Е́сли **бы** вы предложи́ли мне вы́пить, (то) я отказа́лся **бы**.
もしあなたが私にお酒を飲むことを提案しても私は断っただろう。

以下、条件節・結果節について注意すべき点をいくつか確認します。

① **仮定法と直説法の違いに気をつけてください。**

仮定法ではない通常の叙述を<u>直説法</u>と言います。仮定法は現実と異なることを示していますが、直説法だと現実としてあり得ることだということになります。

Е́сли **бы** он **пришёл**, ты **бы познако́мился** с ним бли́же.
もし彼が来ていたら、あなたは彼ともっと近しく知り合うことができたのに。

> 現実にはそんなことはなかった。＝仮定法

Е́сли он **придёт**, ты **познако́мишься** с ним бли́же.
もし彼が来れば、あなたは彼ともっと近しく知り合えるでしょう。

> 現実に十分起こりうること。＝直説法

② **仮定法の動詞は過去形ですが、必ずしも過去のこととは限りません。**

仮定法では、過去のことでも現在・未来のことでも過去形になるので、いつのことを述べているのかは文脈から判断します。

Е́сли **бы** за́втра **был** коне́ц све́та, что **бы** вы **сде́лали**?
もし明日がこの世の終わりだとしたら、あなたは何をしますか？

③ **бы** は、ときに **б** になります。
　Е́сли **б** не́ было э́той кни́ги, я **б** э́того не узна́л.
　この本がなかったら、私はこのことを知らなかったろう。

④ **動詞の命令形が条件節の代わりをすることもあります。**
　Будь (бы) он тогда́ в Москве́, он уча́ствовал бы в конфере́нции.
　もし彼がその時モスクワにいたら、会議に参加したろうに。
　Что он сказа́л бы, **знай** (бы) он об э́том?
　彼がこのことを知っていたら、何と言っただろう？

　命令形のほうには、бы があってもなくても構いません。また、複数が主語でも命令形に -те は付きません（☞ p.209）。

　Будь (бы) они́ жи́вы сего́дня, ста́ли бы на́шими чле́нами.
　もし彼らが今日生きていたら、我々のメンバーになっていただろうに。

⑤ **条件節がなく、結果節の中に何らかの形で条件が示されることがあります。**
　Он бы не сказа́л «Нет».
　彼ならノーとは言わないだろう。
　Без ва́шей подде́ржки мы не смогли́ бы осуществи́ть рефо́рмы.
　あなたの支持がなければ、我々は改革を実現できなかったろう。

⑥ **結果節がない場合もあります。その場合はしばしば何かを願う祈願文になります。**
　Е́сли **бы** мы **бы́ли** вме́сте!　私たちが一緒にいればなあ！
　Е́сли **бы** я **уме́л** игра́ть на пиани́но!　もしもピアノが弾けたならなあ！

（2）願望の仮定法

　仮定法は時に、願望を控えめ・丁寧・やわらかに表現する役割を果たします。必ずではありませんが、現実に反することを願うのに使われることもあります。

　Я **хоте́л бы** поговори́ть с ва́ми.
　あなたと少しお話がしたいのですが。
　Нам **хоте́лось бы** узна́ть ва́шу фами́лию.
　あなたの名字を知りたいのですが。

Я хотéл **бы** умерéть на Мáрсе.
私は火星で死にたい。

以下、いくつかの注意すべき点を確認しましょう。

① **直接的に願望であることを表現しないこともあります。**
Я **бы пошёл** дáльше.
私は先に進みたい。
Вы **бы вúдели**, как онá рабóтала!
彼女の仕事っぷりを見てくれればよかったのに！

② **тóлько「～さえすれば」、éсли「もし～だったら」を伴って願望を表すこともあります。ある種の祈願文と考えられます。**
Тóлько **бы** ты **былá** рядом!
君が隣にいてくれさえすれば！
Éсли **бы** он **был** чуть умнée!
彼がもう少し利口だったら！

③ **願望の仮定法は、しばしば〔бы＋過去形〕でなく〔бы＋不定形〕の形で表現されることもあります。**
Не **éхать бы** никудá!
どこにも行きたくない！
Тóлько **бы добрáться** до Москвы!
モスクワにたどり着きさえすれば！

(3) **чтóбы と仮定法**

接続詞の что と仮定法の бы が1つになった接続詞 чтóбы というものがあります（чтóбы は чтоб という形になることもあります）。この接続詞の使い方を紹介します。

a) 目的の **чтóбы**

接続詞 чтóбы を使って、「～するために、～するように」という目的を表す節を形成することがあります。чтóбы 節の動詞はあくまでも仮定法ということで過去形になります。

Я пою́, **чтóбы** лю́ди слу́шали.
私は人々に聞いてもらうために歌っている。

Мы рабо́таем, **что́бы** вы отдыха́ли.
我々はあなた方が休めるように働いている。

ただし、主節の主語と目的節の主語が同じ場合は、目的節の主語が消えて動詞は不定形になります。

Мы рабо́таем, **что́бы отдыха́ть**.
我々は（我々が）休むために働いている。

Я живу́, **что́бы смея́ться**.
私は（私が）笑うために生きている。

「～するために」の что́бы は для того́, что́бы ということもあります。

Я пою́ **для того́, что́бы** лю́ди слу́шали.
私は人々に聞いてもらうために歌っている。

Мы рабо́таем **для того́, что́бы** отдыха́ть.
我々は休むために働いている。

補足

> 接続詞なしの何も伴わない不定形で「～するために」という意味を表すことは、ロシア語では多くありません。ただし、主節の動詞が移動動詞（☞ p.192 ）の場合は普通に用いられます。
>
> Она́ **прие́хала** в Москву́ **учи́ться**.
> 彼女はモスクワに勉強するために来た。
>
> Он **пошёл гуля́ть**.
> 彼は散歩に出かけた。
>
> Я **подбежа́л** к ней **поздоро́ваться**.
> 私はあいさつするため彼女に駆け寄った。

b) 欲求・願望の内容を示す **что́бы** 節

что́бы 節を使って欲求や願望の内容を表すことがあります。仮定法ですので、что́бы 節の中の動詞は過去形です。

Я хочу́, **что́бы** ты **ве́рила** мне.
僕は君が僕を信じてくれることを望む。

Мать сказа́ла сы́ну, **что́бы** он **обе́дал** оди́н.
母親は息子に一人で昼食を取るよう言った。

Он пи́шет, **что́бы** я **прие́хал** к нему́.
彼は私に遊びに来るよう手紙に書いている。

> **補足**
>
> 接続詞が что で直説法（☞ p.216 ）の場合は、願望ではなく単なる事実です。
>
> **Он пи́шет, что ско́ро прие́дет к нему́ его́ вну́чка.**
> 彼はまもなく彼の孫娘が遊びに来ると手紙に書いている。
>
> 主節なしの чтоб(ы) 節だけで強い願望・要求を表すことがあります。この言い方はしばしば命令形の代わりとしても用いられます。
>
> **Чтоб(ы) ты чита́л!**
> 本を読みなさい！（≒ Чита́й!）
>
> **Чтоб(ы) он рабо́тал!**
> 彼は働くべきだ！（≒ Пусть он рабо́тает!）

(4) 譲歩「たとえ〜であっても」

以下のような構文で譲歩を表します。

疑問詞 ＋ бы ＋ ни ＋ 過去形

疑問詞の部分にはさまざまなものが入り得ます。少々長いですが、一組の成句として覚えてください。

Что бы он **ни говори́л**, я ему́ не ве́рю.
彼が何を言おうと、私は彼を信じない。

Кто бы ни стал но́вым президе́нтом, он до́лжен занима́ться тру́дными вопро́сами.
誰が新しい大統領になろうとも、難しい問題に取り組まなければならない。

Где бы он **ни находи́лся**, он ка́ждый день ей звони́л.
彼はどこにいようとも、毎日彼女に電話していた。

На како́м бы языке́ он **ни говори́л**, она́ ничего́ не поймёт.
彼が何語で話そうと、彼女は何もわからないだろう。

3. -ся 動詞の使い方

-ся 動詞は次節で説明するようにロシア語の受動態を表現する重要な手段ですが、それ以外の意味でも用いられます。ここでは -ся 動詞の使い方についてざっと概観しましょう（-ся 動詞の変化については第7章 👉 p.172~174）。

-ся 動詞は原則的に対格補語のない自動詞で、対格補語のある他動詞に -ся を付けて作られます。ただ、-ся 動詞は一般の -ся なしの他動詞とはあくまで別の動詞で、「-ся が付く動詞に -ся のない動詞と比べてどのような意味の違いがあるのか」は、基本的に個々の動詞ごとに覚えなければなりません。多くの場合、辞書にも -ся 動詞の意味が -ся なしの動詞とは別に明記されています。

しかし、-ся 動詞の意味と -ся なしの動詞の意味との間には強い関連性があります。以下のタイプはいずれも頻繁に見られるものですので1つの目安としてください。

a) 受け身「～される」

ロシア語の受動態を表す1つの方法です（受動態について詳しくは 👉 p.223~227）。

◆ писа́ть「書く」➡ писа́ться「書かれる」
　Э́та кни́га **писа́лась** ра́зными а́вторами.
　この本はさまざまな作者によって書かれた。
　Э́та кни́га **писа́лась** на протяже́нии о́коло ста лет.
　この本は約100年間にわたって書かれた。

◆ стро́ить「建てる」➡ стро́иться「建てられる」
　Э́ти дома́ **стро́ятся** мно́гими зарубе́жными компа́ниями.
　これらの家々は多くの外国の企業によって建てられている。

b) 再帰「自分を～する」

別の人・物によって「～されている」のではなく、自分で自分に対して何かを行っている場合です。

◆ мыть/помы́ть「～を洗う」
　➡ мы́ться/помы́ться「自分の体や手、顔を洗う」
　Он **мо́ется** мы́лом. 彼は石鹸で体を洗っている。

◆одева́ть/оде́ть「服を着せる」
　→ одева́ться/оде́ться「自分に服を着せる → 服を（自分で）着る」
　Она́ бы́стро **одева́лась**.　彼女は素早く服を着た。

c）相互「お互いに～する」

複数の主語が相互に「～し合う」場合です。

◆обнима́ть/обня́ть「抱きしめる」
　→ обнима́ться/обня́ться「抱き合う」
　Мы кре́пко **обня́лись**.　我々は強く抱き合った。

◆ви́деть/уви́деть「～を見る、～に会う」
　→ ви́деться/уви́деться「互いに見かける、会う」
　В сле́дующий раз мы **уви́делись** как ста́рые друзья́.
　我々は次の時には旧友のように会った。

d）自発（他動詞→自動詞）

　誰かに何かをされているのでも、自分に対して何かをしているのでもなく、もちろん、お互いに何かをやり合ってるのでもありません。例えば日本語でも、「太郎がドアを開けた」「ドアが開いた」のいずれも言えますよね。前者は「太郎」が主語、「ドア」が目的語の他動詞です。それに対して、後者は「ドア」を主語とする自動詞になっています。これは上で示した「受け身」「再帰」「相互」のいずれとも違い、単に他動詞と自動詞を関係付けているだけに過ぎません。

　日本語にはこのように他動詞と自動詞が対応関係にある場合が、ほかにも「閉める・閉まる」、「返す・返る」、「壊す・壊れる」、「倒す・倒れる」などいろいろあります。ロシア語でもそのような対応関係を他動詞に -ся を付けることで作ります。

◆закрыва́ть/закры́ть「閉める」
　→ закрыва́ться/закры́ться「閉まる」
　Осторо́жно, две́ри **закрыва́ются**.
　ドアが閉まります、ご注意ください。（地下鉄のアナウンス）

◆возвраща́ть/возврати́ть「帰す・返す」
　→ возвраща́ться/возврати́ться「帰る・返る」
　Ка́ждый день он **возвраща́ется** домо́й о́чень по́здно.
　彼は毎日家にとても遅く帰ってくる。

e）その他

すでに記したように、-ся 動詞の使い方に関する以上のような対応関係はあくまで目安に過ぎず、そこから外れるものもたくさんあります。結局は一つ一つ覚えなくてはなりません。例えば、以下のように -ся なしの形がないものもあります。

улыба́ться 微笑む　смея́ться 笑う　боя́тья 怖がる

また、不完了体と完了体で -ся の有無が異なるものもあります。

сади́ться / сесть 座る　ложи́ться / лечь 横になる
станови́ться / стать なる

4. 受動態

（1）ロシア語の受動態の作り方

ロシア語には英語ほど明確な形の受動態が存在するわけではありませんが、それでも受動態に当たるものがないわけではありません。ロシア語の受動態の表現方法は、一般に動詞が不完了体か完了体かによって異なるとされています。いずれの場合でも行為主を表す「〜によって」は造格で表されます（☞ p.59）。

◆ 不完了体動詞の場合 ⇒ -ся 動詞を用いる

-ся 動詞にはいろいろな意味があります（☞ p.221~223）が、その中の受け身の意味を利用するものです。

Э́та кни́га **чита́ется** мно́гими поколе́ниями.
この本は多くの世代に読まれている。
Объём статьи́ **определя́ется** а́втором.
論文の分量は著者によって決められる。

◆ 完了体動詞の場合 ⇒ быть ＋ 受動形動詞過去の短語尾形

いわば、英語の〔be ＋ 過去分詞〕の過去分詞の代わりに受動形動詞過去の短語尾形を使うものです。ただし、ロシア語の場合、быть の現在形は省略されるのが普通です（受動形動詞過去短語尾形については ☞ p.236~237）。

Его портрéт **напи́сан** извéстным худóжником.
彼の肖像は有名な画家によって描かれた。
Нóвое здáние **бы́ло пострóено** япóнским архитéктором.
新しい建物は日本の建築家によって建てられた。
Магази́н **бу́дет откры́т** в суббóту.
店は土曜日にオープンする。

以下、注意すべき点をいくつか確認しましょう。

a）〔быть の過去形＋受動形動詞過去〕の быть の有無

次の2つはいずれも受動態の文で「家が建てられた」という意味です。どう違うのでしょうか？

Дом пострóен.
Дом был пострóен.

受動形動詞過去である以上、行為が行われたのは過去であることに違いはないはずですが、それにさらに быть の過去形が追加されることもあります。

Дом пострóен. ➡ 行為の結果生じた現在の状態に力点
Дом **был** пострóен. ➡ 過去に行われた行為あるいは状態に力点

これらの違いは必ずしも明確でない場合もありますが、おおむね以上のようなものです。次の例だと、明らかな違いが見て取れます。

Кни́га ужé напи́сана.
本はもう書き上がっている。（**現在の状態**）
Кни́га **былá** напи́сана в прóшлом годý.
本は去年書かれた。（**過去の行為**）
Там **бы́ло** напи́сано э́то слóво.
そこにこの言葉が書かれていた。（**過去の状態**）

b）-ся 動詞の使える条件

不完了体の -ся 動詞による受動態の文の主語は、原則として3人称で、かつ人間以外のものとされています。つまり、「私」「あなた」や「学生」「少年」「お母さん」などを主語にすることは普通ありません。しかし、そうした例もないわけではありません。

Геро́и награжда́ются госуда́рством.
英雄たちが国家に賞を与えられる。

c）規則通りにならないもの

不完了体は -ся 動詞、完了体は受動形動詞過去短語尾形を使うとされながらも、以下のような例があります。ただし、いずれも限られた表現でのみ使われ、文語的です。

◆ 不完了体で受動形動詞現在短語尾
  Она́ **люби́ма** все́ми. 彼女はみんなに愛されている。
◆ 完了体で **-ся** 動詞
  Его́ по́двиг не **забу́дется** на́ми.
  彼の功績は我々によって忘れられることはないであろう。

d）受動態の主語になれるもの

受動化できるのは、原則的に対格の補語（☞ p.56）を持つ他動詞で、能動態の文で対格補語だったものが受動態の文では主格の主語になります。その際、「〜によって」を示す造格名詞（下の例なら Мари́ей）は、特に触れる必要がなければ省略されます。

Мари́я уби́ла **Ива́на**. マリヤはイワンを殺した。（能動態）
➡ **Ива́н** был уби́т (Мари́ей). イワンは（マリヤに）殺された。（受動態）

ただし、まれに対格ではなく造格の補語でも主格の主語に書き換える受動化が可能な動詞もあります。

Зако́ны управля́ют **госуда́рством**.
法が国家を統治する。（能動態）
➡ **Госуда́рство** управля́ется зако́нами.
  国家が法に統治される。（受動態）

Э́ти лю́ди руково́дят клу́бом.
これらの人々がクラブを指導している。（能動態）
➡ Клуб руково́дится **э́тими людьми́**.
  クラブはこれらの人々によって指導されている。（受動態）

e）受動態を作れない動詞

ほかにも、なぜかそもそも受動態を作ることが不可能な動詞があります。例えば、знать「知っている」は -ся 動詞であれ受動形動詞であれ、受動態を作ることはできません。

× В Кана́де знается/знаем францу́зский язы́к.
カナダではフランス語が知られている。

знать を使って受動態の意味を表す場合は、次項（2）で説明する方法を用いたりします。

（2）受動態に代わるもの

ロシア語の受動態は作り方も複数ある上に、例外や条件が多く、英語のようにきれいに体系が成立しているわけではありません。そもそも受動態が作れない動詞も存在しています。

そこで、以下に示すように、受動態の代わりを務めるいくつかの方法があります。また、ロシア語は英語ほど受動態を多用せず、ここで挙げる受動態に代わる表現が、その分頻繁に用いられる傾向にあります。

a）不定人称文

受動態をわざわざ用いる理由の1つに、「誰がそれを行ったかにあまり関心を払わない、あるいは無視して、文のその他の部分に焦点を絞る」ということがあります。例えば、以下の文を見てみましょう。

Он был уби́т в Москве́.　彼はモスクワで殺された。

この場合、誰かが彼を殺したのでしょうが、「誰が」は関心の外に置かれていて、この文では触れられていません。この「誰が」に無関心、という点で非常によく似ているのが、不定人称文（☞ p.350~351）です。

Его́ **уби́ли** в Москве́.　彼はモスクワで殺された。

この文は能動文ですが、不定人称文ですので、主語がありません。つまり「誰が」が語られていないわけです。ほかにも、

Кошелёк **укра́ли**.
（≒ Кошелёк укра́ден.）
財布が盗まれた。

В Кана́де **испо́льзуют** францу́зский язы́к.
(≒ В Кана́де испо́льзуется францу́зский язы́к.)
カナダではフランス語が使われている。

つまり、わざわざ受動態に変えなくても、「主語を省略して動詞を(3人称)複数形にすれば」不定人称文ができあがり、それだけで受動態で表現したかったニュアンスが示せるわけです。それゆえ、不定人称文は「〜された」のように受動態らしく訳すとうまくニュアンスが出せることがよくあります。

b) 語順の倒置

ロシア語の語順を決める原理の1つに、「大事なことはなるべく後ろに」というものがあります（ p.357~358 ）。英語のように語順が厳しく制限されていて自由に動かせない言語だと、「語順を動かすために」受動態を利用することがあります。

John killed Mary. ジョンがメアリーを殺した。
➡ Mary was killed by John. メアリーはジョンに殺された。

しかし、ロシア語ではこうした操作をしなくても、「大事なことがなるべく後ろになるように」語順を自由に動かすことができます。

Ива́н уби́л Мари́ю. イワンがマリヤを殺した。
➡ Мари́ю уби́л Ива́н. マリヤをイワンが殺した。

つまりロシア語では、わざわざ受動態にしなくても、語順を変えて大事なことをなるべく後に言えば、それだけで簡単に受動態と同じようなニュアンスを表現することができるわけです。

第11章 形動詞と副動詞

形動詞は動詞から作られる形容詞で、英語の分詞にあたります。副動詞は動詞から作られる副詞です。どちらも作り方は少々複雑ですが、どちらかといえば書き言葉ですので、まずは自分で言える・書けるようになるよりも、文献に出てきたら読めるようになることを優先しましょう。

1. 形動詞

（1）4つの形動詞

形動詞とは、いわば動詞から作る形容詞です。英語で言えば、現在分詞、過去分詞といった分詞にあたり、次の例のように「～している…」などと動詞で名詞を修飾する際に使います。

| 走っている少年 | **running** boy |
| 書かれたテキスト | **written** text |

この「走っている」「書かれた」などの部分を、ロシア語では形動詞を使って表現します。

また、形動詞は動詞から作った形容詞ですので、修飾する名詞の性・数・格に合わせて形容詞と全く同じように変化します。変化形は形容詞の変化を参照してください（☞ p.134~140）。

英語の分詞は現在分詞（～ing）と過去分詞（～ed）の2種類ですが、ロシア語の形動詞は次の表のとおり**4種類**あります。形動詞はふつう辞書の見出し語としては出ていませんが、元の動詞が何なのかを判断して、意味を予測してください。

形動詞	能動形動詞 (=英語の現在分詞)	現在	-щий (〜している)　例:「読書している少年」「泳いでいる選手」
		過去	-вший / -ший (〜していた、〜した)　例:「読書していた少年」「転んだ少年」
	受動(被動)形動詞 (=英語の過去分詞)	現在	-мый (〜されている)　例:「読まれている本」「愛されている子ども」
		過去	-нный / -тый (〜された)　例:「捨てられた本」「罵られた政治家」

＊受動形動詞は被動形動詞と呼ばれることもあります。

> **学習のヒント**
>
> 形動詞は、まずは文献を読むときに必要になります。読む際に形動詞を識別できるよう、語尾の形を目印として覚えてください。

4種類の形動詞の用法、作り方などを個々に見ていきましょう。

(2) 能動形動詞現在

a) 能動形動詞現在の意味

「〜している…」という意味で名詞を修飾します。

чита́ющий ма́льчик　読書している少年
де́вочка, **игра́ющая** в па́рке　公園で遊んでいる少女

b) 能動形動詞現在の語形

不完了体動詞（ p.175 ）から作られます。3人称複数形から -т を取り去り、-щий を付けます。

чита́ть 読む ➡ чита́ют ➡ чита́ю- ➡ **чита́ющий**
писа́ть 書く ➡ пи́шут ➡ пи́шу- ➡ **пи́шущий**

-ся 動詞（ p.172-173 ）の場合は最後に -ся を付けます。-ся は母音の後でも -сь にはなりません。

занима́ться ➡ занима́ются ➡ занима́ю-ся ➡ **занима́ющийся**
же́нщина, **занима́ющаяся** спо́ртом　スポーツをしている女性

変化は形容詞の混合変化Ⅲ（ p.137 ）のパターンと同じです。

c) 能動形動詞現在のアクセントの位置

◆ 第1変化動詞（-**ющий** / -**ущий** タイプ）（☞ p.160~161）

3人称複数形と同じです。

 чита́ть 読む ➡ чита́ют ➡ **чита́ю**щий
 иска́ть 探す ➡ и́щут ➡ **и́щу**щий

◆ 第2変化動詞（-**ящий** / -**ащий** タイプ）（☞ p.166~168）

不定形と同じです。

 смотре́ть 見る（➡ смо́трят）➡ **смотря́**щий
 кури́ть 喫煙する（➡ ку́рят）➡ **куря́**щий

◆ 第1変化動詞と第2変化動詞の例外

ただし、いずれも例外はあります（特に第2変化に多く、辞書にもしばしば記されています）。

 люби́ть 愛する ➡ лю́бят ➡ **лю́бя**щий
 дыша́ть 呼吸する ➡ ды́шат ➡ **ды́ша**щий

また、第2変化動詞ではときどき正しいアクセントが1箇所に決まらないものもあります。

 вари́ть 煮る ➡ **ва́ря́**щий

◆ その他の不規則変化動詞（☞ p.166）

個別に覚えましょう。

 хоте́ть 欲する ➡ **хотя́**щий
 есть 食べる ➡ **едя́**щий

いくつか例文を見ておきましょう。形動詞がどの名詞を修飾しているのか、構造を考えながら見てください。

Я зна́ю инжене́ра, **рабо́тающего** на э́том заво́де.
私はこの工場で働いている技師を知っている。

Она́ получи́ла письмо́ от сестры́, **живу́щей** в Петербу́рге.
彼女はペテルブルクに住んでいる姉から手紙を受け取った。

У нас есть не́сколько студе́нтов, **говоря́щих** по-ру́сски.
我々にはロシア語を話す学生が何人かいる。

> **補足**
>
> **「～する人」という意味の能動形動詞現在**
> 　能動形動詞現在はしばしば名詞化して「～する人」という意味で使うことがあります。
> 　говоря́щий　話す人、話し手
> 　пи́шущий　書く人、書き手

（3）能動形動詞過去

a）能動形動詞過去の意味

　不完了体（☞ p.175）から作った場合は、「～していた…」という意味で名詞を修飾します。

студе́нт, **чита́вший** там газе́ту
あそこで新聞を読んでいた学生

　完了体（☞ p.175）から作った場合は、「～した…」という意味になります。

де́ти, **прие́хавшие** из ра́зных стран
さまざまな国から来た子どもたち

b）能動形動詞過去の語形

- 不完了体動詞、完了体動詞の両方から作られます。

- 過去形から語尾 -л (-ла, -ло, -ли) を取り去り、最後が母音であれば -вший を付けます。
　чита́ть 読む ➡ чита́л ➡ чита- ➡ **чита́вший**

　最後が子音であれば -ший を付けます。
　принести́ 持ってくる ➡ принёс ➡ **принёсший**

- идти́ とそれに接頭辞が付いた -йти の動詞は過去形が -шёл となりますが、能動形動詞過去は -ше́дший となります。これは例外です。
　идти́ 行く（➡ шёл）➡ **ше́дший**
　прийти́ 来る（➡ пришёл）➡ **прише́дший**

- 不定形が -сти 終わりで、人称変化の語幹の末尾に д, т が現れる場合は、-дший, -тший となります。
    привести́ 連れてくる ➡ (привёл)/приведу́ ➡ **приве́дший**
    приобрести́ 得る ➡ (приобрёл)/приобрету́ ➡ **приобре́тший**

- -ся 動詞の場合は最後に -ся を付けます。-ся は母音の後でも -сь にはなりません。
    интересова́ться 興味を持つ
        ➡ интересова́лся ➡ интересова́-ся ➡ **интересова́вшийся**
    же́нщина, в мо́лодости **интересова́вшаяся** му́зыкой
    若いころ音楽に興味があった女性

変化は形容詞の混合変化Ⅲ（ p.137 ）のパターンと同じです。

c）能動形動詞過去のアクセントの位置

- 過去形の語幹が母音終わり（＝-вший タイプ）の場合は、アクセントの位置は不定形と同じです。
    прочита́ть 読む ➡ прочита́л ➡ **прочита́вший**
    нача́ть 始める ➡ на́чал ➡ **нача́вший**
    прода́ть 売る ➡ про́дал ➡ **прода́вший**

- 過去形の語幹が子音終わり（-ший タイプ）の場合は、アクセントの位置は -ший の直前です。ほとんどの場合は過去男性形と同じですが、違うこともあります。
    нести́ 運ぶ ➡ нёс ➡ **нёсший**
    помо́чь 助ける ➡ помо́г ➡ **помо́гший**
    умере́ть 死ぬ ➡ у́мер ➡ **уме́рший**

いくつかの例文を見ておきましょう。形動詞がどの名詞を修飾しているのか構造を考えながら見てください。また、動詞の体の使い分けについては第8章参照（ p.181~187 ）。

Студе́нт, **прочита́вший** кни́гу, вы́шел из аудито́рии. 完了体
本を読み終えた学生は教室から出た。

Студе́нтка, **реша́вшая** зада́чу, стоя́ла у доски́ и писа́ла. 不完了体
問題を解いていた女子学生は黒板の前に立ち書いていた。

Студе́нтка, **реши́вшая** зада́чу, се́ла и ста́ла писа́ть. 完了体
問題を解き終えた女子学生は座って書き始めた。

（4）受動形動詞現在（被動形動詞現在）

a）受動形動詞現在の意味
「〜されている…」という意味で名詞を修飾します。

чита́емая кни́га　読まれている本
наибо́лее **употребля́емые** слова́　最も使われている単語

b）受動形動詞現在の語形
- 不完了体動詞（ p.175 ）から作られます。-ся 動詞からは作られません。1 人称複数形に -ый を付けます。

  чита́ть　読む　➡　чита́ем　➡　**чита́емый**
  изуча́ть　学ぶ　➡　изуча́ем　➡　**изуча́емый**
  люби́ть　愛する　➡　лю́бим　➡　**люби́мый**

- -авать 動詞は 1 人称複数形が -аём となりますが、受動形動詞現在は -аёмый ではなく、-ава́емый となります。

  дава́ть　与える（➡ даём）➡　**дава́емый**
  преподава́ть　教える（➡ преподаём）➡　**преподава́емый**

変化は形容詞の硬変化 I （ p.134 ）のパターンと同じです。

c）受動形動詞現在のアクセントの位置
- 原則的に不定形と同じです。

  чита́ть　読む　➡　чита́ем　➡　**чита́емый**
  люби́ть　愛する　➡　лю́бим　➡　**люби́мый**

- -овать 動詞は 1 人称複数形と同じです。

  рисова́ть　描く　➡　рису́ем　➡　**рису́емый**
  тре́бовать　要求する　➡　тре́буем　➡　**тре́буемый**

いくつか例文を見ておきましょう。形動詞がどの名詞を修飾しているのか構造を考えながら見てください。

На́ша библиоте́ка получа́ет мно́го газе́т, **издава́емых** в ра́зных стра́нах.
我々の図書館はさまざまな国で出版されているたくさんの新聞を受け入れている。
Смотри́те спи́сок предме́тов, **изуча́емых** на пе́рвом ку́рсе.
1年生が学んでいる（＝1年生で学ばれている）科目のリストを見てください。

通常の受動態の文（☞ p.223）と同様、行為主（〜によって）は造格の名詞によって表されます。

Задáча, **решáемая** учёными, óчень труднá.
学者たちが解いている問題はとても難しい。

Проблéма, **изучáемая** специалúстами, óчень важнá.
専門家たちによって研究されている問題はとても重要だ。

Кнúга, **читáемая** студéнтом, óчень интерéсна.
その学生が読んでいる（＝その学生によって読まれている）本は非常に興味深い。

受動形動詞現在は、しばしば純粋な受け身だけでなく可能の意味を含むことがあります。

В нéбе показáлся спýтник, **вúдимый** невооружённым глáзом.
空に肉眼で見える人工衛星が現れた。

Как писáть легкó **читáемый** текст?
簡単に読めるテキストはどうやって書いたらよいのか？

（5）受動形動詞過去（被動形動詞過去）

a）受動形動詞過去の意味

「〜された…」という意味で名詞を修飾します。

недáвно **пострóенный** дом　最近建てられた家
кнúга, **взя́тая** в библиотéке　図書館で借りた（＝借りられた）本

ほかの形動詞と異なり、短語尾形（☞ p.137~143）が頻繁に用いられます。受動形動詞過去の短語尾形は受動態を作るのに利用されます（受動態については ☞ p.223~227）。

Дом был **пострóен**.　その家は建てられた。

b）受動形動詞過去の語形とアクセントの位置

- 主に完了体動詞（☞ p.175）から作られます。不完了体からも作られないわけではありませんが、まずは完了体がメインと覚えましょう。また、-ся動詞からは作られません。

- -нный か -тый のどちらかの形になります。その作り方の規則は細部にわたるので注意が必要ですが、まずは大きく分けてこの 2 種類があることを覚えてください。

◆ **-нный** タイプ

- 不定形が -ать, -ять で終わる動詞は過去形の語幹に -нный を付けます。アクセントの位置は原則不定形と同じですが、語幹の末尾の母音にアクセントがある場合は、1つ前の音節にずらします。

  сде́лать する ➡ сде́лал ➡ **сде́ланный**
  написа́ть 書く ➡ написа́л ➡ **напи́санный**
  потеря́ть 失う ➡ потеря́л ➡ **поте́рянный**

- 不定形が -ить, -еть で終わる第2変化動詞は、1人称単数形の語幹に -енный を付けます。アクセントの位置は2人称単数形と同じで、語尾にアクセントがある場合は -ённый になります。1人称単数形と同様に子音交替が起こります（ p.14-15 ）。

  встре́тить 出会う
    ➡ встре́чу / встре́тишь ➡ **встре́ченный**
  получи́ть 受け取る
    ➡ получу́ / полу́чишь ➡ **полу́ченный**
  купи́ть 買う
    ➡ куплю́ / ку́пишь ➡ **ку́пленный**
  просмотре́ть 目を通す
    ➡ просмотрю́ / просмо́тришь ➡ **просмо́тренный**
  повтори́ть 繰り返す
    ➡ повторю́ / повтори́шь ➡ **повторённый**

  子音交替が1人称単数形とは違うことがあるので注意しましょう。
  уви́деть 見出す ➡ уви́жу / уви́дишь ➡ **уви́денный**
  освободи́ть 解放する
    ➡ освобожу́ / освободи́шь ➡ **освобождённый**

- 不定形が -ти, -сть, -чь で終わる動詞は、-ённый となります。
  принести́ 持ってくる ➡ **принесённый**
  привезти́ 運んでくる ➡ **привезённый**

ただし、以下のような例外もあります。

найти́ ➡ на́йденный

◆ -тый タイプ

- -тый になる動詞はいくつかのパターンに分類できます。パターンごとに覚えましょう。アクセントの位置は原則として不定形と同じです。

    -рыть   ： закры́ть 閉じる ➡ **закры́тый**
    -мыть   ： умы́ть 洗う ➡ **умы́тый**
    -нуть   ： дости́гнуть 達成する ➡ **дости́гнутый**
    -нять   ： поня́ть 理解する ➡ **поня́тый**
    -шить   ： сшить 縫い合わせる ➡ **сши́тый**
    -бить   ： уби́ть 殺す ➡ **уби́тый**
    -быть   ： забы́ть 忘れる ➡ **забы́тый**

- 以下のようにアクセントに注意が必要なときもあります。

    -оло́ть タイプの動詞は、アクセントが -о́лотый となります。

    расколо́ть たたき割る ➡ **раско́лотый**

    -ну́ть タイプの動詞は、アクセントが前の音節に1つずれることがあります。

    согну́ть 曲げる ➡ **со́гнутый**
    подчеркну́ть 強調する ➡ **подчёркнутый**

- ほかにも個別に覚えなければならない動詞があります。

    взять 取る ➡ **взя́тый**
    оде́ть 着せる ➡ **оде́тый**

-нный タイプ、-тый タイプともに、変化は形容詞の硬変化 I （☞ p.134 ）のパターンと同じです。

c) 受動形動詞過去の短語尾形の語形

　受動形動詞過去はほかの形動詞と異なり、しばしば短語尾形が受動態（☞ p.223~227 ）を形成するのに使われます。短語尾形の作り方を覚えておきましょう。

- 長語尾形が -нный となるものは、短語尾形が -н, -на, -но, -ны となって н が 1 つ減ります。

    сде́лать 作る
    ⇒ сде́ла**н**ный ⇒ **сде́ла**н / **сде́ла**на / **сде́ла**но / **сде́ла**ны

- 長語尾形が -ённый となるものは、必ず語尾にアクセントがあります。

    разреши́ть 許す ⇒ разрешённый
    ⇒ **разрешён** / **резрешена́** / **разнерешено́** / **разрешены́**

学習のヒント

受動形動詞過去は規則も複雑で例外も多いので、注意が必要です。辞書にも動詞ごとに形が載っていることが多いので、個別に確認しながら一つ一つ覚えていきましょう。

用例をいくつか見ておきましょう。ここでは名詞を修飾するもののみ示します（短語尾形で受動態を形成している例は 👉 p.223~224）。

Он слу́шал свой го́лос, **запи́санный** на CD.
彼はCDに録音された自分の声を聞いた。

В магази́не, **откры́том** неда́вно на на́шей у́лице, есть мно́го книг.
我々の通りに最近開かれた店にはたくさんの本がある。

Из письма́, **полу́ченного** вчера́, я узна́л, что ма́ма ско́ро прие́дет в Япо́нию.
昨日受け取った（＝受け取られた）手紙で、私はまもなくお母さんが日本に来ると知った。

受動形動詞現在の場合と同様、行為主「〜によって」は造格で表されます（👉 p.59）。

Статья́, **напи́санная** мои́м бра́том, всем понра́вилась.
私の兄が書いた論文はみんなに気に入られた。

Ве́чер, **организо́ванный** на́шими студе́нтами, прошёл хорошо́.
我々の学生たちが催したパーティは成功した。

На не́бе, **покры́том** облака́ми, не́ было ви́дно луны́.
雲に覆われた空には月は見えなかった。

（6）形動詞と関係代名詞の違い

形動詞と関係代名詞（☞ p.118-126）はその機能が似ていますが、細かい違いがいろいろありますので、その違いを理解しておくことが重要です。

a）格変化

形動詞はあくまで形容詞なので、修飾する名詞に一致して格変化しますが、関係代名詞 кото́рый は関係節の中での役割に応じて変化します。

例を見てください。修飾する名詞が друг の場合です。

Мне звони́л друг, **чита́ющий** мно́го книг. 私にたくさん読書する友人が電話してきた。	, кото́рый чита́ет мно́го книг.
Я позвони́л дру́гу, **чита́ющему** мно́го книг. 私はたくさん読書する友人に電話した。	
Я встре́тил дру́га, **чита́ющего** мно́го книг. 私はたくさん読書する友人に会った。	
Я разгова́ривал с дру́гом, **чита́ющим** мно́го книг. 私はたくさん読書する友人と話した。	
Я вам говорю́ о дру́ге, **чита́ющем** мно́го книг. 私はたくさん読書する友人についてあなたに話している。	

ここで、形動詞は друг を修飾する形容詞なので、修飾する друг「友人」の性・数・格に合わせて変化しています。しかし、この「たくさん読書する」という部分を関係代名詞を使って表現すると、すべて同じ主格形になります。いずれの場合も関係代名詞 кото́рый は動詞 чита́ет の主語の役割を果たしているからです（ただし、кото́рый が単数・男性なのは、先行詞の друг に合わせているため）。

また、形動詞は意味上の主語（この例なら друг）しか修飾できず、格もそれに合わせて変化します。それに対して、関係代名詞は関係節の中でさまざまな役割を果たせるので、関係節中の役割に応じて格変化します。

Мне звони́л друг, **кото́рого** я иска́л.（иска́л の直接補語）
私が探していた友人が私に電話してきた。

Мне звони́л друг, **кото́рому** я помога́л.（помога́л の間接補語）
私が手伝っていた友人が私に電話してきた。

Мне звони́л друг, **о кото́ром** я говори́л.（前置詞 о の目的語）
私が話していた友人が私に電話してきた。

Я ви́дел инжене́ра, **кото́рому** вчера́ она́ звони́ла.
私は彼女が昨日電話したエンジニアを見かけた。（**звони́ла** の間接補語）

Там рабо́тает же́нщина, **с кото́рой** он живёт.（前置詞 с の目的語）
あそこで彼が一緒に暮らしている女性が働いている。

Э́то тот челове́к, и́мя **кото́рого** зна́ют все.（**и́мя** の所有者）
これは皆がその名前を知っている人物です。

b）語順

関係節は必ず修飾する名詞の直後に置かれなければなりません。

ю́ноша, **кото́рый** чита́ет　読書している青年

ю́ноша, **кото́рый** чита́ет газе́ту　新聞を読んでいる青年

それに対して、形動詞節は修飾する名詞の前に置かれることも後ろに置かれることもあります。

чита́ющий ю́ноша　読書している青年

ю́ноша, **чита́ющий** газе́ту　新聞を読んでいる青年

英語でも、以下のように分詞が修飾する名詞の前に置かれることも後ろに置かれることもあります。

a **running** boy　走っている少年

a boy **running** very fast　とても速く走っている少年

ただし英語の分詞節は、分詞のみの1語だけの場合は1つ目の例のように名詞の前に、2語以上からなる場合は2つ目の例のように名詞の後ろに、という規則があります。これに対し、ロシア語の形動詞節は、2語以上からなる場合でも以下のように名詞の前に置くことができます。

чита́ющий газе́ту ю́ноша　新聞を読んでいる青年

> **補足**
>
> **形容動詞節とコンマ**
>
> 　コンマ (,) の入り方に注意してください。名詞の前に形動詞節を置く場合はコンマは不要ですが、名詞の後に形動詞節が置かれる場合はコンマで形動詞節を区切ります。
>
> ⎰ **Реши́вший** зада́чу учени́к подошёл к учи́телю.
> ⎱ Учени́к, **реши́вший** зада́чу, подошёл к учи́телю.
> 　課題を解き終えた生徒は教師のほうに近づいた。
>
> ⎰ Идёт не **прекраща́ющийся** в тече́ние двух су́ток дождь.
> ⎱ Идёт дождь, не **прекраща́ющийся** в тече́ние двух су́ток.
> 　2日間やまない雨が降っている。

2. 副動詞

(1) 2つの副動詞

　副動詞とは文字通り動詞から作る副詞で、ある行為が行われる際に別の行為が伴うことを示すものです。英語で言えば、分詞構文に用いられる現在分詞だと思ってください。

Listening to the radio, he was reading a book.
Having read the book, he went away.

　これらの構文の Listening や Having read の部分を、ロシア語では副動詞を用いて表現します。副動詞には**不完了体副動詞**と**完了体副動詞**の2つがあります。最初のうちは読むときに出てくることが多いので、まずは語尾の形を覚えて識別できるようにしてください。
　副動詞はふつう辞書の見出し語としては掲載されていません。元の動詞から意味を類推することになります。どれがどの副動詞であるかは語尾の形でだいたい判別できますので、語尾を目印として覚えてください。

副動詞	**不完了体副動詞** (=副動詞現在、英語 の ~ing)	現在「～しながら」 例：「本を読みながら」「歩きながら」「ご飯を食べながら」など	-я -а
	完了体副動詞 (=副動詞過去、英語 の having ~ed)	過去「～してから」 例：「ご飯を食べてから」、「本を読み終えてから」など	-в -вши -ши

不完了体と完了体の基本的な使い分けについては、第8章参照
(p.181~187)。

（2）不完了体副動詞（副動詞現在）

2種類の副動詞の使い方、作り方などをそれぞれ見ていきましょう。副動詞節は必ずコンマで主節と区切ります。

a）不完了体副動詞の意味

「～しながら」という意味を表し、主節と同じ主語による行為が同時に並行して行われていることを示します。英語の ~ing にあたります。

Игра́я в ша́хматы, они́ слу́шали ра́дио.
チェスをしながら、彼らはラジオを聞いていた。

Гуля́я в па́рке, ма́тери говоря́т о свои́х де́тях.
公園で散歩しながら、母親たちは自分の子どもの話をしていた。

b）不完了体副動詞の作り方

◆語形

不完了体動詞（ p.175 ）から作られます。非過去形（ p.156 ）の3人称複数形（ p.160~169 ）から語尾（-ют, -ут, -ят, -ат）を取り去り、-я を付けるとできます。ただし、正書法の規則（ p.12~13 ）により、ж, ч, ш, щ の後には я を書くことはできないので、その場合は -а に替えます。

чита́ть 読む ➡ чита́ют ➡ чита- ➡ **чита́я**
говори́ть 話す ➡ говоря́т ➡ говор- ➡ **говоря́**
слы́шать 聞く ➡ слы́шат ➡ слыш- ➡ **слы́ша**

-ся 動詞の場合は、-ся を除いた部分を上のルールで変化させ、最後に -ся を付けて作ります。

занима́ться　する、従事する
→ занима́ются → занима́-ся → **занима́ясь**

> 母音の後なので -сь になる。

補足

-ава́ть 動詞は3人称複数形が -аю́т となりますが、副動詞は -ава́я になります。これは受動形動詞現在の形と同様、例外です（☞ p.233）。

дава́ть　与える（→ даю́т）→ **дава́я**
встава́ть　起きる（→ встаю́т）→ **встава́я**

быть の副動詞も全くの例外で、**бу́дучи** となります。

◆アクセントの位置

アクセントは原則として1人称単数形と同じ位置に置かれます。

чита́ть　読む → чита́ю / чита́ют → **чита́я**
смотре́ть　見る → смотрю́ / смо́трят → **смотря́**
голосова́ть　投票する → голосу́ю / голосу́ют → **голосу́я**
ви́деть　見る → ви́жу / ви́дят → **ви́дя**
проси́ть　頼む → прошу́ / про́сят → **прося́**

ただし、アクセントの位置は例外が結構多いので、個別に覚えるようにしてください。

стоя́ть　立っている → стоя́т (стою́) → **сто́я**
сиде́ть　座っている → сидя́т (сижу́) → **си́дя**
лежа́ть　横たわっている → лежа́т (лежу́) → **лёжа**

用例を見ておきましょう。不完了体副動詞は原則として同時並行する行為を示します。

Я сижу́ у окна́, **чита́я** кни́гу.
私は本を読みながら窓辺に座っている。

Идя́ домо́й, он встре́тил своего́ учи́теля.
家に帰る途中、彼は自分の先生に会った。

За́втра, **возвраща́ясь** с прогу́лки, я зайду́ к Ива́ну Ива́новичу.
明日、散歩から帰るとき、私はイワン・イワノヴィチのところに立ち寄る。

（3）完了体副動詞（副動詞過去）

a）完了体副動詞の意味

「～してから」という意味を表し、主節と同じ主語による行為が主節に先立って行われていることを示します。英語で言えば、having ～ed にあたります。

Поу́жинав, я пое́хал в теа́тр.
夕食を取ってから私は劇場に向かった。

Око́нчив университе́т, он бу́дет инжене́ром.
大学を終えてから彼は技師になる。

b）完了体副動詞の作り方

◆語形とアクセントの位置

原則的に完了体動詞（ p.175 ）から作られます。不完了体動詞から同様の形の副動詞が作られ、過去のことを表すのに用いられている例が時にありますが、現代語としては一般的なものではありません。過去形から -л を取り去り、そのときの末尾の音によって以下の語尾を付けます。

• 末尾が母音の場合

-в か -вши を付けます。-в でも -вши でもどちらでもよいのですが、-в のほうが現代的だとされます。アクセントの位置は不定形と同じです。

прочита́ть 読む ➡ прочита́л ➡ прочита- ➡ **прочита́в**（ши）
сказа́ть 言う ➡ сказа́л ➡ сказа- ➡ **сказа́в**（ши）
зако́нчить 終える ➡ зако́нчил ➡ закончи- ➡ **зако́нчив**（ши）

• 末尾が子音の場合

-ши を付けます。アクセントの位置は男性過去形と同じです。
принести́ 持ってくる ➡ принёс ➡ **принёсши**
помо́чь 助ける ➡ помо́г ➡ **помо́гши**
запере́ть 閉じる ➡ за́пер ➡ **за́перши**

- **-ся 動詞の場合**

  -ся 動詞は、必ず -вшись（母音の後）か -шись（子音の後）となります。

  верну́ться　戻る ➡ верну́лся ➡ верну-ся ➡ **верну́вшись**
  обжéчься　やけどする ➡ обжёгся ➡ **обжёгшись**

◆ 語形やアクセントの位置が例外になる場合

ただし、以下のような例外もたくさんあります。

идти́「行く」に接頭辞を付けてできた完了体動詞の副動詞は、-шéдши となります。

прийти́　来る ➡ (пришёл) ➡ **пришéдши**

不定形が -сти で終わる動詞のうち、非過去形（☞ p.156）で д や т が現れるものは、-дши, -тши になります。

привести́　連れてくる ➡ привёл (приведу́) ➡ **привéдши**
зацвести́　咲き始める ➡ зацвёл (зацвету́) ➡ **зацвéтши**

◆ 不完了体副動詞のように作る場合

完了体から作る副動詞なのに、不完了体副動詞のように -я/-a になることもあります。ただし、この場合、意味はあくまでも完了体副動詞として理解しなければいけません。

- **идти́**「行く」, **нести́**「持って行く」, **вести́**「連れて行く」, **везти́**「運んで行く」に接頭辞を付けてできた完了体動詞

  принести́　持ってくる ➡ принёс ➡ **принеся́ / принёсши**
  прийти́　来る ➡ (пришёл) ➡ **придя́ / пришéдши**
  перевести́　移す ➡ (перевёл) ➡ **переведя́ / переведши**
  увезти́　運び去る ➡ увёз ➡ **увезя́ / увёзши**

- その他いくつかの動詞

  уви́деть　気づく ➡ уви́дел ➡ **уви́дя / уви́дев**
  встрéтиться　会う ➡ встрéтился ➡ **встрéтясь / встрéтившись**
  услы́шать　聞く ➡ услы́шал ➡ **услы́ша / услы́шав**

いずれの形も可能ですが、現代では я/а のほうが多数派です。

用例を見ておきましょう。完了体副動詞は原則として、副動詞の行為が主節の行為に先立って行われる際に用いられます。

Зако́нчив рабо́ту, мы бу́дем отдыха́ть.
仕事を終えてから、私たちは休むつもりです。

Прочита́в газе́ту, я лёг спать.
新聞を読み終えてから、私は寝ました。

Верну́вшись домо́й, я заста́л у себя́ госте́й.
家に帰ってみると、私はお客を待たせていました。

> **学習のヒント**
> 完了体副動詞は、能動形動詞過去（作り方は ☞ p.231~232）にアクセントの位置や不規則な形まで含めて非常によく似ています。関係付けて覚えてください。

（4）副動詞の注意すべき点

a）副動詞の意味に関して

　副動詞の節は従属節となり、必ず主節とコンマで区切ります。
　不完了体副動詞の基本的な意味は、「副動詞と主節の行為が同時に行われる」ということです。

Возвраща́ясь домо́й, он купи́л кни́гу.
家に帰る途中、彼は本を買った。

　完了体副動詞の基本的な意味は、「副動詞の行為が主節の行為に先立って行われる」ということです。

Верну́вшись домо́й, он посмотре́л кинофи́льм.
家に帰ってから彼は映画を見た。

　ロシア語で言っているのは基本的にこれだけなので、日本語に訳すときは臨機応変に訳を考える必要があります。例えば、以下のような例では、時間的な関係よりも理由、条件、逆接など、副動詞節と主節の論理的な関係がより重要になります。

Не зна́я его́ а́дреса, я не мог посла́ть ему́ кни́гу.
彼の住所を知らなかったので、私は彼に本を送れなかった。（**理由**）

Зна́я э́ти слова́, вы могли́ бы всё перевести́.
この語を知っていたら、あなたは全部訳せたのに。(**条件**)

Живя́ в Аме́рике, я не счита́ю себя́ америка́нцем.
アメリカに住んでいるが、私は自分がアメリカ人だとは思わない。(**逆接**)

b）副動詞の主語に関して

副動詞の主語は明記されませんが、主節の主語と同じです。

Чита́я кни́гу, он слу́шает ра́дио.
本を読みながら彼はラジオを聞いている。

> 読んでいるのも聞いているのも「彼」。

ただし、一部の慣用的なものでは、主語が異なる場合もあります。とくにここに示した「～ говоря́」という言い方はさまざまなバリアントを持ち、しばしば使われるものです。

Открове́нно говоря́, она́ вас не понима́ет.
率直に言って、彼女はあなたの言うことをわかっていない。

> 言うのは「話し手」、わかっていないのは「彼女」。

Он зна́ет кита́йский язы́к, **не говоря́ уже́ о** ру́сском.
彼はロシア語は言うまでもなく中国語も知っている。

> 知っているのは「彼」、言わないのは「話し手」。

第12章 副詞と状況語

ロシア語を含め多くの言語で、副詞は名詞や形容詞、動詞と比べてさまざまな種類がある雑多な品詞で、ほかの品詞との境界線もあいまいです。それゆえ、本章での記述は「副詞とは何か」を厳密に考えず、時には副詞とは通常呼ばないものも広く状況語と捉え、用法ごとに整理して解説します。

1. 状況語

　ロシア語の副詞は歴史的に厳密に見ると、すべて名詞や動詞などほかの品詞から派生してできたものだと考えられています。たしかに、почти́「ほとんど」や так「このように」などのように、少なくとも一見ほかの品詞から派生したようには見えないものもありますが、多少ロシア語の知識がある人なら多くの副詞はほかの品詞と関係があることがわかるものです。例えば、хорошо́「良く」は形容詞の хоро́ший と明らかに関係がありますし、ве́чером「夜に」は名詞 ве́чер から、ле́том「夏に」は名詞 ле́то から作られたものです。

　これらが副詞なのか、それとも形容詞や名詞なのかという議論はありますが、本章ではいずれも動詞や形容詞、ほかの副詞や文全体などを修飾する副詞的なもの、つまり状況語（ p.349~350 ）であると考え、細かい区別をせずまとめて説明の対象とします。さらには、в суббо́ту「土曜日に」や пе́рвого апре́ля「4月1日に」のように通常は別の品詞（前者は〔前置詞＋名詞〕、後者は〔順序数詞の生格＋月名の生格〕）とされているものも、結局は副詞（例えば тогда́）と同じ役割を果たしているもの、つまり状況語として同様に本章の対象とします。

2. さまざまな副詞・状況語

　以下、用法ごとにさまざまな状況語を分類して整理します。

（1）様態

　行為や動作がどのように行われているのかを示すための副詞であり、状況語です。主なものだけでもいくつかの種類があります。

12.2 さまざまな副詞・状況語

Самолёты лета́ют **бы́стро**.　飛行機は速く飛ぶ。
Он **хорошо́** у́чится.　彼はよく勉強している。
Она́ поёт **по-америка́нски**.　彼女はアメリカ流に歌っている。

a）対応する指示詞と疑問詞

i）指示詞 так（таки́м о́бразом）「このように、そのように」

指示詞 так は「このように、そのように」と具体的には明確にせずに様態を表します。

Так рабо́тает наш компью́тер.
我々のコンピュータはこのように機能しています。

таки́м о́бразом「このように、そのように」という言い方もあります。

Конфере́нция проводи́лась **таки́м о́бразом**.
会議はそのように行われた。

ii）疑問詞 как（каки́м о́бразом）「どのように」

так に対応する様態を尋ねる疑問詞は、как「どのように」です。

Как она́ у́чится?　彼女はどのくらい勉強ができますか？

каки́м о́бразом?「どのように」という表現もあります。

Каки́м о́бразом произошло́ всё э́то?
これらすべてはどのように起こったのか？

b）形容詞からの派生

ロシア語における様態の副詞は、多くが形容詞から派生したものです。主なタイプを以下で確認しましょう。

i）形容詞短語尾中性形

性質形容詞（☞ p.133~134）の短語尾中性形はそのまま様態の副詞としても使えます。ロシア語の副詞の大多数を占めるものです。

бы́стрый ➡ бы́стро 速く　　ме́дленный ➡ ме́дленно ゆっくりと
гро́мкий ➡ гро́мко 大声で　　ти́хий ➡ ти́хо 小声で
хоро́ший ➡ хорошо́ うまく　　плохо́й ➡ пло́хо 下手に
горя́чий ➡ горячо́ 熱く　　могу́чий ➡ могу́че 力強く

短語尾中性形の作り方については ☞ p.137-138 （☞ p.142 も参照）。

Он **пло́хо** говори́т по-ру́сски. 彼はロシア語がうまく話せない。
Он **горячо́** лю́бит своего́ сы́на. 彼は息子を熱烈に愛している。

様態の副詞が性質形容詞から作られる場合、形容詞と同じ単一比較級（☞ p.145~147）がそのままこのタイプの副詞の比較級としても使えます。

Он говори́т **быстре́е**. 彼はもっと速く話す。
Говори́ **гро́мче**. もっと大きい声で話しなさい。

形動詞（第11章、☞ p.228~240）から作られたものもありますが、多くは形動詞が既に形容詞化しており、その形容詞から作られたものと考えるべきでしょう。形容詞の形がしばしば辞書には見出しとなっています。

торжеству́юще 勝ち誇って ← торжеству́ющий
умоля́юще 懇願するように ← умоля́ющий
неожи́данно 予想外に ← неожи́данный

ii) -ски 型

-ский 型の関係形容詞（☞ p.133）は短語尾形が作れませんので、副詞を作るときは -ски に形を変えます。

экономи́ческий ➡ экономи́чески 経済的に
логи́ческий ➡ логи́чески 論理的に
теорети́ческий ➡ теорети́чески 理論的に
практи́ческий ➡ практи́чески 事実上

また、「～のように、～風に、～流に」というように人や民族や国民・市民に例える場合は、語頭に по- を付けて по-...-ски（-цки）とします。このタイプは名詞もしばしば修飾します。

Они́ живу́т **по-челове́чески**. 彼らは人間的に生きている。
Они́ веду́т себя́ **по-де́тски**. 彼らは子どもっぽく振る舞っている。
Он рабо́тает **по-сове́тски**. 彼はソビエト風に働いている。
десе́рт **по-токи́йски** 東京風デザート
Рождество́ **по-неме́цки** ドイツ式クリスマス

-ий タイプの所有形容詞（☞ p.153~154）から作ることもできます。

  по-медве́жьи　熊のように　　по-соба́чьи　犬のように

iii）по-＋与格

 以上の方法で副詞的表現が作れない関係形容詞は、по- に男性・中性の与格形を付加して副詞的表現を作ります。

  друго́й　➡　по-друго́му　ほかのやり方で
  зи́мний　➡　по-зи́мнему　冬のやり方で
  пре́жний　➡　по-пре́жнему　以前のように
  ра́зный　➡　по-ра́зному　さまざまに
  вое́нный　➡　по-вое́нному　軍隊式に
  доро́жный　➡　по-доро́жному　旅行中のように

 1人称、2人称の所有代名詞（☞ p.100~104）から作ることもできます。

  по-мо́ему　私のやり方で　　　　по-тво́ему　君のやり方で
  по-на́шему　我々のやり方で　　по-ва́шему　あなた(方)のやり方で
  по-сво́ему　自分のやり方で

 ＊通常の与格形（моему́, твоему́, своему́）とはアクセントが異なるものに注意してください。

（2）時間

 時間に関する状況語はいくつかの種類に分類できます。

a）時を表す状況語

 行為や動作が行われる時を示します。いずれも когда́ に対する答えとなり得ます。

i）今を基準に相対的に表現する副詞

  тогда́　その時　　　　сейча́с　今　　　　тепе́рь　今(では)
  пока́　今(のところは)　пото́м　後で

 сейча́с, тепе́рь, пока́ はいずれも「今」を表す副詞ですが、тепе́рь は「過去から今にかけて変化が起こった、つまり以前は違った」ということを含意し、しばしば「今では、今や」などと訳されます。一方 пока́ は「現在から未来に向けて変化が起こる、すなわ

ち将来は今と違う可能性がある」ことを含意しており、「今のところは、当面は」などと訳すと、ニュアンスがうまく表現できることがしばしばあります。それらに対して сейча́с が意味するのは、そのような変化に関する含みのない無色透明な「今」です。

Тепе́рь он изве́стный писа́тель.
今や彼は有名な作家だ。（昔は違ったけれど）

Пока́ я пло́хо понима́ю по-ру́сски.
今のところ私はロシア語がよくわからない。
（将来はわかるようになるだろう）

Сейча́с я рабо́таю в То́кио.
今私は東京で働いている。（過去と将来については何の含みもなし）

補足

　空間を表す副詞（☞ p.258）には сюда́「ここへ」とか отту́да「そこから」のような目的地・到達点や起点を表すものがありますが、時間を表す副詞にはありません。そのため、次のようにさまざまな成句で表現します。

с ны́нешнего вре́мени　今から　　с тех пор　その時から

до сих пор　今まで　　　　　　до того́ вре́мени　その時まで

ⅱ)「今日」を基準に相対的に表現する副詞

сего́дня　今日　　　вчера́　昨日　　за́втра　明日
позавчера́　一昨日　послеза́втра　明後日

補足

　これらはいずれも名詞ではありません。名詞として「今日、昨日、明日」という必要があるときは、形容詞化して день「日」を修飾し、сего́дняшний день, вчера́шний день, за́втрашний день と言います。

На́до ду́мать о за́втрашнем дне.
明日について考える必要がある。

ⅲ) ра́но「早く」, по́здно「遅く」

Он пришёл **ра́но**. 彼は早くに来た。

それぞれ ра́нний, по́здний の短語尾中性形に似ていますが、微妙に違います。短語尾中性形は ра́нне, по́здне です。

iv）時刻

行為や動作が行われる時刻を表す状況語です。対応する疑問詞は во скóлько あるいは когдá です。時刻の言い方には два часá дéсять минýт「2時10分」のような個数詞（☞ p.305~315）を用いる場合と、дéсять минýт трéтьего のような順序数詞（☞ p.338~339）を用いる言い方があります。それぞれ状況語としての「〜時〜分に」の言い方が少し違いますので、整理しましょう。

◆個数詞を用いた時刻表現で
〔**в**＋時（対格）＋分（対格）〕

「時」と「分」両方が対格になります。

—**Во скóлько**（**Когдá**）вы встаёте?「あなたは何時に起きますか？」
—Я встаю **в семь часóв трúдцать минýт**.「7時30分に起きます」

対格といっても数字を伴っていますので、変化するのは однá минýта「1分」のときだけです（数詞句の変化について詳しくは第15章 ☞ p.315~319）。

Он приéхал **в пять часóв однý минýту**.
彼は5時1分に到着した。

さらに時間帯を特定して「朝の」「夜の」などと言う場合は、生格で修飾します。

в шесть часóв **утрá/вéчера**　朝の／夕方の6時に
в двенáдцать часóв **дня/нóчи**　昼の／夜中の12時に

◆順序数詞を用いた時刻表現で
〔**в**＋分（対格）＋時（順序数詞の生格）〕

対格になるのは「分」のほうで、「時」は生格です。順序数詞による時刻表現は、0時〜1時の0時台を пéрвый「1番目の（時間）」、1時〜2時の1時台を вторóй「2番目の（時間）」と、1時間ずつずれた言い方になることにも注意が必要です。

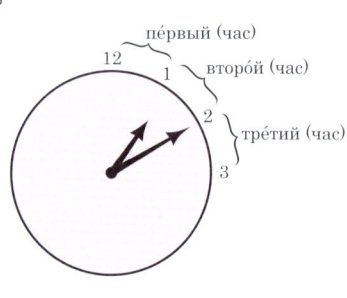

пéрвый (час)
вторóй (час)
трéтий (час)

в три́дцать мину́т девя́того
8時30分に

в одну́ мину́ту шесто́го
5時1分に

полови́на「半、30分」（ p.343~344 ）は в полови́не（前置格）ですが、че́тверть「15分（4分の1）」（ p.343~344 ）は в че́тверть（対格）です。

в **полови́не** пе́рвого　12時半に

в **че́тверть** пе́рвого　12時15分に

ただし、同じ「半」でも пол-（ p.344 　も参照）と順序数詞との合成語の場合は以下のように生格になります。

в **полдеся́того** 9時半に　　в **полвена́дцатого** 11時半に

「в＋順序数詞（前置格）＋часу́」で「〜時過ぎに」くらいの意味になります。часу́ は час「時」の第2前置格です（ p.66~67 ）。

в **пе́рвом часу́**　12時過ぎに　　в **пя́том часу́**　4時過ぎに

v）曜日

行為や動作が行われる曜日を示す状況語です。対応する疑問詞は в како́й день неде́ли か когда́ です。

◆ **в＋曜日（対格）**

—**В како́й день неде́ли（Когда́）** вы прие́хали в То́кио?
「あなたは東京に何曜日に着きましたか？」

—**Во вто́рник**. / **В сре́ду**.
「火曜日です／水曜日です」

vi）日付

行為や動作の行われる日付を示す状況語です。対応する疑問詞は како́го числа́ または когда́ です。

◆ **日付（生格）**

日付を表す順序数詞を生格に変化させることで表現します。

—**Когда́（Како́го числа́）** роди́лся ваш сын?
「息子さんは何日に生まれましたか？」

—Он роди́лся **пе́рвого октября́** две ты́сячи деся́того го́да.
「2010年10月1日です」

月や年を付けるのであれば、後ろに生格で付けてください。日付の生格は「〜日に」という副詞的表現にするための生格ですが、月と年の生格は「〜年〜月の（何日）」という「〜の」の意味の生格です（生格の用法については ☞ p.37~44 ）。

日付なしで「〜月に」、「〜年に」と言いたいときは、〔в＋年／月（前置格）〕です。

в **январе́** (двухты́сячного го́да)　(2000年の) 1月に
в ты́сяча девятьсо́т девяно́сто пя́том **году́**　1995年に

vii）一日の時間帯

一日の時間帯を表す副詞です。名詞と合わせて覚えましょう。

у́тро ➡ у́тром　朝に　　　　день ➡ днём　昼間に
ве́чер ➡ ве́чером　夕方、夜に　ночь ➡ но́чью　夜、夜中に

У́тром я не открыва́л окна́.
朝、私は窓を開けなかった。
Но́чью он мно́го пьёт.
夜中に彼はたくさん飲酒する。

これらは形の上では完全に造格の形をしていますが、辞書では通常名詞とは別の副詞として記載されています（造格については ☞ p.57~64 ）。さらに、限定するためにほかの状況語を伴うことも可能です。

Вчера́ ве́чером он пришёл домо́й вме́сте с дру́гом.
昨日の夜、彼は友人と一緒に帰宅した。
В воскресе́нье у́тром я вста́ла по́здно.
日曜の朝、私は遅くに起きた。
У́тром **пе́рвого января́** никто́ не рабо́тает.
1月1日の朝は誰も働いてない。
Он пришёл домо́й **по́здно** ве́чером.
彼は夜遅くに帰宅した。

その一方で、場合によっては名詞のように形容詞などで修飾することも可能です。

Ле́тним у́тром мы гуля́ли по пля́жу.
夏の朝我々は浜辺を散歩した。

viii) 季節

季節に関する副詞です。名詞と合わせてまとめて覚えましょう。こちらも名詞の造格形と全く同じ形をしていますが、通常辞書などでは副詞として別に記載されています。

весна́ ➡ весно́й　春に　　ле́то ➡ ле́том　夏に
о́сень ➡ о́сенью　秋に　　зима́ ➡ зимо́й　冬に

В Япо́нии уче́бный год начина́ется **весно́й**.
日本では学年は春に始まる。

Ле́том 1991 го́да произошёл переворо́т.
1991年の夏、クーデターが起こった。

b) 時間の長さ

行為や動作の行われる時間の長さを表す状況語です。時間の長さは как до́лго あるいは ско́лько вре́мени などで尋ねます。

Как до́лго (**Ско́лько вре́мени**) вы жи́ли там?
あなたはそこにどのくらいの間住んでいたんですか？

i) до́лго「長い間」、давно́「長い間」

до́лго は単に時間が長いことを示すのに対して、давно́ は行為が現在（あるいは過去の一時点）まで継続していることを示します。

Я вчера́ **до́лго** рабо́тал.
私はきのう長時間働いた。

Я здесь **давно́** рабо́таю.
私はここで長いこと働いている。

Я там **давно́** рабо́тал.
私はそこで長いこと働いていた。

Я **давно́** не курю́.
私は長いことたばこを吸っていない。

давно́ を過去時制の否定文で用いた場合、上のたばこの例で言うと、「長いこと吸っていなかったが久しぶりに吸った」、あるいは「再び吸い始めるかもしれない」という含みを持つことがあります。

Я **давно́** не кури́л.
私は長いことたばこを吸っていなかった。

完了体動詞の過去形で、行為の結果が今まで長期にわたって残っている、という含みを持つことがあります。

Она́ уже́ **давно́** прие́хала в Москву́.
彼女がモスクワにやってきてだいぶ経つ。

Он **давно́** у́мер.
彼が死んでだいぶ経つ。

давно́ は да́вний の短語尾中性形のように見えますが、微妙に違います。短語尾中性形は да́вне です。

ii) 対格形による時間の長さを表す状況語

名詞の対格形で時間の長さを具体的に示します。数詞句によるものや、весь「すべての」、це́лый「まるまるすべての」などを伴う表現が用いられます（数詞句の変化に関しては数詞の章 ☞ p.315~319 ）。

Я жил в Москве́ **два го́да**.
私はモスクワに2年住んでいました。

Он сиде́л там **пять часо́в**.
彼はそこに5時間座っていた。

Подожди́те **одну́ мину́ту**.
1分間（＝ちょっと）待ってください。

Я не спал **всю ночь**.
一晩中眠れなかった。

Она́ рабо́тала **це́лый день**.
彼女は一日中働いていた。

iii) за＋対格「～の間に、～で（してしまう）」

完了体動詞とともに用いて、完了するのに要する時間の長さを表します。

—**За ско́лько вре́мени**（**За ско́лько мину́т**）она́ пригото́вила обе́д?
「彼女はどのくらいの時間で（何分で）昼食を作ってしまったのか？」

—**За де́сять мину́т**（**За час** / **За одну́ мину́ту**）.
「10分間（1時間／1分間）だ」

c）頻度

行為や動作の頻度や回数を表す状況語です。頻度は как ча́сто で尋ねます。

> **Как ча́сто** он слу́шает му́зыку?
> 彼はどのくらいの頻度で音楽を聴くのか？

i）頻度の副詞

頻度を表す副詞には以下のようなものがあります。

всегда́	いつも	обы́чно	ふだんは	ча́сто	しばしば
иногда́	時々	ре́дко	滅多に〜しない		

> Он в маши́не **всегда́/обы́чно/ча́сто/иногда́** слу́шает му́зыку.
> 彼は車の中でいつも／ふだんは／しばしば／時々音楽を聴いている。

ре́дко には否定的な意味があり、否定文で訳すとそのニュアンスをうまく出せることが多いです。

> Он в маши́не **ре́дко** слу́шает му́зыку.
> 彼は車の中で滅多に音楽を聴かない。

ii）対格形による頻度・回数を表す状況語

頻度・回数を表すためには、しばしば以下の2種類の状況語が使われます。いずれも対格形です（数詞句の変化については数詞の章 ☞ p.315~319 ）。

◆ **раз**「回」

「〜に〜回」と言うときは、〔в＋対格〕を用います。

> Она́ звони́т мне **два ра́за в день**.
> 彼女は日に2回電話をよこす。
> Он е́здит в Росси́ю **раз в год**.
> 彼は年に1回ロシアに行く。

◆ **ка́ждый**「毎〜」

> Она́ рабо́тает почти́ **ка́ждый день**.
> 彼女はほとんど毎日働いている。
> В Япо́нии са́кура цветёт **ка́ждую весну́**.
> 日本では毎春桜が咲く。

(3) 空間

　土地や地理的な空間に関する状況語です。特に前置詞の使い方に注意してください。

a) 場所、目的地・方向、出発点

　空間に関わる3つの重要な表現「場所」「目的地・方向」「出発点」は、ある種の体系を成しています。整理しておきましょう。

	場所 「〜で・に」	目的地・方向 「〜へ」	出発点 「〜から」	基本的な意味
疑問詞	Где?	Куда?	Откуда?	
ここ	здесь	сюда́	отсю́да	
そこ あそこ	там	туда́	отту́да	
系列A	в+前置格	в+対格	из+生格	中にいる・ある、中に入る、中から出る
系列B	на+前置格	на+対格	с+生格	上など表面に接触している、接触するまで行く、接触しているところから離れる
系列C	у+生格	к+与格	от+生格	そばにいる・ある、そばまで近づく、そばから離れる

　A, B, C の3系列の使い分けに注意してください。それぞれ基本的な意味としては、「中」か、「上(あるいは表面)」か、「そば」か、の違いです。例えば、以下の例の通りです。

　　в столе́　机の中に(引き出しの中など)　　　на столе́　机の上に
　　у стола́　机のそばに

　ほかにも、「机の中へ」なら〔в+対格〕で в стол、「机の上から」なら〔с+生格〕で со стола́、「机のそばへ、机のほうへ」だったら〔к+与格〕の к столу́ となります。

　系列Cは「そば」ですから、中に入り込むわけにもいかなければ上に乗るわけにもいかないものについて用いられます。人や動物、あるいは点でしかないものがその典型例です。

Она́ рабо́тает **у него́**.
彼女は彼のところで働いている。
Она́ подошла́ **к нему́**.
彼女は彼のほうに近づいた。
Она́ прие́хала **от него́**.
彼女は彼のところから来た。

　一方、机や箱だったら「中」とか「上」といった区別がありますが、「モスクワ」だったらどうでしょう？「学校」は？　このような場合は、中にいるのか上にいるのか決められません。中なのか上なのか決まらない多くのものについては、名詞によってA, B, Cどの系列の前置詞を用いるか決まっていますので、名詞ごとに覚えていくしかありません（前置詞の使い分けの問題なので、詳しくは第13章　p.278-280 ）。

　系列が部分的に変わることはありません。例えば、Москва́「モスクワ」は系列Aですので、в Москве́, в Москву́, из Москвы́ とすべて系列Aのパターンです。по́чта「郵便局」は系列Bですので、на по́чте, на по́чту, с по́чты と系列Bから外れることはありません。ですので、3つの前置詞の使い方は、バラバラに覚えるよりも系列で覚えてしまったほうが合理的です。

b）上下・左右・前後

「場所」「目的地・方向」「出発点」の3つの使い方について、同様に上下・左右・前後を表す副詞をまとめましょう。

	場所 「〜で・〜に」	目的地・方向 「〜へ」	出発点 「〜から」
疑問詞	Где?	Куда́?	Отку́да?
上	наверху́/вверху́	наве́рх/вверх	све́рху
下	внизу́	вниз	сни́зу
左	сле́ва	нале́во/вле́во	сле́ва
右	спра́ва	напра́во/впра́во	спра́ва
前	впереди́	вперёд	спе́реди
後	позади́/сза́ди	наза́д	сза́ди

c）通過点

移動に際して、通過する地点を表す状況語です。

◆**че́рез**＋対格「～を通り抜けて」
Он прошёл **че́рез магази́н**.
彼は店を通り抜けた。
Он перешёл **че́рез у́лицу**.
彼は通りを渡った。

◆**ми́мо**＋生格「～のそばを通り過ぎて」
Он прошёл **ми́мо магази́на**.
彼は店のそばを通り過ぎた。

че́рез は通過点を表します。че́рез доро́гу は「道を渡って」になります。

d）経路の造格

造格によって移動の経路を示すことができます。

Они́ шли **по́лем**.
彼らは草原を歩いていた。
Он идёт **тру́дной доро́гой**.
彼は困難な道を歩いている。
Он е́дет **други́м маршру́том**.
彼は別のコースを行く。
Мы е́хали **моско́вскими у́лицами**.
我々はモスクワの通りを走っていた。

造格を用いた経路の表現は、基本的に広大・長大な空間、例えば по́ле「野原」、лес「森」、пусты́ня「砂漠」などについて使われます。магази́н「店」などのように小さい空間に関しては、たとえそこが通過する経路になっていたとしても、通常は使いません。そのような場合は че́рез を使います。

〔по＋与格〕も経路の意味で使います。

Они́ шли **по э́той у́лице**.
彼らはこの通りを進んでいた。

ただし、こちらは「〜の中を歩き回る」というような場合も使えますので、むしろ移動の範囲とでも言うべきかもしれません。

Мы ходи́ли **по па́рку**.
我々は公園を歩き回った。

e）移動の方法
移動の方法・交通手段などは、さまざまな方法で表現されます。

i）交通手段
乗り物や交通機関などについては、以下のような表現手段があります。対応する疑問詞は на чём、в чём のほか、как などが使われます。

◆ **на**＋前置格
Я е́ду **на велосипе́де** за поку́пками.
私は自転車で買い物に行くところだ。

◆ **в**＋前置格
Сейча́с я е́ду **в маши́не**.
私は今車で走っている。

◆ 造格
Он прие́хал **по́ездом** из Петербу́рга.
彼は列車でペテルブルクからやって来た。

この中で最もよく使われるのは на で、в は自転車や馬、オートバイなど中に入れない乗り物には基本的に使えません。
乗り物が移動手段ではなく、何らかの行為を行う場所を表している場合は в を使います。

Мы спа́ли **в авто́бусе**.
我々はバスの中で寝た。

ii）移動方法に関するいくつかの副詞
移動方法を示す副詞はお互い形も似ていますので、まとめて覚えましょう。

◆ **пешко́м**「歩いて」
Он хо́дит **пешко́м** по всей стране́.
彼は国中を徒歩で歩き回っている。

◆ **верхо́м**「馬に乗って」
　Я люблю́ е́здить **верхо́м**.
　私は馬に乗るのが好きだ。

◆ **бего́м**「走って」
　Она́ к нам прибежа́ла **бего́м**.
　彼女は私たちのところに走ってきた。

補足

- идти́/ходи́ть はそれ自体に「歩いて」という意味が含まれますが、それにさらに пешко́м を加えてもおかしくはありません。
- бежа́ть/бе́гать もそれ自体に「走って」という意味が含まれていますが、さらに бего́м を加えてもおかしくはありません。
- верхо́м と бего́м はそれぞれ верх「上」と бег「走ること」の造格のように見えますが、名詞の造格はそれぞれ ве́рхом と бе́гом で、アクセントが違います。
　Он занима́ется **бе́гом**. 彼はランニングをやっている。（造格）

（4）強め

形容詞などさまざまな品詞を強める副詞です。主なものを紹介します。

a) **о́чень**

程度を強めるのに用います。英語の very と違って、程度や強さを問題にできるものであれば、形容詞や副詞以外に動詞も修飾することができます。

Он **о́чень** у́мный челове́к.
彼はとても賢い人間だ。
Она́ **о́чень** ве́жлива.
彼女はとっても礼儀正しい。
Она́ **о́чень** ча́сто хо́дит в э́тот рестора́н.
彼女はこのレストランに非常に頻繁に通っている。
Я **о́чень** люблю́ свою́ семью́.
私は自分の家族をとても愛している。
Он **о́чень** бои́тся ра́зных боле́зней.
彼はいろいろな病気を非常に恐れている。

не о́чень は「あまり〜ない」です。

Я **не о́чень** интересу́юсь ша́хматами.
私はチェスにはあまり興味がない。

英語の very と同様、比較級を強めるのには使えません（比較級を強める方法は比較級の項を参照 ☞ p.149 ）。

b）мно́го

о́чень が程度を強めるなら、мно́го は量の多さを強める場合に使います。副詞としては動詞しか修飾しません。

Он хо́чет **мно́го** кури́ть. ← кури́ть の量が多い
彼はたくさんたばこを吸いたがっている。

Он **о́чень** хо́чет кури́ть. ← 吸いたがっている程度が強い
彼はとてもたばこを吸いたがっている。

1つ目の文は、一見 мно́го が кури́ть の目的語のように見えますが、目的語がないはずの自動詞でも мно́го を用いて強めることは可能です。

Он **мно́го** рабо́тает.　彼はたくさん働く。
Я **мно́го** гуля́ю.　私はたくさん散歩する。

逆に少ない場合、「少し〜する」なら немно́го、「あまり・ほとんど〜しない」なら ма́ло を使います。

Он сего́дня **немно́го** поза́втракал.
彼は今日少し朝食を食べた。

Я **ма́ло** хожу́ в туале́т.
私はトイレにあまり行かない。

c）сли́шком

「〜すぎる」ことを意味します。形容詞、副詞、時に動詞も修飾できます。

Твоё мне́ние **сли́шком** субъекти́вное.
君の意見は主観的すぎる。

Он **сли́шком** бы́стро говори́т.
彼は速く話しすぎる。

Она́ **сли́шком** спеши́ла.
彼女は慌てすぎていた。

d) почти́

「ほぼ、ほとんど」などと、限界あるいは100％に限りなく近づいていることを示します。数詞、形容詞、副詞、時に動詞など、さまざまな品詞を修飾します。

Почти́ сто лет наза́д здесь роди́лся мой праде́душка.
ほぼ100年前、ここで私のひいおじいさんが生まれた。

Кни́га была́ **почти́** непоня́тна.
その本はほとんどわからなかった。

Она́ опа́здывает **почти́** всегда́.
彼女はほぼ必ず遅刻する。

Я рабо́таю **почти́** ка́ждый день.
私はほぼ毎日働いている。

Он уже́ **почти́** привы́к.
彼はもうほとんど慣れた。

（5）文副詞

ここまでに紹介した状況語は、すべて動詞や形容詞、副詞、名詞など特定の語を修飾するものでしたが、状況語の中には文全体を修飾する<u>文副詞</u>と呼ばれるものがあります。厳密に分類することは不可能ですが、以下にいくつかのタイプをご紹介します。なお、文副詞は文頭、文中、文末などさまざまな位置に置くことができますが、いずれの場合でも「,」で区切ります。文のさまざまな位置に入れることができることから、<u>挿入語</u>とも呼ばれます。

Коне́чно, он сча́стлив.
Он, **коне́чно**, сча́стлив.　　もちろん、彼は幸せだ。
Он сча́стлив, **коне́чно**.

◆ 蓋然性を示すもの
безусло́вно　疑いもなく　　коне́чно　もちろん
есте́ственно　当然　　должно́ быть　〜に違いない
вероя́тно　多分　　по-ви́димому　多分

наве́рное　恐らく　　　　мо́жет быть　ひょっとすると
ка́жется　〜のようだ　……

◆情報源を示すもの
по-мо́ему　私の考えでは
по слова́м＋生格　〜の言葉によれば
по сообще́нию＋生格　〜が知らせるところでは
говоря́т　〜と言われている　……

◆話者の感情・心理状態を示すもの
к сча́стью　幸せなことに
к сожале́нию　残念だが
к ра́дости　うれしいことに　……

◆論理の流れを示すもの
зна́чит　つまり　　　　одна́ко　しかし
тем не ме́нее　それでも　во-пе́рвых　まず第1に
во-вторы́х　第2に　　　впро́чем　ところで
с одно́й стороны́　一方では
с друго́й стороны́　もう一方では
одни́м сло́вом　一言で言うと
други́ми слова́ми　別の言葉で言うと
ина́че　別の言い方をすると
коро́че говоря́　手短に言うと
открове́нно говоря́　率直に言って
сле́довательно　したがって　……

◆聞き手への注意喚起
понима́ете　わかりますか
зна́ешь　ご存じですか
извини́те　すみません　……

3. 述語副詞

（1）述語副詞とは

　ロシア語には、もっぱら無人称文（☞ p.351~354）の述語として用いる語があります。これらのうち、無人称動詞（☞ p.351~354）以外のものは一切変化することがありません。無人称文には主格の主語がありませんから、当然です。ロシア語の文法では、もっぱら無人称文の述語として用いられ変化しないこのような語を、以下の例にある хо́лодно「寒い」のように形容詞から派生したものも含めて、しばしば副詞であると考えます。しかし普通の副詞とは明らかに使い方が違いますので、区別して述語副詞と呼ばれます。

　述語副詞を用いた無人称文は、過去形は бы́ло を、未来形は бу́дет を追加することで表現します（быть の現在形は普通省略されます）。無人称文ですので、それ以上の変化は起こりません。いくつか例を見てみましょう。

Нам на́до мно́го чита́ть.
私たちはたくさん読書する必要がある。
Сего́дня **бы́ло хо́лодно**.
今日は寒かった。
Ско́ро **бу́дет тепло́**.
まもなく暖かくなるだろう。

　意味上の主語、つまりそのように感じる主体「〜は、〜にとって」は、与格か〔для + 生格〕で表します。

Нам о́чень **хо́лодно** на Хокка́йдо.
北海道は我々にとって非常に寒い。
Для меня́ здесь сли́шком **ти́хо**.
私にとってここは静かすぎる。

　быть 以外にも、станови́ться/стать「〜になる」、оказа́ться「〜だとわかる」などほかの動詞を使うことがあります。

В ко́мнате **стано́вится тепло́**.
部屋の中は暖かくなっていく。
Мне **ста́ло ве́село**.
私は明るい気持ちになった。

Чита́ть по-ру́сски **оказа́лось трудне́е**.
□ シア語を読むのはより難しいことがわかった。
　＊述語副詞が不定形を従える場合については、下の b) の項目も参照。

（2）述語副詞のタイプ

述語副詞には以下のようなタイプのものがあります。

a）天候・環境

形容詞の短語尾中性形を述語副詞として用います。

В То́кио **ду́шно**.
東京は蒸し暑い。

У́тром бы́ло **прохла́дно**.
朝は涼しかった。

Но́чью в ко́мнате бу́дет **темно́**.
夜中部屋の中は暗いだろう。

b）心理状態

多くは形容詞の短語尾中性形を用いる点で、天候・環境の場合と同じです。

Мне **стра́шно**.
私は恐ろしい。

Для него́ бы́ло **прия́тно**.
彼にとって心地よかった。

しばしば不定形を従え、「～するのは～だ」という意味になります。

Вам **интере́сно** чита́ть кни́ги?
あなたは本を読むのがおもしろいですか？

Мне **тру́дно** изуча́ть ру́сский язы́к.
私にとってロシア語を勉強するのは難しい。

жаль「惜しい、残念だ」は形容詞の短語尾中性形ではありませんが、このグループに入ります。

Мне **жаль** плати́ть таки́е де́ньги.
私はこんなお金を払うのが惜しい。

Жаль, что она́ сего́дня не придёт.
今日彼女が来ないのが残念だ。

（3）可能、必要性・義務など

形容詞の短語尾中性形のものもありますが、それとは関係のない独自の形のものも多くあります。しばしば後ろに不定形を従えます（不定形の体による意味の違いについては ☞ p.187~189 ）。

a）可能・不可能

行為の可能や不可能を表すものです。

| мо́жно | できる | нельзя́ | できない、してはいけない |
| возмо́жно | 可能だ | невозмо́жно | 不可能だ |

— **Мо́жно** смотре́ть?
「見てもいいですか？」
— Нет, **нельзя́**.
「いいえ、だめです」
Для нас **невозмо́жно** оста́ться друзья́ми.
我々が友人のままでいることは不可能だ。

> 補足
>
> нельзя́ は мо́жно の否定形です。не мо́жно とは言いません。

b）必要性・義務

行為の必要や義務を表すものです。

| на́до | 必要だ | ну́жно | 必要だ |
| необходи́мо | 必要不可欠だ | пора́ | ～すべき時間だ |

Нам на́до идти́.
我々は行かなければならない。
Ну́жно бы́ло поду́мать.
少し考える必要があった。
Нам **необходи́мо** реша́ть э́ти пробле́мы.
我々はこれらの問題を解決する必要がある。
Уже́ **пора́** включа́ть свет.
もう明かりをつける時間だ。

пора́ は女性名詞のように見えますが、あくまで無人称述語で、過去形になると бы́ло пора́ と動詞が中性形になります。

Бы́ло пора́ ложи́ться спать. ベッドに入る時間だった。

ただし быть ではなくほかの動詞だと、中性形ではなく女性形になります。次の例は無人称文ではありません。пора́ も無人称述語ではなく、主格の女性名詞で動詞 наступи́ла の主語です。

Наступи́ла пора́ сказа́ть пра́вду. 真実を言う時が来た。

4. 一致する状況語

状況語は原則的に、それ以上変化することはありません。しかし、中には主語に合わせて変化を求められるものもあります。以下のものは動詞を修飾する状況語的な使い方をしていますが、いずれも主語の性・数に合わせて一致します。

◆ **оди́н**「一人で、～だけで」(変化は ☞ p.311)
  Он живёт **оди́н**.
  彼は一人で住んでいる。
  Она́ была́ там **одна́**.
  彼女はそこに一人でいた。
  Они́ верну́лись **одни́**.
  彼らは彼らだけで戻ってきた。

◆ **сам**「自分で、自身で、～自体」(変化は ☞ p.108)
  Я всё сде́лаю **сам**.
  私はすべて自分でやる。
  Она́ **сама́** не пришла́.
  彼女自身は来ていない。
  Они́ у́чатся **са́ми**.
  彼らは自分で勉強している。

◆ 長語尾形容詞の状況語的用法
  形容詞は短語尾中性形にすることで様態の状況語として広く用いられますが (☞ p.248~249)、それとは別に「(主語が)～な状態で」という意味の状況語として長語尾形容詞を用いることがあり、その場合は主語の性・数に合わせて変化します。格は主格と造格が可能です。

Он танцу́ет **го́лый/го́лым**.
彼は裸で踊っている。
Она́ пришла́ домо́й **пья́ная/пья́ной**.
彼女は酔っ払って帰宅した。
Лю́ди шли **уста́лые/уста́лыми**.
人々は疲れ果てて歩いていた。

第13章 前置詞

前置詞は必ず名詞を伴ういわゆる付属語の1つです。名詞とともに1つの句を形成することで、文中でさまざまな役割を果たすことができます。

1. さまざまな前置詞

前置詞は名詞とともに1つの句（**前置詞句**）を形成し、文中でさまざまな役割を果たします。

Я рабо́таю **на заво́де**.
私は工場で働いている。（**場所**）

За́втра он придёт **к нам**.
明日彼が私たちのところに来る。（**目的地**）

В воскресе́нье магази́н не рабо́тает.
日曜日は店はやってない。（**時間**）

Я живу́ **с бра́том**.
私は兄と住んでいる。（**行為をともに行う相手**）

Он рабо́тает **для семьи́**.
彼は家族のために働いている。（**受益者**）

本章では前置詞に関するいくつかの問題を見ていきます。

（1）語源から見た前置詞

前置詞にはさまざまな種類があります。まず第一に、前置詞には**本来的前置詞**と**複合前置詞**があります。本来的前置詞とは、ほかの語から派生したものではなく、そもそもその成り立ちから前置詞である（と少なくとも現代ロシア語では考えられる）前置詞です。複合前置詞とは、ほかの品詞や複数の語から派生してできている前置詞です。

本来的前置詞には格支配や意味が1つだけではないものが少なくありません。以下、本来的前置詞を挙げていきますが、意味は代表的なものです。ほかにどんな意味があるのかは、ぜひ辞書で確認してください。

13.1 さまざまな前置詞

	本来的前置詞	
	格支配	代表的な意味
без	生格	〜なしの、〜なしで
в	対格 前置格	〜へ 〜で
для	生格	〜のために
до	生格	〜まで
за	対格 造格	〜の向こうへ、〜に賛成して 〜の向こうで
из	生格	〜の中から
к	与格	〜のほうに
кро́ме	生格	〜以外
ме́жду	造格	〜の間に
на	対格 前置格	〜の表面へ 〜の表面で
над	造格	〜の上 (上空) で
о	対格 前置格	〜にぶつかって 〜について
от	生格	〜のそばから
пе́ред	造格	〜の前で
по	与格 対格 前置格	〜を (移動の範囲)、〜ずつ 〜まで 〜の後で
под	対格 造格	〜の下へ 〜の下で
при	前置格	〜の時に
про	対格	〜について
ра́ди	生格	〜のために
с	生格 対格 造格	〜の表面から 約〜 〜と
у	生格	〜のそばに
че́рез	対格	〜を通って

その一方で、ほかの語から派生してできた複合前置詞は格支配も意味もほとんどの場合1つずつです。複合前置詞はすべてを挙げることはできませんので、以下に示すのはその主なものです。

複合前置詞		
	格支配	代表的な意味
вблизи́	生格	～の近くに
вме́сто	生格	～の代わりに
внутри́	生格	～の中に
вокру́г	生格	～のまわりに
впереди́	生格	～に先だって
всле́дствие	生格	～の結果
исключа́я	生格／対格	～を除いて
каса́тельно	生格	～に関して
ми́мо	生格	～のそばを通って
напро́тив	生格	～の向かいに
насчёт	生格	～に関して
о́коло	生格	～のまわりに、約～
относи́тельно	生格	～に関して
по́сле	生格	～の後
посре́дством	生格	～によって
про́тив	生格	～に向かって、～に反対して
путём	生格	～によって
благодаря́	与格	～のおかげで
вопреки́	与格	～に反して
напереко́р	与格	～に逆らって
подо́бно	与格	～に似て
согла́сно	与格	～に従って
спустя́	対格	～を経て

　複合前置詞は生格支配のものが多いのが特徴的です。また、名詞語源のもの（посре́дством, путём ...）、〔前置詞＋名詞〕から成るもの（вме́сто, вокру́г ...）、副詞語源のもの（относи́тельно, подо́бно ...）、副動詞語源のもの（благодаря́, спустя́ ...）など、さまざまな成り立ち

のものがあります。つまり、путём なら名詞 путь の造格形ですし、вме́сто なら前置詞 в とその目的語である名詞 ме́сто から成るわけです（もちろん、ある程度の知識がなければ、その成り立ちがわからないものもあります）。

さらには、**合成前置詞**として複数の語で1つの前置詞の役割を果しているものもあります。いくつか紹介しましょう。

合成前置詞

	格支配	代表的な意味
вме́сте с	造格	〜と一緒に
незави́симо от	生格	〜に関わらず
ря́дом с	造格	〜と並んで
согла́сно с	造格	〜に従って
в сравне́нии с	造格	〜と比べて
по отноше́нию к	与格	〜に関して
несмотря́ на	対格	〜に関わらず

こうなってくると、単なる熟語とどう違うのかは極めてあいまいになります。例えば、

Он рабо́тает у бра́та дру́га. 彼は友人の兄のところで働いている。

という例文で、у бра́та の部分が生格の目的語を要求する「〜の兄のところで」という意味の合成前置詞と考えることができないとは言い切れません。つまり、前置詞はその境界線が非常にあいまいなもので、その境界線付近では、必ずしもほかの品詞との明確な区別が可能なわけではありません。

合成前置詞ほどではないにせよ、複合前置詞もほかの品詞と境界線があいまいであることには変わりありません。例えば、путём＋生格「〜によって」は、生格支配の前置詞ではなく、名詞 путь「方法」の「道具・手段」の意味の造格形に生格名詞を付けているだけ（つまり、「〜という方法によって」という意味）ではない、と言い切ることはなかなか難しいものがあります。

前置詞の中には、その中心に本来的前置詞のようにいかにも前置詞らしい「典型的な」前置詞もありますが、一方で「前置詞なのかそうでないのかあいまいな」前置詞もたくさんある、ということです。

（2）前置詞の特徴

前置詞の特徴をいくつか見てみましょう。前置詞に関しては、以下の特徴がしばしば挙げられています。

① **アクセントがない。**
  в Москве́　モスクワで　　　　на заво́де　工場で
  обо мне́　私について　…
② **3人称の代名詞が目的語になると、子音 н- が前接される**（☞ p.99）。
  к нему́　彼のところへ　　　　о ней　彼女について
  с ни́ми　彼らと　…
③ **相互代名詞 друг дру́га**（☞ p.109）**が目的語になる場合、前置詞は друг と дру́га の間に入る。**
  друг о дру́ге　お互いについて　　друг с дру́гом　お互いと
  друг к дру́гу　お互いのほうへ　…
④ **概数「約、およそ〜」を表すために数詞と名詞を倒置する場合**（☞ p.340）**、前置詞は名詞と数詞の間に置かれる。**
  мину́т че́рез пять　約5分後　　часо́в в де́сять　10時頃
  же́нщин у десяти́　10人ぐらいの女性のところで　…

ただし、これらの振る舞いはあくまでも「典型的な」前置詞の話であって、前置詞によってはしばしば異なった振る舞いを見せることもあります。たとえば、①で前置詞はアクセントがないとされていますが、вблизи́「〜の近くに」、о́коло「〜のまわりに」、благодаря́「〜のおかげで」など複合前置詞には普通アクセントがあります。本来的前置詞の中でも че́рез「〜後」や пе́ред「〜の前」などは辞書でアクセントが記されている場合とない場合がありますし、また記されていても第2アクセント（つまり、弱いアクセントとして）とされていることもあります。本書では、このような本来的前置詞の第2アクセントをとくに区別せず、アクセントがあり得る場合は、「あり得るとしたらどこにあるのか」を示すために通常のアクセント記号を付してあります。

また、②についても、複合前置詞は н- の前接がない場合が多く、благодаря́「〜のおかげで」、подо́бно「〜に似て」、согла́сно「〜に従って」、спустя́「〜を経て」など н- の前接がないほうがむしろ普通なものもあります。

③の相互代名詞を目的語とした場合や④の「約、およそ～」の意味の倒置の場合も、同様に複数の可能性があります。本来的前置詞については друг と друга の間、数詞と名詞の間に置かれるのが通常ですが、典型的ではないものほどその傾向は下がり、上述の благодаря などの複合前置詞では благодаря друг другу「お互いのおかげで」とか спустя́ мину́т де́сять「約10分過ぎて」とするほうがむしろ普通です。

概して本来的前置詞は複合前置詞より「典型的」と言えます。またその中でも短いものほど、より「典型的な」前置詞と考えてよいでしょう。しかし、その区分は明確に「ここからここまで」と言えるような性質のものではないので、あくまでも緩やかな傾向として捉えてください。記憶にとどめておいていただきたいことは、<u>前置詞は決して一様なものではない</u>ということです。

(3) 注意すべき前置詞の使い方

ここではさまざまな前置詞のうち、とくに注意すべきものについて説明します。

a)〔по＋数詞＋名詞〕「～ずつ」

по という前置詞は非常に多くの用法を持つ前置詞です（一度辞書をざっとご覧になることをおすすめします）が、その中でもとくに複雑なのが〔数詞＋名詞〕、つまり数詞句（☞ p.315 ）を目的語とする用法です。「1つずつ」とか「5人ずつ」のような、「～ずつ」という意味の場合です。

i) 格支配について

「～ずつ」の по がどの格を支配するかは、数詞によって決まります。

◆ 数詞が「1」のときは与格

Мы получи́ли **по одному́**（**по два́дцать одному́**）**до́ллару**.
我々は1ドル（21ドル）ずつ受け取った。

合成数詞（☞ p.306~307 ）の場合、下一桁の「1」は与格になりますが два́дцать のほうは与格に変わっていません。また、数詞が「1」だけの場合は数詞は省略できます。

Мы получи́ли **по до́ллару**. 我々は1ドルずつ受け取った。

当然、合成数詞 двадцать одному́ の одному́ は省略できません。

◆ 数詞が「2」以上の場合は対格形（数詞句の変化については ☞ p.315~319 ）

Они́ спа́ли **по два часа́**.
彼らは2時間ずつ睡眠を取った。

В ка́ждую ко́мнату вошли́ **по пять ма́льчиков**.
それぞれの部屋に少年が5人ずつ入った。

Студе́нты получи́ли **по сто рубле́й**.
彼らは100ルーブルずつ受け取った。

補足

普通、〔2, 3, 4 + 活動体名詞〕は、対格の場合、以下のように生格形と同じになります（☞ p.316-317 ）。

Они́ пригласи́ли **трёх же́нщин**.　彼らは3人の女性を招いた。

しかし、по の目的語の場合、活動体でも生格と同じ形にはなりません。

Они́ пригласи́ли **по три же́нщины**.　彼らは3人ずつ女性を招いた。

◆ 数詞が「1,000」以上の場合、数詞は与格形、名詞は複数生格形のまま

Он зараба́тывает **по ты́сяче (миллио́ну) иен** в ме́сяц.
彼は月に1,000 (100万) 円ずつ稼ぐ。

「2,000」とか「500万」というように、ты́сяча や миллио́н をさらに修飾する数詞がある場合は、その数詞のやり方で。

Он зараба́тывает **по две ты́сячи (по пять миллио́нов) иен** в ме́сяц.

> それぞれ2と5なので対格形。

彼は月に2,000 (500万) 円ずつ稼ぐ。

ii) 主語・対格補語として

〔по + 数詞 + 名詞〕は構造上は前置詞句ですが、主語になることもできます。その場合、動詞は過去形なら中性形か複数形、現在・未来形なら3人称単数形か3人称複数形になります。

В конфере́нциях уча́ствовало/уча́ствовали **по два студе́нта**.
会議には2人ずつ学生が参加した。

На э́тих заво́дах рабо́тает/рабо́тают **по во́семь маши́н**.
これらの工場では8台ずつの機械が稼働している。

また、対格の直接補語（☞ p.56, p.348）としても使えます。

Они́ изуча́ют по три языка́.
彼らは 3 つずつ言語を勉強している。

ただし、あくまでも主格主語と対格の直接補語としてのみで、ほかの格の補語としては用いることができません。上の例の изуча́ть「勉強する」は補語に対格を要求しますが、下の例の занима́ться「勉強する」は造格を要求しますので、次のように補語として「по ～」を使うことはできません。

✕ **Они́ занима́ются по три языка́.**
彼らは 3 つずつ言語を勉強している。

b) в と на の使い分け

場所を表す前置詞〔в + 前置格〕と〔на + 前置格〕の使い分けは、基本的に「中に」と「上・表面に」の違いでしたが（☞ p.258~259）、実際には「中」や「上」などの実際の位置関係によって決められず、名詞によって決まっていることも多くあります（☞ p.259 も参照）。このような場合の в と на の使い分けは、結局は一つ一つ覚えていくのが最良の策でしょうが、以下のようにある程度の目安はあります。これですべてが予想できるわけではありませんが、参考にしてください。

なお、場所を表すのに〔в + 前置格〕を使う名詞であれば、方向・目的地は〔в + 対格〕、出発点は〔из + 生格〕で、〔на + 前置格〕ならばそれぞれ〔на + 対格〕、〔с + 生格〕になります。この関係が崩れることはありません（第 12 章「副詞と状況語」も参照 ☞ p.258）。

в を用いる名詞の例	
国や都市、行政区域など	страна́ 国　　　　　　　госуда́рство 国家 Росси́я ロシア　　　　　Япо́ния 日本 Москва́ モスクワ Санкт-Петербу́рг サンクトペテルブルク То́кио 東京　　　　　　дере́вня 村 райо́н 地区　　　　　　о́бласть 州 край 地方　　　　　　　Сиби́рь シベリア Евро́па ヨーロッパ　　　А́зия アジア　……
建造物、施設など	дом 家　　　　　　　　 кварти́ра マンションなどの一戸 больни́ца 病院　　　　 шко́ла 学校 университе́т 大学　　　ко́мната 部屋 аудито́рия 教室　　　　зал ホール

	гости́ница ホテル музе́й 博物館 банк 銀行	магази́н 店 общежи́тие 寮 посо́льство 大使館 ……
自然環境や気候帯など	пусты́ня 砂漠 тайга́ タイガ Анта́рктика 南極地方	степь ステップ地帯 А́рктика 北極地方 ……
山岳地帯（複数）	А́льпы アルプス Пирене́и ピレネー	Карпа́ты カルパチア ……

на を用いる名詞の例		
一部の国や都市、行政区域など	ро́дина 祖国・故郷 Кавка́з*2 コーカサス Хокка́йдо*2 北海道 *1 方位が на なので	Да́льний восто́к*1 極東 Филиппи́ны*2 フィリピン Аля́ска*2 アラスカ …… *2 山や島や半島が на なので
一部の建造物、施設など	по́чта 郵便局 фа́брика 工場 ры́нок 市場 ста́нция 駅	заво́д 工場 факульте́т 学部 вокза́л 駅 остано́вка 停留所 ……
平面で人や物がその表面に存在する場所	пло́щадь 広場 проспе́кт 大通り доро́га 道路 балко́н バルコニー земля́ 大地	у́лица 通り шоссе́ 街道 эта́ж 階 стадио́н スタジアム сце́на 舞台 ……
島・半島など	о́стров 島 матери́к 大陸 Хокка́йдо 北海道 Гава́йи ハワイ Камча́тка カムチャツカ	полуо́стров 半島 контине́нт 大陸 Сахали́н サハリン Яма́йка ジャマイカ ……
山岳地帯（単数）	Ура́л ウラル Алта́й アルタイ	Пами́р パミール ……
方位	восто́к 東　за́пад 西　юг 南　се́вер 北	
出来事、催し物、行為など	ле́кция 講義 уро́к 授業 экза́мен 試験 конфере́нция 会議 собра́ние 集会 экску́рсия 遠足 рабо́та 仕事	заня́тие 授業 конце́рт コンサート ми́тинг ミーティング заседа́ние 会議 ко́нкурс コンクール курс 大学の学年 ……

＊ Украи́на「ウクライナ」については伝統的に на を用いていましたが、近年ではほかの国名と同様に в を用いる傾向が強くなっています。ただし、まだ на が使われることもあります。

> **補足**
>
> 海、川、湖などは、岸辺なら на、中に入るなら в を用いますが、必ずしも厳密な使い分けではありません。
>
> отдыха́ть на Чёрном мо́ре　黒海で休息を取る
> купа́ться в Чёрном мо́ре　黒海で海水浴する

c)「〜について」の **о**, **про**, **по**

〔о + 前置格〕はほかと比べて特殊なニュアンスがなく中立的で、この中では最もよく使われます。それに対して〔про + 対格〕はどちらかと言えば口語的で、話し言葉などで頻繁に用いられる形です。

— **О чём** / **Про что** ты ду́маешь?「何について考えているの？」
— Я ду́маю **о тебе́** / **про тебя́**.「君のことを考えている」

一方、〔по + 与格〕は学問分野・領域についての場合に用いられ、もっぱら名詞を修飾するのに使われます。

ле́кция **по эконо́мике**　経済学に関する講義
уче́бник **по ру́сской исто́рии**　ロシア史の教科書
специали́ст **по таки́м вопро́сам**　このような問題についての専門家

d)「〜の前の」の **до** と **пе́ред**、および **(тому́) наза́д**

〔до + 生格〕は「〜の前・〜までの期間」を表します。それに対して〔пе́ред + 造格〕は「〜前の一時点」を示し、しばしば「直前」という意味で用いられます。

До войны́ мы с ним ча́сто е́здили в Ленингра́д.
戦前私は彼としばしばレニングラードに行った。（戦争前の時代）
Пе́ред войно́й мы с ним е́здили в Ленингра́д.
戦争の前に私は彼とレニングラードに行ってきた。（戦争の前のあるときに）
До обе́да я всегда́ у себя́ в ко́мнате.
昼食前（≒午前中）私はいつも自室にいる。
Пе́ред обе́дом я обы́чно пью ко́фе.
昼食前に普通私はコーヒーを飲む。

また、〔対格 + (тому́) наза́д〕は時間の長さを示す語句を伴い、今からどれだけさかのぼった時点かを示すのに用います。тому́ はなくても構いません。

Два го́да тому́ наза́д мы купи́ли кварти́ру.
2年前に我々はマンションを買った。
Мину́ту наза́д я ничего́ не знал.
1分前には私は何も知らなかった。

なお、наза́д は文法的には副詞に分類されます。

e) 「〜後」の **по́сле** と **че́рез**

〔по́сле + 生格〕は「出来事の後」で、〔че́рез + 対格〕は「一定の経過時間の後」です。

По́сле войны́ мы верну́лись домо́й.
我々は戦後故郷に帰った。
Что ты бу́дешь де́лать **по́сле обе́да**?
昼食後 (≒午後) 君は何をするの？
Он придёт **че́рез пять мину́т**.
彼は5分後にやって来る。
Что бу́дет **че́рез де́сять лет**?
10年後には何があるのか？

ちなみに、この2つを組み合わせて以下のように言うこともできます。

Че́рез три́дцать мину́т по́сле еды́ он до́лжен принима́ть табле́тки.
食後30分で彼は錠剤を飲まなければならない。

f) 「通り過ぎる」ことを表す **че́рез** と **сквозь, ми́мо**

〔че́рез + 対格〕は「〜を通り抜けて」であるのに対して、〔ми́мо + 生格〕は「〜の脇、前を通り過ぎて」です (第12章副詞と状況語も参照 ☞ p.260)。

Он прошёл **че́рез магази́н**. 彼は店を通り抜けた。
Он прошёл **ми́мо магази́на**. 彼は店の前を通り過ぎた。

〔сквозь + 対格〕も「〜を通り抜けて」ですが、こちらはしばしば「困難・障壁を通り抜けて、貫いて」ということを含意します。

Он пробра́лся **сквозь толпу́** к ней.
彼は彼女のほうに向かって群衆の間を何とか通り抜けた。
Сквозь кры́шу растёт де́рево.
屋根を貫いて木が生えている。

g) что за 〜「どのような」

что за 〜 は「どのような」という意味の成句です（≒какой 〜 ☞ p.111~112）。この場合、前置詞 за の目的語の位置に来る名詞は主格になります。

Что это за **человек/женщина**?　これはどういう人物／女性だ？

原則として、前置詞の目的語が主格になることはありません。断言するには難しい問題がありますが、これが唯一の例外と言えるかもしれません。

2. 前置詞が形を変えるとき

前置詞も形を変えることがあります。名詞や動詞の語形変化とは異なり、基本は発音の都合から形を変えるだけですが、その他の理由も加わります。1つずつ整理しましょう。

（1）о が添加される場合

子音終わりの本来的前置詞（в, к, с, без, из, над, от, перед, под, через、詳しくは ☞ p.271~272 ）は、しばしばそのあとに母音 о が添加されることがあります。その中でも最も頻繁に о の添加が起こるのは в, с で、それに к が続きます。また、逆に через は最もこれが起こりにくい子音終わりの前置詞と言えましょう。

以下、もう少し具体的に説明します。ただし、いずれも100％そうなる、というわけではありません。単語によっても傾向に違いがあり、時に規則通りにならないこともあります。

①**前置詞 в は次の条件で о が付く。**

$\begin{Bmatrix} в \\ ф \end{Bmatrix}$ +子音　で始まる単語の前で **во** になる

во Владивостоке　ウラジオストクで
во Франции　フランスで
во вторник　火曜日に
во второй мировой войне　第2次世界大戦で

13.2 前置詞が形を変えるとき

②**前置詞 с は次の条件で о が付く。**

$$\begin{Bmatrix} с \\ з \\ ш \end{Bmatrix} + 子音\quad で始まる単語の前で\ co\ になる$$

со ско́ростью зву́ка　音速で
со свои́ми друзья́ми　自分の友人たちと
со зву́ком орке́стра　オーケストラの音を伴って
со шпио́ном　スパイと

③**1音節でかつ出没母音が消えた語の前で о が付く（特に в, к, с）。**

во льду　氷の中で（<лёд）　　**ко** льду　氷のほうへ
во рту　口の中で（<рот）　　**ко** рту　口のほうへ
во сне　夢の中で（<сон）　　**ко** сну　夢のほうへ
со льдом　氷を入れて　　　　**безо** льда　氷なしで
со рта　口から　　　　　　　**надо** лбом　額の上で（<лоб）
со сном　夢と

名詞によっても傾向に違いがあります。例えば лёд「氷」は比較的前置詞への о の添加を引き起こしやすい傾向にありますが、同じように出没母音を含む名詞でも день「日」はそれが起こらないほうがむしろ普通です。

④**мно́го, весь の前で о が付く（特に в, к, с）。**

во мно́гих слу́чаях　多くの場合
ко мно́гим веща́м　多くのものに
со мно́гими друзья́ми　多くの友人と
во всём ми́ре　全世界で
ко всем ма́льчикам　すべての少年たちに
со все́ми това́рищами　すべての同僚と

⑤**人称代名詞 я「私」の変化形のうち、мн- で始まる変化形の前で о が付く。**

во мне　私の中に　　　　　**ко** мне　私のほうに
со мной　私と一緒に　　　　**надо** мной　私の上で
пе́редо мной　私の前で　　　**подо** мной　私の下で

⑥ что (чего́, чему́ などほかの変化形は除く) の前で о の添加が行われることがある。

特に во что は普通に使われる形です。

⑦ 慣用表現で о の添加が起こるものがある。

во-пе́рвых 第一に　　　　　**во** и́мя ～の名において、～のために
изо дня в день 日々

(2) о/об/обо

о「～について」だけは、о/об/обо の 3 つの形があります。

母音 а, и, у, э, о の前で об になります。

об Аме́рике アメリカについて　　**об** Ита́лии イタリアについて
об уро́ке 授業について　　　　　**об** э́том これについて
об Оса́ке 大阪について

なお、и 以外の軟母音 (я, ю, е, ё) の前では、о/об 両方の形が見られますが、今のところ о のほうがより広く使われており、より望ましい形とされているようです。

о/об Япо́нии 日本について　　**о/об** ёлке もみの木について

о が обо になるのは、**обо** мне, **обо** всё, **обо** что においてです。また、**о/обо** всём, **о/обо** всей, **о/обо** всех では о/обо 両方の形が見られます。

3. 前置詞へのアクセント移動

典型的な前置詞はアクセントを持たないので (👉 p.275)、前置詞とその目的語からなる句 (前置詞句) において、通常アクセントは目的語の名詞などにのみ置かれ、前置詞にはアクセントはありません。

しかし、前置詞にアクセントが移動して目的語の名詞のアクセントがなくなる場合があります (以下の例において前置詞にアクセント記号がある場合、名詞のほうにはアクセントがないことを意味します)。

（1）特定の慣用句のアクセント移動

これらは一つ一つ覚えていくしかありません。

бóк ó бок　肩を並べて
зýб нá зуб не попадáет　（恐怖や寒さで）歯の根が合わない
зá городом　郊外で
дó смерти　死ぬほど
нá дом　家へ　……

（2）за, на, по のアクセント移動

за, на, по の3つの前置詞は、ほかの前置詞よりアクセントが置かれることが多く見られます。原則的に、名詞の語頭が「子音＋母音」の場合と、名詞に修飾語が付いていない場合に限られます。

そのパターンをいくつか見てみましょう。ただし、決まった慣用句を除けば、必ずしもこの通りになるわけではありません。話者による違いなど、さまざまな要因によって違うことがあります。

a）за＋対格
- ◆「～の向こうへ、後に」
  уйтú зá гору　山の向こうへ去る
  положúть рýку зá спину　背中の後ろに手を置く
- ◆力を加える点
  держáть зá руку　手をつかむ
  схватúться зá голову　頭を抱え込む
- ◆「～の間に（～してしまう）」
  сдéлать зá год　1年でやってしまう
  прочитáть всё зá день　1日で全部読んでしまう

b）на＋対格
- ◆何かが向けられる表面
  спустúть нá воду　（船を）水に落とす（＝進水させる）
  смотрéть нá пол　床を見る

285

◆ 体を支えるもの
　встать **на́ ноги**　足で立つ
　лечь **на́ спину**　背中から横になる
◆ 期間
　запасти́сь **на́ год**　1年分蓄える
　растяну́ть **на́ день**　1日引き延ばす
◆ 差
　моло́же **на́ год**　1歳若い
　по́зже **на́ час**　1時間遅い

c）по＋与格
◆ 移動の範囲・領域
　идти́ **по́ полю**　草原を行く
　ходи́ть **по́ морю**　(船などが)海を進む
　рассыпа́ться **по́ полу**　床に散らばる

d）数詞

　数詞が目的語になっている場合、用法・意味などに関係なく前置詞へのアクセントの移動が可能です。

　раздели́ть **на́ два**　2で割る

　ただし、сто оди́н「101」、со́рок семь「47」のような合成数詞（ p.306~307 ）や概数を表す два-три「2、3の」などでは、原則として前置詞へのアクセントの移動は起こりません。

第14章 接続詞と節構造

接続詞は、文と文、句と句、語と語をつなぐ役割を果たしている品詞で、例えば、и, и́ли, но, что, хотя́, когда́, е́сли…などがそれにあたります。本章ではさまざまな接続詞とその種類、接続詞を用いることによってできあがる構造について見ていきます。

1. 2種類の接続詞

接続詞には大きく分けて**等位接続詞**と**従属接続詞**があります。

等位接続詞とは2つ（あるいはそれ以上）のものを対等な立場で結びつける接続詞です。例えば、и「と」や и́ли「または」は等位接続詞です。

Она прости́ла его́, и **он прости́л её**.
彼女は彼を赦し、彼は彼女を赦した。
Я чита́ю **Толсто́го** и **Достое́вского**.
私はトルストイとドストエフスキーを読んでいる。

これらの例では、2つの節、2つの目的語が接続詞 и によっていずれも対等な立場で結びつけられています。

一方、従属接続詞とは、2つ（あるいはそれ以上）の節を結びつけるという点では等位接続詞と同じですが、1つの節が別の節に含まれるような形でつなぐという点で異なります。

[Я зна́ю, **что он чита́ет по-япо́нски**].
私は彼が日本語を読めると言うことを知っている。
[**Когда́ он был в То́кио**, он всегда́ обе́дал в рестора́не].
日本にいたとき、彼はいつもレストランで昼食を取っていた。

それぞれの例で下線を引いた部分（**従属節**）は [ ] で囲んだ全体（**主節**）の一部を成しています。

2. 等位接続詞

(1) 等位接続構造

等位接続詞は文中で同じ役割を果たす2つ（あるいはそれ以上）のものを対等に結びつけます。また、それによってできあがった1つのまとまりを等位接続構造（以下の例の[ ]で囲んだ部分）と呼びます。等位接続詞はさまざまなものを結びつけることができます。

Я чита́ю [**газе́ту** и **журна́л**].
私は新聞と雑誌を読んでいる。（対格の目的語）

Вы [**рабо́таете** и́ли **у́читесь**]?
あなたは働いているんですか、それとも学生ですか？（動詞述語）

[**молодо́й**, но **у́мный**] па́рень
若いが賢い青年（形容詞）

е́хать [**бы́стро**, но **безопа́сно**]
速いが安全に走る（状況語）

[**Мы рабо́таем**, а **де́ти у́чатся**].
我々は働いているが、子どもたちは勉強している。（文）

従属接続詞の場合と違い、語順は2つの要素の間に接続詞がある[…接続詞…]という位置関係から外れることはできません。以下のような言い方は不可能です。

×**Журна́л** я чита́ю газе́ту и. (← Я чита́ю [газе́ту и **журна́л**].)
×**И́ли у́читесь** вы рабо́таете? (← Вы [рабо́таете и́ли **у́читесь**]?)

ロシア語は語順が比較的自由な言語ですが（ p.356 ）、等位接続構造に関する語順の制限はロシア語の中ではかなり厳しいものです。

(2) 等位接続詞の種類

等位接続詞が結びつける要素同士の論理的な関係には、さまざまなものがあります。以下、関係のタイプごとに主な等位接続詞をご紹介します。

a) и「〜と〜」（並列）

и は、文の中で果たす役割さえ同じであれば、最も多様な種類の要素を結びつけることができる等位接続詞です。

Он читáет и пи́шет.
彼は読んで書いている。（動詞）

Пришли́ мáльчик и дéвочка.
男の子と女の子がやって来た。（主格主語）

 ＊このような場合の主語と動詞の一致のしかたについては、☞ p.363~364。

высóкая и краси́вая жéнщина
背が高く美しい女性（形容詞による定語）

сын **Сáши и Мáши**
サーシャとマーシャの息子（生格名詞による定語）

Росси́я большáя странá, и **Амéрика тóже большáя странá**.
ロシアは大きな国で、アメリカも大きな国だ。（文）

одновремéнно рабóтать **на завóде и на ры́нке**
工場と市場で同時に働く（場所を表す状況語）

前置詞句を結びつける場合、同じ前置詞であれば、前置詞を1つで済ますことも可能です。

 ... на завóде и ры́нке 工場と市場で

ただし、前置詞の目的語が人称代名詞の場合は、前置詞を繰り返すほうがより好まれます。

о нём и о тебé 彼と君について
у тебя́ и у неё 君のところと彼女のところで

次の例は2つの文をつないでいる例ですが、直接補語 нóвый ромáн がそれぞれに共通しているので、2つの文が1つの直接補語を共有しています。

Он пи́шет, и **онá читáет** нóвый ромáн.
新しい小説を彼は書き、彼女は読んでいる。

文の中で同じ役割を果たしているわけではなくても、疑問詞どうしを結びつけることはできます。

Кто и когдá егó разби́л?
誰がいつそれを壊したのか？（主語と時の状況語）

Я не знáю, **где и что** купи́ть.
私はどこで何を買ったらよいのかわからない。（場所の状況語と直接補語）

14.2 等位接続詞

и は、間をつなぐのではなく、и ..., и ... のようにそれぞれの要素の前に置くことで「~も、~も」と物事を列挙するのに使うことがあります。

Он лю́бит **и Че́хова, и Го́голя**.
彼はチェーホフもゴーゴリも好きだ。
Он зна́ет **и ру́сский, и украи́нский** языки́.
彼はロシア語もウクライナ語も知っている。
Его́ хорошо́ зна́ют **и в Росси́и, и в Аме́рике, и в Кита́е**.
彼はロシアでもアメリカでも中国でもよく知られている。

> **補足**
>
> 否定文で列挙をする場合は ни ..., ни ... となります。
> Он не чита́ет **ни Достое́вского, ни Пу́шкина**.
> 彼はドストエフスキーもプーシキンも読まない。
> Она́ не рабо́тает **ни в То́кио, ни на ро́дине**.
> 彼女は東京でも故郷でも働いていない。

b) и́ли「~または~」(選択)

и́ли も и と同様に、文中での役割が同じなら多様な要素を結びつけることができます。

За́втра я бу́ду до́ма **смотре́ть DVD** и́ли **слу́шать CD**.
明日私は家でDVDを見るかCDを聞く。(動詞と補語)
За́втра к вам придёт **Ма́ша** и́ли **Та́ня**?
明日あなたの家に来るのはマーシャですか、それともターニャですか？(主語)
Ле́том мы бу́дем **в Ло́ндоне** и́ли **в Пари́же**.
夏我々はロンドンかパリに行く。(場所を表す状況語)

* в Ло́ндоне и́ли Пари́же のように同じ前置詞を2回繰り返さなくても構いません。これは、и と同じです。

и́ли も и と同様に и́ли ..., и́ли ... とそれぞれの要素の前に置くことで、「あるいは~、あるいは~」と物事を列挙するのに使うことがあります。

Я де́тям куплю́ **и́ли игру́шки, и́ли велосипе́д, и́ли кни́ги**.
私は子どもたちにあるいはおもちゃを、あるいは自転車を、あるいは本を買ってやるつもりだ。

> **補足**
>
> либо も или と同じように「～または～」という意味で2つの要素をつなげたり、あるいは列挙したりするのに使われます。
>
> **Мы пойдём в театр в субботу либо в воскресенье.**
> 我々は土曜日か日曜日に劇場に行く。
>
> **Завтра я буду либо на работе, либо дома.**
> 明日私はあるいは職場かあるいは家だろう。
>
> 「すなわち、言い換えれば」という意味で用いられるのは или のみです。
>
> **Это гиппопотам, или бегемот.**
> これはヒポポタマス、すなわちカバです。

c) но「～だが～、～しかし～」（逆接）

前半の内容とは両立し難いことを後半が表現している場合に用いられます。次項で説明する対比・話題の転換の接続詞 a との違いには、注意が必要です。

Она японка. Но в Японии её никто не знает.
彼女は日本人だ。しかし日本では彼女のことを誰も知らない。

Он миллионер, но не счастлив.
彼は億万長者だが幸せではない。

Он добрый человек, но ничего не знает.
彼は善良だが何も知らない。

Он добрый, но неумный человек.
彼は善良だが愚かな人だ。

> **補足**
>
> однако も逆接の関係を表しますが、接続詞というよりは文副詞（ p.264~265 ）です。それゆえ、後の文の先頭に置かれるとは限りません。
>
> **Она японка. Её дочь, однако, родилась в Москве.**
> 彼女は日本人だ。しかし、彼女の娘はモスクワで生まれた。
>
> また、逆接の関係が成立しているのが文全体ではなく文の一部だけの場合は、но とは違って однако は使えません。
>
> **Я читаю трудную, но интересную книгу.**
> 私は難しいが興味深い本を読んでいる。
>
> ➡ ✕ Я читаю трудную, однако, интересную книгу.

d）対比・話題の転換の接続詞 a
i）接続詞 a の機能

a は時に逆接の接続詞と言われますが、厳密に言うと 2 つ（あるいはそれ以上）のものを対比・対照するために、あるいは話題の転換をするために用います。前項で説明した逆接の接続詞 но との違いには、注意が必要です。

Викто́рия ру́сская, а **Сато́ко** япо́нка.
ヴィクトリヤはロシア人ですが、サトコは日本人です。

この場合、ヴィクトリヤとサトコという 2 人の人物を対比・対照しています。言い換えれば、前半の話題はヴィクトリヤで、後半の話題はサトコですから、「話題の転換」とも言えます。この場合は но ではなく a を使うのが、より適切です。

У него́ мно́го де́нег, а **у меня́** их о́чень ма́ло.
彼にはたくさんお金があるが、私にはほとんどない。

前半の話題は「彼」で、後半は「私」です。つまり「彼」と「私」を対比しています。しかし次のような例では、a を使って間をつなぐことはできません。

Он англича́нин, **но** он не говори́т по-англи́йски.
彼はイギリス人だが、英語を話せない。
➡　✕Он англича́нин, **а** он не говори́т по-англи́йски.

この場合、a を使うと同じ он と он を対比することになってしまい、意味が通じなくなってしまうわけです。

a は場合によっては и と同じように並列として、場合によっては но のように逆接として理解できる場合があります。

Он спит, а **она́** то́лько смо́трит на него́.
彼は眠っており、彼女はただ彼を見つめている。（≒и）
Он лю́бит её, а **она́** лю́бит друго́го.
彼は彼女のことを愛しているが、彼女は別の人を愛している。（≒но）

これらはいずれも前半の話題を он、後半の話題を она́ とすることによって 2 人を対比しています。もちろん、並列か逆接かの理解は文脈などによって変わります。

ii) 疑問文で

話題の転換としてのaは、次のような疑問文を従える使い方にも表れています。

A кто вы?
ところであなたは誰ですか？

A где вы родили́сь?
じゃあ、あなたはどちらで生まれましたか？

A вы?
それじゃあ、あなたは？

いずれの例も、今まで別の人の話をしていて話題を変え、「あなた」の話をし始める場合などに用いられます。

iii) 否定とともに

また、接続詞 a には、否定の не とともに使う次のような成句表現もあります。

◆ **не ..., а ...**「〜ではなくて〜」
Она́ родила́сь **не** в То́кио, **а** в Са́ппоро.
彼女は東京ではなく札幌で生まれた。

Вчера́ к вам приходи́л **не** Са́ша, **а** То́ля.
昨日あなたのところに来たのはサーシャではなくトーリャだ。

◆ **..., а не ...**「〜であって〜ではない」
Она́ родила́сь в То́кио, **а не** в Са́ппоро.
彼女が生まれたのは東京で、札幌ではない。

Вчера́ к вам приходи́л Са́ша, **а не** То́ля.
昨日あなたのところに来たのはサーシャであって、トーリャではない。

3. 従属接続詞

等位接続詞が2つのものを対等につなぐのに対して、**従属接続詞**はある節に別の節を組み込むための接続詞です。

（1）主節と従属節

次の例は、いずれも [ ] で囲った1つの節の中に下線を引いた別の節が組み込まれています。

① [Он зна́ет, **что** она́ прие́хала из Аме́рики].
彼は彼女がアメリカからやってきたことを知っている。

② [Мы опозда́ли, **так как** он не пришёл].
彼が来なかったので、我々は遅刻した。

③ [Оте́ц рабо́тал на заво́де, **когда́** мы бы́ли в Ирку́тске].
我々がイルクーツクにいるころ、父は工場で働いていた。

文全体の構造を決める節を主節（[ ] で囲った部分）と呼び、その一部を成す節を従属節（下線を引いた部分）と呼びます。また、このような主節に従属節が含まれる形で成立している文全体を複文と呼びます。

①の例では、従属節は主節の動詞 зна́ет「知っている」の補語 p.348 の役割を果たしており、②の例では理由を表す状況語 p.247、③の例では時を表す状況語の役割を果たしています。そして、従属節を作るための接続詞は従属接続詞と呼ばれます。従属接続詞には以上の例の что や когда́ のように単一の単語から成るものもあれば、так как のように複数の語から成る合成接続詞もあります。

（2）従属節と語順

等位接続詞によって結びつけられている等位接続構造は語順にかなり厳しい制約がありますが（ p.288 ）、複文は従属接続詞を先頭とする従属節さえばらばらにしなければ、しばしば語順に融通が利きます。

[Он хорошо́ говори́т по-япо́нски, **хотя́** он не япо́нец].
彼は日本人ではないが日本語を上手に話す。
➡ [**Хотя́** он не япо́нец, он хорошо́ говори́т по-япо́нски].

[Мы должны́ рабо́тать мно́го, **что́бы** де́ти бы́ли сча́стливы].
子どもたちが幸せであるために、我々はたくさん働かなくてはならない。
➡ [**Что́бы** де́ти бы́ли сча́стливы, мы должны́ рабо́тать мно́го].

主節を省略した従属節のみの文も、文脈によっては可能です。

Потому́ что он не пришёл.
なぜなら彼が来なかったんです。
Е́сли бы у нас бы́ли де́ньги!
我々に金があればなあ！

（3）従属接続詞の種類

　従属接続詞にはさまざまな種類のものがあります。以下、その主要なタイプをご紹介します。

a）説明の接続詞 **что**「～と、～ということ」

ⅰ）что の基本的用法

　英語で言う「that 節」の「that」です。言語による伝達や、思考、理解、知覚などの内容を具体的に説明する従属節を導くのに用いられます。

［Он зна́ет, **что** я роди́лся в То́кио］.
彼は私が東京で生まれたことを知っている。
［Я ду́маю, **что** э́то о́чень хоро́ший план］.
私はこれはとても良い計画だと思う。
［Бы́ло ука́зано, **что** в гости́ницу соба́ки не принима́ются］.
当ホテルには犬は入れませんと記されていた。

　疑問詞の что との違いに気をつけてください。

Он зна́ет, **что** она́ сказа́ла.
彼は彼女が何を言ったか知っている。
Я не по́мню, **что** он мне показа́л.
彼が私に何を見せたのか覚えていない。

　上の 2 つの文の что は、いずれも「何を」という疑問詞で、間接疑問文（ p.116 ）を形成しています。疑問詞の что はあくまでも動詞 сказа́ла, показа́л の対格の補語（ p.348 ）で、これがなくては従属節は完成しません。それに対してその上の接続詞 что を使った 3 つの例では、いずれも接続詞 что がなくても я роди́лся в То́кио「私は東京で生まれた」、э́то о́чень хоро́ший план「これはとても良い計画だ」、в гости́ницу соба́ки не принима́ются「当ホテルには犬は入れません」などの文は完成しています。

ii) то, что ...

接続詞の что は то, что と言うことも可能です。

Он сказа́л, **что** она́ родила́сь в Москве́.
彼女はモスクワ生まれだと彼は言った。

= Он сказа́л **то, что** она́ родила́сь в Москве́.

この то の役割は文中での従属節の格を示すことにあります。что だけだと、ただの接続詞ですから格変化ができません。この場合従属節は сказа́л の目的語ですので、то は対格です（то の変化は ☞ p.105 ）。対格の場合、通常 то は省略されます。上の2つめの例のように то を入れると、若干文語的で強めに念を押すようなニュアンスになります。

① Она́ удиви́лась **тому́, что** он пришёл.
　彼女は彼が来たということに驚いた。（**与格**）
② Я интересу́юсь **тем, что** она́ интересу́ется ру́сской литерату́рой.
　彼女がロシア文学に興味があるということに私は興味がある。（**造格**）

この接続詞の что はさまざまな成句の中で用いられ、別の合成接続詞を作り上げる材料となっています。

補足

что が関係代名詞の場合もありますので、気をつけてください（詳細は ☞ p.123-124 ）。

Я интересу́юсь **тем, что** он сказа́л.
私は彼が言ったことに興味がある。

この例の что は接続詞ではなく тем(то) を先行詞とする関係代名詞で、動詞 сказа́л の対格補語の役割を果たしています。従属節は что がなければ完成しません。一方、その上の①②の例では、①の он пришёл「彼が来た」も②の она́ интересу́ется ру́сской литерату́рой「彼女がロシア文学に興味がある」も、接続詞の что がなくても完全に1つの文として成立しています。

b) что との違いに注意すべき接続詞

i) как

命題的な内容ではなく、「～する様子」を知覚・認識する場合は、接続詞には что ではなく、知覚を表す動詞や述語副詞（☞ p.266~269）とともに как を用います。как を用いる動詞には、слы́шать「聞こえる」, слу́шать「聞く」, ви́деть「見える」, смотре́ть「見る」, чу́вствовать「感じる」, заме́тить「気づく」など、述語副詞には слы́шно「聞こえる」, ви́дно「見える」, заме́тно「感じ取れる」などがあります。

> Мы слу́шаем, **как** ве́тер во́ет.
> 私たちは風がうなっているのを聞いている。
>
> Я ви́дел, **как** ма́ма целова́ла Санта-Кла́уса.
> 私はママがサンタにキスをするのを見た。
>
> Она́ чу́вствовала, **как** ребёнок шевели́тся в животе́.
> 彼女はおなかの中で赤ん坊が動くのを感じた。
>
> Слы́шно, **как** пою́т пти́цы.
> 鳥が歌っているのが聞こえる。

知覚を表す述語以外の場合だと、как は疑問詞「どのように、どんなふうに」という意味で間接疑問文（☞ p.116）を形成します。

> Я покажу́, **как** он рабо́тает.
> 彼がどんなふうに働いているかお見せしましょう。

ii) что́бы

願望や依頼の内容の場合は что́бы を用います。これは что に бы が付いたもので、仮定法なので動詞も過去形になります（詳細は ☞ p.218~220）。

> Он веле́л, **что́бы** она́ верну́лась домо́й че́рез час.
> 彼は彼女に1時間後に帰宅するよう命じた。

iii) бу́дто

内容に疑いがある場合には、что ではなく бу́дто「まるで～かのように」を使います。以下の2つの例の違いに注意してください。

> Он сказа́л, **бу́дто** она́ придёт.　彼は彼女が来るかのように言った。
> Он сказа́л, **что** она́ придёт.　彼は彼女が来ると言った。

c）理由・原因

i) потому́ что「なぜならば～、～だから」

理由を説明する従属節を導きます。通常、理由を表す従属節は文の後半に置かれます。

Он опозда́л, **потому́ что** он по́здно встал.
彼は遅刻した。なぜなら寝坊したからだ。

Он отли́чно владе́ет ру́сским языко́м, **потому́ что** он роди́лся в Москве́.
彼は申し分なくロシア語ができる。なぜならモスクワで生まれたからだ。

ii) поэ́тому「だから」

前半が理由・原因、поэ́тому に続く後半が結果です。理由・原因の節と結果の節の語順が потому́ что の場合と逆です。違いに気をつけてください（なお、厳密にはこれは接続詞ではなく副詞です）。

Он не пришёл, **поэ́тому** я отпра́вил ему́ e-mail.
彼が来なかったので彼にメールを送った。
　　〔原因〕　　　　　〔結果〕

Я отпра́вил ему́ e-mail, **потому́ что** он не пришёл.
彼にメールを送った。なぜなら彼が来なかったからだ。
　　〔結果〕　　　　　　　　〔原因〕

iii) так как「なぜならば～、～だから」

Он не пришёл, **так как** у него́ родила́сь до́чка.
彼は来なかった。というのも娘が生まれたからだ。

потому́ что と並んでよく用いられる接続詞です。потому́ что とは違い、以下のように так как で始まる従属節を文の前半に置くことも可能です。

Так как у него́ родила́сь до́чка, он не пришёл.

iv) благодаря́ тому́, что「～したおかげで」

前置詞 благодаря́「～のおかげで」と то, что（☞ p.296）の組み合わせでできています。基本的には良いことの理由・原因になっている場合に使われます。文語的な表現です。

Он сдал экза́мен **благодаря́ тому́, что** она́ помога́ла ему́.
彼女が手伝ってくれたおかげで彼は試験に合格した。

v) из-за того́, что「〜したせいで」

理由を表す前置詞 из-за と то, что（☞ p.296）の組み合わせでできています。悪いことの理由・原因になっている場合に多く使われます。文語的な表現です。

Мы попа́ли в ава́рию **из-за того́, что** муж усну́л за рулём.
我々は夫が運転中に寝てしまったために事故に遭った。

vi) от того́, что「〜のために、〜のせいで」

原因を表す前置詞 от と то, что（☞ p.296）の組み合わせでできています。自然現象など自分の意思では変えられない原因に用いられることが多いです。

Мы несча́стны **от того́, что** у нас нет свобо́ды.
我々は自由がないために不幸なのだ。

Мне гру́стно **от того́, что** дождь идёт.
雨が降っているせいで私は悲しい気分だ。

vii) поско́льку「〜なので、〜の限りは、〜である以上」

Поско́льку вы согла́сны, я не возража́ю.
あなたが賛成しているので (している限りは)、私は反対しない。

viii) ведь「だって」

軽く理由を接続するのに用います。口語的です。

Я с тобо́й расста́ться не хочу́. **Ведь я тебя́ люблю́!**
あなたと別れたくない。だってあなたを愛しているから！

d) 目的「〜するために」を表す接続詞 что́бы

主節の主語と従属節の主語が異なる場合は従属節（что́бы 節）に主格の主語が存在し、動詞は過去形、同じ場合は従属節に主語がなく動詞は不定形になります。過去形になるのは仮定法だからです（詳しくは第10章、☞ p.218~219）。

Он рабо́тает, **что́бы** семья́ не нужда́лась в де́ньгах.
彼は家族が金に不自由しないように働いている。

Я чита́ю **что́бы** быть у́мной.
私は賢くなるために読書する。

e) 条件

i) éсли「もし～だったら」

結果・帰結を表す節の頭に то を置くことも可能です。то は結果節がどこから始まるのかを明確にし、文構造を明確化するための仕掛けです。

Éсли за́втра бу́дет хоро́шая пого́да, (то) я пое́ду к ма́ме.
もし明日良い天気だったらお母さんのところに行きます。

このタイプの条件節と結果節は仮定法とともに用いられることがしばしばあります（仮定法については ☞ p.215~220 ）。

ii) да́же éсли (= éсли да́же)「たとえ～だとしても」

Да́же éсли ты забу́дешь обо мне́, я бу́ду с тобо́й навсегда́.
たとえあなたが私を忘れてしまっても、私は永遠にあなたと一緒にいる。

仮定法と用いて現実に反することを想定することもできます。

Да́же éсли бы я стал президе́нтом, э́то ничего́ бы не измени́ло.
たとえ私が大統領になっても、それによって何も変わらないだろう。

iii) раз「～なら、～と言うなら」

Раз обеща́л, то вы́полни.
約束したなら実行しろ。

Что ты де́лал в шко́ле, **раз** не зна́ешь таки́х веще́й?
こんなことも知らないというなんて、学校で何をやっていたのか？

f) 逆接

i) хотя́「～だけれど」

но は等位接続詞でしたが（ ☞ p.291 ）、хотя́ は従属接続詞です。語順にもある程度の融通が利きます。

Он о Росси́и ничего́ не зна́ет, **хотя́** он ру́сский.
彼はロシア人だがロシアについて何も知らない。

→ **Хотя́** он ру́сский, он ничего́ не зна́ет о Росси́и.

ii) несмотря́ на то, что「～であるにも関わらず」

Несмотря́ на то, что он уже́ два го́да живёт в Аме́рике, он хо́чет верну́ться домо́й.
彼はもう２年もアメリカに住んでいるが、故郷に帰りたがっている。

g）比喩・比較
i) как の用法①「～のように」

как が従えている名詞（句）は、喩える対象と同じ格、あるいは同じ前置詞を持ちます。

Она́ поёт, как **пти́ца**.　彼女は鳥のように歌う。

いずれも主格

Я ве́рю **тебе́**, как **родно́му отцу́**.　私はあなたを実の父のように信頼している。

いずれも与格

Она́ смо́трит **на меня́**, как **на незнако́мого**.　彼女は見知らぬ人を見るように私を見ている。

いずれも〔на＋対格〕

как が従えているのは実は完全な節で、以上の例は従属節をすべて省略しなければ次のようになります。

Она́ поёт, **как** пти́ца поёт.
Я ве́рю тебе́, **как** я ве́рю родно́му отцу́.
Она́ смо́трит на меня́, **как** она́ смо́трит на незнако́мого.

補足

比喩・比較を表す接続詞には、сло́вно「まるで～のように」、как бу́дто「あたかも～のように」、так же, как「～と同じように」などもあります。

Моя́ маши́на ста́рая, но она́ рабо́тает, **сло́вно** вчера́ купи́ли.
私の車は古いけどまるで昨日買ってきたかのように動く。

Он говори́т, **как бу́дто** у него́ боли́т голова́.
彼はあたかも頭が痛いかのように話をしている。

Зву́ки нельзя́ записа́ть на бума́ге **так же, как** мы запи́сываем бу́квы.
文字を書き留めるように音を紙に書き留めることはできない。

この как は、名詞を修飾して「～のような」という意味で使うこともできます。その場合 как の従える名詞は基本的に主格になります。ただし、喩える対象が修飾する名詞以外の場合は、喩える対象のほうに合わせます。

У неё **глазá**, как **сѝнее мóре**.　彼女は青い海のような目をしている。

> 修飾する名詞と喩える対象が同じ → 主格

У неё глазá, как **у кóшки**.　彼女は猫のような目をしている。

> 修飾するのは глазá、喩える対象は у неё

ii) как の用法② 「～として」

как が従える名詞（句）の格は、喩える対象と同じになります。

Я уважáю **егó** как **человéка**.　私は彼を人間として尊敬している。

> いずれも対格

Я живý в Москвé как **эмигрáнт**.　私はモスクワに移民として暮らしている。

> いずれも主格

また、喩える対象に такóй を付けることもしばしばあります。

Онá хóчет имéть **такóго** ученикá, как **он**.
彼女は彼のような生徒を欲しがっている。

h) 時間

i) когдá 「～するとき」

〔когдá + 不完了体〕は、その行為と並行して同時に何かをしたり、その行為の途中で何かが起こったりする場合に使います。

Когдá учѝтель объяснял, я спал.
先生が説明していたとき、私は寝ていた。　不完了体
Когдá мы ýжинали, вдруг онá пришлá.
我々が夕食を取っていると、突然彼女がやって来た。　不完了体

〔когда＋完了体〕は、その行為に続けて何かを行う、あるいは何かが起こる場合に使います。

Когда́ я включи́л компью́тер, разда́лся незнако́мый звук.
コンピュータをつけると、聞いたことのない音が響いた。 完了体

Когда́ я вы́ключил компью́тер, зву́ка уже́ не́ было.
コンピュータを切ると、音はもうしなかった。 完了体

ii) пе́ред тем, как ／ пре́жде чем「〜の前に」

しばしば従属節の動詞が不定形になることもあります。

Пе́ред тем, как я умру́, я хочу́ рассказа́ть тебе́ об э́том.
死ぬ前に私はこのことを君に話したい。

Пе́ред тем, как чита́ть да́льше, посмотри́те слова́рь.
先を読む前に辞書を見てください。

Пре́жде чем обе́дать, я не молю́сь.
食事の前に私はお祈りをしない。

iii) по́сле того́, как「〜のあとに」

По́сле того́, как распа́лся СССР, ста́ло жить лу́чше?
ソ連が崩壊したあと、生活は良くなったか？

iv) с тех пор, как「〜のときから」

Семна́дцать лет прошло́ **с тех пор, как** он мне э́то сказа́л.
彼がそれを私に話してくれたときから17年が過ぎた。

v) до того́, как「〜までに、〜以前に」

Она́ умерла́, **до того́, как** я роди́лся.
私が生まれる以前に彼女は死んでしまっていた。

vi) как то́лько「〜するやいなや」

Как то́лько вы́ключили газ, над кастрю́лей появи́лся бе́лый пар.
ガスを切るやいなや鍋の上に白い湯気が現れた。

vii) пока́「〜している間」

Пока́ шёл дождь, я одна́ сиде́ла до́ма.
雨が降っている間、私は一人で家にいた。

viii) пока́ не「〜しない間は、〜するまでは」

通常完了体動詞（ p.175 ）と用います。

Ты не мо́жешь быть геро́ем, **пока́ не** умрёшь.
君は死ぬまで（死なない間は）英雄にはなれない。

i) 名詞修飾の従属接続詞（＝関係詞）

関係詞も名詞を修飾するある種の従属接続詞の役割を果たしていると考えられます（詳しくは p.117~127）。

Там идёт па́рень, **кото́рый** прие́хал из Петербу́рга.
あそこをペテルブルクから来た青年が歩いている。

第 15 章 数量詞・数詞

数量詞とは物の数や量を表す語のことで、数詞とは「数」に関するものを表す語です。本章では、多様で複雑な数量詞・数詞の世界を整理することを目的とします。

1. さまざまな数量詞・数詞

物の数や量を表すものを広く数量詞と呼びます。мно́го「たくさん」とか ма́ло「少し」などの漠然とした量を表すものと оди́н「1」、два「2」、три「3」などの数を表すもの（個数詞、集合数詞）はいずれも数量詞と言えます。一方、пе́рвый「1番目の」、второ́й「2番目の」、тре́тий「3番目の」などの順番を表すもの（順序数詞）は、数に関係してはいますが、物の数や量を表しているわけではありません。そういった意味で、順序数詞は数量詞とは区別され、実際に文法的な性質もほかとは大きく異なります。

ただし、「数に関連する」という点では順序数詞と個数詞、集合数詞は同じであり、これらはしばしばまとめて数詞と呼ばれます。мно́го「たくさん」や ма́ло「少し」は量を表してはいますが、数には関係ありませんので、通常数詞には含まれません。

(1) 個数詞

個数詞は、英語で言えば one, two, three, four, five... といった人や物などの数を示すための最も基本的な語です。

a) 個数詞一覧

個数詞は、その形から単純(個)数詞と合成(個)数詞に分かれます。

i) 単純(個)数詞

個数詞には1語で言える単純(個)数詞と複数の語を組み合わせて表現する合成(個)数詞があります。まずは単純数詞から見ましょう。

15.1 さまざまな数量詞・数詞

単純(個)数詞

0	нуль/ноль	30	три́дцать
1	оди́н	40	со́рок
2	два	50	пятьдеся́т
3	три	60	шестьдеся́т
4	четы́ре	70	се́мьдесят
5	пять	80	во́семьдесят
6	шесть	90	девяно́сто
7	семь	100	сто
8	во́семь	200	две́сти
9	де́вять	300	три́ста
10	де́сять	400	четы́реста
11	оди́ннадцать	500	пятьсо́т
12	двена́дцать	600	шестьсо́т
13	трина́дцать	700	семьсо́т
14	четы́рнадцать	800	восемьсо́т
15	пятна́дцать	900	девятьсо́т
16	шестна́дцать	1,000	ты́сяча
17	семна́дцать	100万	миллио́н
18	восемна́дцать	10億	миллиа́рд
19	девятна́дцать	1兆	триллио́н
20	два́дцать	1,000兆	квадриллио́н

＊「ゼロ」は нуль と ноль の2つの言い方が併存しています。

оди́ннадцать（= оди́н + надцать）「11」、два́дцать（= два + дцать）「20」、пятьдеся́т（= пять + десят）「50」、четы́реста（= четы́ре + ста）「400」など、1語ではあるものの複数の要素から成り立っている個数詞があります。これらは複合数詞として区別されることもあります（上の表の「11」〜「30」、「50」〜「90」、「200」〜「900」）。

ⅱ）合成(個)数詞

два́дцать「20」までは単純数詞だけで言えますが、それより大き

い数は下一桁が0となるきりの良い数字しかありません。そこで、単純数詞を組み合わせて合成数詞を作る必要があります。

21＝20＋1	два́дцать оди́н
22＝20＋2	два́дцать два
130＝100＋30	сто три́дцать
547＝500＋40＋7	пятьсо́т со́рок семь
1,999＝1,000＋900＋90＋9	ты́сяча девятьсо́т девяно́сто де́вять

ты́сяча「1,000」より大きい単純数詞はすべて普通の名詞と同じと考えて、例えば2,000なら「2つの1,000」、500万なら「5つの100万」と数えます。性別や格変化なども普通の名詞と同じと考えて大丈夫です（数詞と結合する際の名詞の変化については p.308~309 ）。

2,000＝2×1,000　　　две ты́сячи

> ты́сяча は女性名詞なので два は две に。2に続くので単数生格形になっています。

5,000,000＝5×1,000,000　пять миллио́нов

> миллио́н は男性名詞。5に続くので複数生格形になっています。

もう少し例を見てみましょう。それぞれがどうしてこの形になっているのかを考えながら見てください。

8,743	во́семь ты́сяч семьсо́т со́рок три
2,104,551	два миллио́на сто четы́ре ты́сячи пятьсо́т пятьдеся́т оди́н
38,615,876	три́дцать во́семь миллио́нов шестьсо́т пятна́дцать ты́сяч восемьсо́т се́мьдесят шесть

学習のヒント

日本語では「万」(10,000)、「億」(100,000,000)、「兆」(1,000,000,000,000)、「京」(10,000,000,000,000,000) というふうに4桁ずつ呼び方が変わっていきますが、ロシア語では ты́сяча (1,000), миллио́н (1,000,000), триллио́н (1,000,000,000) というふうに3桁ずつ呼び方が変わっていきます。普段から3桁ずつの位取りの点を入れるようにすると、ロシア語の数詞を読むのがだいぶ楽になります。

b）個数詞と名詞の基本的な結合

英語では数詞と名詞を組み合わせるとき、「1人の少年」なら one boy、「2人の少年」なら two boys、「5人の少年」なら five boys となり、名詞 boy の単数形と複数形にさえ気をつければ問題ありませんでしたが、ロシア語ではそうはいきません。

ⅰ）単純（個）数詞と名詞の結合
◆ 名詞の変化

単純数詞が修飾する名詞の形は数詞によって決まっています（合成数詞の場合については ☞ p.310-311 ）。

1＋単数主格		2〜4＋単数生格		5〜20＋複数生格	
оди́н	ма́льчик това́рищ стол	два три четы́ре	ма́льчик**а** това́рищ**а** стол**а́**	пять шесть ⋮ два́дцать	ма́льчик**ов** това́рищ**ей** стол**о́в**

＊これは主格の場合です。その他の格の場合については ☞ p.315-319 。

- три́дцать「30」以上の下一桁がゼロの数詞の場合は、すべて名詞に複数生格を要求します。нуль/ноль「0」の場合も同様です。

  три́дцать студе́нт**ов**　30人の学生
  сто преподава́тел**ей**　100人の教師

  нуль/ноль「0」の場合も複数生格になります。

  нуль час**о́в**　0時

- ただし、два「2」、три「3」、четы́ре「4」の後の単数生格形については、час「時間」、ряд「列」など、男性名詞にわずかながら通常の単数生格形とアクセントが異なるものがあります。

  два час**а́**　2時間（два, три, четы́ре に付く場合の単数生格）
  о́коло ча́с**а**　約1時間（前置詞 о́коло の目的語なので通常の単数生格）

- 形容詞タイプの名詞は「2」〜「4」に修飾されたとき、複数生格形になります。

  два учён**ых**　2人の学者　　три ру́сск**их**　3人のロシア人

308

また、名詞を修飾する形容詞があった場合、数詞の後にあれば複数生格、数詞の前にあれば複数主格です。この点は5以上の数詞も同様です（詳しくは数詞句の変化の項 ☞ p.315~319 ）。

два до́брых студе́нта　2人の善良な学生
> 数詞の後なので複数生格

остальны́е два студе́нта　残りの2人の学生
> 数詞の前なので複数主格

остальны́е пять япо́нских студе́нтов　残りの5人の日本人学生
> 数詞の前なので複数主格　　数詞の後なので複数生格

- ただし、女性名詞を「2」～「4」が修飾する場合、数詞と名詞の間の形容詞も複数主格形が可能です。

две до́брые студе́нтки　2人の善良な女子学生
> 女性名詞に付くので複数主格でもよい

- 数詞の「2」「3」「4」は名詞が単数生格に変化することを要求します。したがって、複数形しかない名詞（☞ p.27）とは使えません。名詞の複数生格を要求する集合数詞 дво́е, тро́е, че́тверо（☞ p.330-331）を使うか、ほかの名詞を単位のように用い、それに数字を付けるなどして数えます。

дво́е часо́в　2つの時計　　тро́е су́ток　3日間
две па́ры часо́в　2つの時計（＜2組の時計）

- 数詞に修飾されたときだけに見られる特殊な複数生格形を持つ名詞もたまにあります。

пять челове́к　5人
> 単数・主格は челове́к で通常の複数生格は люде́й。

сто лет　100年
> 単数・主格は год で通常の複数生格は годо́в。

15.1 さまざまな数量詞・数詞

◆ 性別による数詞の変化

数詞の「1」と「2」は名詞の性別に合わせて変化します。

1	2	
оди́н+男	два+男／中	оди́н ма́льчик, два ма́льчика
одно́+中		одно́ письмо́, два письма́
одна́+女	две+女	одна́ кни́га, две кни́ги

◆ 「1」の複数形 одни́

「1」には複数形もあります。「1」なのに複数形というのは妙な気もしますが、例えば複数形しかない名詞（☞ p.27）などを修飾するときに必要になります。

одни́ { са́ни　1台のソリ
　　　 { часы́　1個の時計
　　　 { брю́ки　1本のズボン

ii) 合成(個)数詞と名詞の結合

合成数詞によって名詞を修飾する場合、名詞の形は末尾の数詞によって決まります。

два́дцать оди́н **ма́льчик**　21人の少年

> оди́н「1」の後なので単数主格。

сто три **ма́льчика**　103人の少年

> три「3」の後なので単数生格。

ты́сяча две́сти во́семь **ма́льчиков**　1,208人の少年

> во́семь「8」の後なので複数生格。

две ты́сячи пятьсо́т **ма́льчиков**　2,500人の少年

> пятьсо́т「500」、つまり下一桁が0の後なので複数生格。

• 次のような場合に気をつけてください。数字ではなくロシア語の言い方で考えましょう。

две́сти трина́дцать **ма́льчиков**　213人の少年

> трина́дцать「13」の後なので複数生格です。「3」のあとではありません。

две ты́сячи оди́ннадцать **ма́льчиков**　2,011人の少年

> оди́ннадцать「11」の後なので複数生格です。「1」のあとではありません。

- 合成数詞の末尾がоди́н「1」、два「2」なら、単純数詞の場合と同様に修飾する名詞の性別に応じて変化します。

сто **одна́** де́вочка　101人の少女

> де́вочка「少女」が女性名詞なのでодна́ に。

со́рок **две** де́вочки　42人の少女

> де́вочка「少女」が女性名詞なのでдве に。

c）個数詞の変化

　個数詞のごく一部が性と単数・複数によって変化することは前項で見ました。格に関しては個数詞も通常の名詞や形容詞と同じように変化しますが、異なる部分もあります。整理して覚えていきましょう。

ⅰ）単純数詞

◆「1」の変化

　「1」は主格形をのぞけばほぼ形容詞の長語尾形と同じように変化します（☞ p.134~137）。複数形もありますし、男性形と複数形では活動体か不活動体かによって対格が生格と同形になったり主格と同形になったりします（活動体・不活動体による対格の形の違いについては ☞ p.50 ）。

<table>
<tr><th colspan="2"></th><th colspan="3">1
単数</th><th rowspan="2">複数</th></tr>
<tr><th colspan="2"></th><th>男性</th><th>中性</th><th>女性</th></tr>
<tr><td colspan="2">主格</td><td>оди́н</td><td>одно́</td><td>одна́</td><td>одни́</td></tr>
<tr><td colspan="2">生格</td><td colspan="2">одного́</td><td>одно́й</td><td>одни́х</td></tr>
<tr><td colspan="2">与格</td><td colspan="2">одному́</td><td>одно́й</td><td>одни́м</td></tr>
<tr><td rowspan="2">対格</td><td>活動体</td><td>одного́</td><td rowspan="2">одно́</td><td rowspan="2">одну́</td><td>одни́х</td></tr>
<tr><td>不活動体</td><td>оди́н</td><td>одни́</td></tr>
<tr><td colspan="2">造格</td><td colspan="2">одни́м</td><td>одно́й</td><td>одни́ми</td></tr>
<tr><td colspan="2">前置格</td><td colspan="2">одно́м</td><td>одно́й</td><td>одни́х</td></tr>
</table>

15.1 さまざまな数量詞・数詞

◆「2」「3」「4」の変化

「2」「3」「4」は単数と複数の区別はありませんが、活動体・不活動体の区別はあります。「2」だけは、主格と不活動体の対格で女性形のみ形が違うという部分的な性の区別があります。

		2		3	4
		男性 　中性	女性		
主格		два	две	три	четы́ре
生格		двух		трёх	четырёх
与格		двум		трём	четырём
対格	活動体	двух		трёх	четырёх
	不活動体	два	две	три	четы́ре
造格		двумя́		тремя́	четырьмя́
前置格		двух		трёх	четырёх

◆「5」以上の -ь 終わりの単純数詞の変化

пять「5」から два́дцать「20」、три́дцать「30」まで、しばらくの間 -ь 終わりの個数詞が並びますが、これらはいずれも、-ь 終わりの女性名詞、つまり第3変化名詞（ p.69 ）と同じような変化をします。

	5	8	11
主格	пять	во́семь	оди́ннадцать
生格	пяти́	восьми́	оди́ннадцати
与格	пяти́	восьми́	оди́ннадцати
対格	пять	во́семь	оди́ннадцать
造格	пятью́	восемью́ восьмью́	оди́ннадцатью
前置格	пяти́	восьми́	оди́ннадцати

＊ во́семь「8」は е が ь になる箇所があり、ほかと微妙に違うので注意が必要です。また造格は восемью́ と восьмью́ の2つの形があります。

いずれも -ь 終わりの女性名詞（第3変化名詞）と同じ変化です。ただし、複数形はありません。性別や活動体・不活動体の区別によって変化することもありません。

「5」（пять）～「10」（де́сять）および「20」（два́дцать）と「30」（три́дцать）は、変化に際して語尾にアクセントが移動し、「11」

(одиннадцать)～「19」(девятнадцать) は移動しません。

◆「40」「90」「100」の変化

сорок「40」、девяносто「90」、сто「100」は名詞にも形容詞にも似ていない特殊な変化をしますが、お互いは似ていますので、まとめておきましょう。

	40	90	100
主格	сорок	девяносто	сто
生格	сорока	девяноста	ста
与格	сорока	девяноста	ста
対格	сорок	девяносто	сто
造格	сорока	девяноста	ста
前置格	сорока	девяноста	ста

◆複合数詞「50」「60」「70」「80」の変化

通常のロシア語の単語は末尾にある「語尾」と呼ばれる部分だけが変化しますが、これらの数詞は単語の真ん中と末尾の両方が変化します。たとえば пятьдесят「50」は主格およびそれと同形の対格をのぞき、пять + десять のそれぞれが変化すると考えてください。шестьдесят「60」、семьдесят「70」、восемьдесят「80」も同様です。

	50	60	70	80
主格	пятьдесят	шестьдесят	семьдесят	восемьдесят
生格	пятидесяти	шестидесяти	семидесяти	восьмидесяти
与格	пятидесяти	шестидесяти	семидесяти	восьмидесяти
対格	пятьдесят	шестьдесят	семьдесят	восемьдесят
造格	пятьюдесятью	шестьюдесятью	семьюдесятью	восемьюдесятью / восьмьюдесятью
前置格	пятидесяти	шестидесяти	семидесяти	восьмидесяти

* 後半部分は、主格と対格をのぞけば десять「10」の変化と同じです。
* восемьдесят の造格は восемьюдесятью と восьмьюдесятью の両方の形があります。
* восемьдесят の前半の восемь- には母音の е と ь が交替する箇所がありますが、これは数詞 восемь「8」の場合と同様です。

◆3桁の複合数詞の変化

3桁の複合数詞の двести「200」から девятьсот「900」までも、単語の真ん中と末尾の両方が変化します。主格と対格をのぞけば、

два, три などの前半の数詞と後半の сто がそれぞれ変化していると考えてください。

	200	300	500	800
主格	двéсти	трúста	пятьсóт	восемьсóт
生格	двухсóт	трёхсóт	пятисóт	восьмисóт
与格	двумстáм	трёмстáм	пятистáм	восьмистáм
対格	двéсти	трúста	пятьсóт	восемьсóт
造格	двумястáми	тремястáми	пятьюстáми	восемьюстáми восьмьюстáми
前置格	двухстáх	трёхстáх	пятистáх	восьмистáх

* 後半部分は、主格と対格をのぞけば сто の複数形です。ただし、現代のロシア語では сто には複数形がありません。ここで見られるのはその名残です。

* 通常、ё はアクセントがなければ е に変わります。しかし трёхсóт, трёмстáм, трёхстáх の ё は第2アクセント（☞ p.11 ）が置かれているため、е になりません。

* восемьсóт は вóсемь や вóсемьдесят と同様に、変化するとき е と ь の交替も起こります。また造格に восьмьюстáми と восемьюстáми の2つの形が併存しているのも同様です。

◆「1,000」以上の単純数詞の変化

тýсяча「1,000」、миллиóн「100万」以上の大きな数詞は通常の名詞と同じ変化です。つまり、тýсяча なら -а 終わりの女性名詞（第2変化名詞 ☞ p.69 ）として変化しますし、миллиóн なら子音終わりの男性名詞（第1変化名詞 ☞ p.68 ）として変化します。普通の名詞と同様、「数千」とか「数百万」など、これ自身が複数であることを示す複数形もあります。ただし、この数詞自体が不活動体名詞ですので、修飾する名詞の活動体・不活動体の区別が数詞の対格の形に影響を与えることはありません。

また、тýсяча の単数造格形は規則通りなら（☞ p.57-58 ）тýсячей となりますが、тýсячью という形も併存しています（☞ p.317, p.328 ）。

ii）合成数詞

合成数詞の場合、すべての数詞が一つ一つ変化するのが原則です。例えば шестьсóт сéмьдесят вóсемь「678」の造格形は、

шестьюстáми семьюдесятью восемью

となり、すべての数詞が造格形になっています。ただ、口語では次

の例のように最後の1つだけ変化させることもあります。

шестьсо́т се́мьдесят **восемью́**

時には、以下のように真ん中だけ変化させない、という例も見られます。

шест**ью**ста́**ми** се́мьдесят **восемью́**

d）数詞句の変化

数詞と名詞からできている句のことを数詞句と呼びます。数詞句の変化には、普通の名詞句とは異なる若干の注意が必要です。これから挙げていく変化表の例はいずれも

定語＋数詞＋定語＋名詞

という形をしています。この2つの定語（ p.348~349 ）は、いずれも性・数・格で変化する形容詞、指示代名詞、所有代名詞のことです。ここでは仮に、1つ目の数詞の前の定語は指示代名詞 э́тот「この」、2つ目の定語は形容詞にしてあります。

数詞の形のほかにも、数詞の前の定語、数詞の後の定語、名詞の形に注意してください。数詞の前に付く定語は数詞句全体の格（＝数詞の格）と常に同じ格です。

i）оди́н「1」

数詞が оди́н「1」の場合の変化は、とくに変則的なことは起こらず、通常の名詞句と変わりません。оди́н は形容詞などと同様に、修飾する名詞の性、数、格と活動体・不活動体の区別によって数詞、数詞の前後の定語、名詞のいずれもが同じように変化します。代表として男性名詞の場合の例を挙げます（数詞 оди́н 自体の変化は p.311 ）。

		この1人の優秀な学生	この1つのおもしろい雑誌
主格		э́тот оди́н хоро́ший студе́нт	э́тот оди́н интере́сный журна́л
生格		э́того одного́ хоро́шего студе́нта	э́того одного́ интере́сного журна́ла
与格		э́тому одному́ хоро́шему студе́нту	э́тому одному́ интере́сному журна́лу
対格	活	э́того одного́ хоро́шего студе́нта	
	不活		э́тот оди́н интере́сный журна́л

造格	э́тим одни́м хоро́шим студе́нтом	э́тим одни́м интере́сным журна́лом
前置格	э́том одно́м хоро́шем студе́нте	э́том одно́м интере́сном журна́ле

ii) два「2」、три「3」、четы́ре「4」

数詞が два「2」〜 четы́ре「4」の場合は、以下の点に注意してください。

- 数詞の前後に付く定語はすべて複数形
- 数詞の前に付く定語は数詞句全体の格（＝数詞の格）と同じ、数詞の後に付く定語と名詞は主格と対格では生格に、それ以外では全体の格と同じ。
- ただし、主格と不活動体の対格のとき、数詞の後に付く定語は複数生格だが、名詞は単数生格。
- 名詞が活動体の場合、対格は生格形と同じ、不活動体の場合、対格は主格形と同じ。活動体の対格の名詞の形は単数生格ではなく複数生格であることにも注意。

数詞「2」〜「4」の場合、名詞は単数生格になる（☞ p.308）と学びますが、この表を見ると、単数形になるのは下線を引いた部分だけだとわかります。むしろ単数になるほうが特殊と考えてください。考えてみれば、2つ〜4つのものは複数であるほうが自然なはずです。

		これら2人の優秀な学生	これら2つのおもしろい雑誌
主格		э́ти два хоро́ших студе́нта	э́ти два интере́сных журна́ла
生格		э́тих двух хоро́ших студе́нтов	э́тих двух интере́сных журна́лов
与格		э́тим двум хоро́шим студе́нтам	э́тим двум интере́сным журна́лам
対格	活	э́тих двух хоро́ших студе́нтов	
	不活		э́ти два интере́сных журана́ла
造格		э́тими двумя́ хоро́шими студе́нтами	э́тими двумя́ интере́сными журна́лами
前置格		э́тих двух хоро́ших студе́нтах	э́тих двух интере́сных журна́лах

名詞が女性名詞の場合、主格およびそれと同形の対格のとき、数詞の後の定語は複数生格ではなく複数主格になることがあり、現代語ではむしろ、主格形のほうが好まれます。

		これら2人の優秀な女子学生	これら2つのおもしろい本
主格		э́ти две хоро́ших студе́нтки э́ти две хоро́шие студе́нтки	э́ти две интере́сных кни́ги э́ти две интере́сные кни́ги
生格		э́тих двух хоро́ших студе́нток	э́тих двух интере́сных книг
与格		э́тим двум хоро́шим студе́нткам	э́тим двум интере́сным кни́гам
対格	活	э́тих двух хоро́ших студе́нток	
	不活		э́ти две интере́сных кни́ги э́ти две интере́сные кни́ги
造格		э́тими двумя́ хоро́шими студе́нтками	э́тими двумя́ интере́сными кни́гами
前置格		э́тих двух хоро́ших студе́нтках	э́тих двух интере́сных кни́гах

iii) пять「5」〜сто「100」

　数詞が пять「5」〜сто「100」の場合の変化は、「2」〜「4」の場合とほぼ同様です。ただし、数詞とその後の定語と名詞は、活動体と不活動体の対格の形が同じです。この点が「2」〜「4」と異なる点です。数詞の前の定語だけは、名詞が活動体だと生格形に、不活動体だと主格と同じ形になります。

		これら5人の優秀な学生	これら5つのおもしろい雑誌
主格		э́ти пять хоро́ших студе́нтов	э́ти пять интере́сных журна́лов
生格		э́тих пяти́ хоро́ших студе́нтов	э́тих пяти́ интере́сных журна́лов
与格		э́тим пяти́ хоро́шим студе́нтам	э́тим пяти́ интере́сным журна́лам
対格	活	э́тих пять хоро́ших студе́нтов	
	不活		э́ти пять интере́сных журана́лов
造格		э́тими пятью́ хоро́шими студе́нтами	э́тими пятью́ интере́сными журна́лами
前置格		э́тих пяти́ хоро́ших студе́нтах	э́тих пяти́ интере́сных журна́лах

iv) ты́сяча「1,000」

　数詞が ты́сяча「1,000」の場合、数詞の後の定語と名詞の形に2つのパターンがあります。数詞句全体が主格・対格のときだけ生格形で残りは全体の格と同じになるパターン（пять「5」などと同じ、次ページの①の表）と、すべて生格になるパターン（次ページの②の表）です。なお、ты́сяча の造格形には ты́сячью と ты́сячей の2つがありますが、造格形が ты́сячей だと後続する定語と名詞は基本的に生格になるパターンのみで、造格にはなりません。

数詞の前の定語は、これより大きい数では、原則として数詞に一致して変化します（つまり тысяча が対格の тысячу なら定語も単数・女性・対格形になります）。名詞の性別や活動体・不活動体の区別の影響を受けることはありません。

①主格・対格のみ生格、残りは全体の格に等しいパターン

		これら1,000人の優秀な学生	これら1,000冊のおもしろい雑誌
主格		эта тысяча хороших студентов	эта тысяча интересных журналов
生格		этой тысячи хороших студентов	этой тысячи интересных журналов
与格		этой тысяче хорошим студентам	этой тысяче интересным журналам
対格	活	эту тысячу хороших студентов	
	不活		эту тысячу интересных журналов
造格		этой тысячью хорошими студентами	этой тысячью интересными журналами
前置格		этой тысяче хороших студентах	этой тысяче интересных журналах

②すべて生格のパターン

		これら1,000人の優秀な学生	これら1,000冊のおもしろい雑誌
主格		эта тысяча хороших студентов	эта тысяча интересных журналов
生格		этой тысячи хороших студентов	этой тысячи интересных журналов
与格		этой тысяче хороших студентов	этой тысяче интересных журналов
対格	活	эту тысячу хороших студентов	
	不活		эту тысячу интересных журналов
造格		этой тысячью/тысячей хороших студентов	этой тысячью/тысячей интересных журналов
前置格		этой тысяче хороших студентов	этой тысяче интересных журналов

v) миллион「100万」

миллион「100万」では、後続する定語と名詞は全体の格が何であろうとすべて生格になります。名詞の性別や活動体・不活動体の区別の影響を受けることはありません。

		これら100万人の優秀な学生	これら100万冊のおもしろい雑誌
主格		э́тот миллио́н хоро́ших студе́нтов	э́тот миллио́н интере́сных журна́лов
生格		э́того миллио́на хоро́ших студе́нтов	э́того миллио́на интере́сных журна́лов
与格		э́тому миллио́ну хоро́ших студе́нтов	э́тому миллио́ну интере́сных журна́лов
対格	活	э́тот миллио́н хоро́ших студе́нтов	
	不活		э́тот миллио́н интере́сных журна́лов
造格		э́тим миллио́ном хоро́ших студе́нтов	э́тим миллио́ном интере́сных журна́лов
前置格		э́том миллио́не хоро́ших студе́нтов	э́том миллио́не интере́сных журна́лов

補足

数詞の前の定語の格は数詞句全体の格（＝数詞の格）と等しくなるのが原則ですが、ときに、それから外れるものもあります。以下のように、主格およびそれと同形の対格のとき、数詞の前に置かれる定語の中には主格形ではなく生格形になるものがあります。以下の例に見られる形容詞は、このような使い方をするものとしてしばしば挙げられるものです。

<u>це́лых</u> три́дцать свобо́дных дней　まるまる30日の自由な日々
<u>до́брых</u> де́сять больши́х буты́лок　10本もの大きな瓶
<u>до́лгих</u> де́сять лет　10年もの時間
<u>каки́х-нибудь</u> три́дцать мину́т　30分ほどの時間
<u>непо́лных</u> два го́да　2年足らずの時間

e）「～はいくつだ」

ものの数を伝えて「～はいくつだ」と言うときに、次のように〔数詞＋名詞〕の名詞だけを文頭に出した表現が可能です。

Преподава́телей у нас три́дцать.　教師は我々には30人いる。
Студе́нтов бы́ло то́лько пять.　学生は5人しかいなかった。

これらの文の先頭の複数生格形の名詞（преподава́телей, студе́нтов）は、いずれも три́дцать, пять が修飾しているから複数生格形になっていると考えられます。つまり、本来の語順はそれぞれ以下のとおりです（数詞句を主語とする文の述語の変化については p.365~367）。

15.1 さまざまな数量詞・数詞

У нас три́дцать **преподава́телей**.
Бы́ло то́лько пять **студе́нтов**.

確かに、「30」や「5」の後で名詞は複数生格形になります。ただ、このタイプの文では数詞が「2」〜「4」、つまり本来なら単数生格形になるはずの場合でも、先頭にある名詞は複数生格形になることがあります（単数生格形ももちろん可能です）。

Дач у него́ две. 彼に別荘は2つある。
Пассажи́ров оста́лось три. 乗客は3人残った。

ただし、人の場合はとくにそうですが、集合数詞（ p.330〜331 ）を使うことのほうが多いです。また、しばしば単位となる челове́к「人」を入れる場合もあります。

Студе́нтов у нас **че́тверо**. 学生は我々のところには4人だ。
Преподава́телей у нас три́дцать **челове́к**. 教師は我々には30人いる。

場合によっては、数詞が「1」でも文頭の複数生格形が可能なことがあります（ただし、このような言い方は認めない人も多く、使用頻度もかなり下がります）。

Враче́й там бы́ло то́лько оди́н.
医者はそこには1人しかいなかった。

ちなみにこのような場合、以下のように言えば問題はありません。

Врач там был то́лько оди́н.

> 単数主格形にする

Враче́й там бы́ло то́лько оди́н **челове́к**.

> 複数生格のまま   оди́н の後に челове́к を入れる

数える対象が人称代名詞の場合もしばしば見られます。なお、通常の語順で два их とは言えません。また、челове́ка はなくてもよいとされますが、あったほうがより自然です。

Их два (челове́ка). 彼らは2人だ。

f）形容詞から名詞への連続体としての数詞：個数詞を整理するために

ロシア語の個数詞の使い方は非常に複雑で、英語のようにすっきりとしてはいません。本項ではそれらの複雑で多様な個数詞について、可能な限りの整理を試みます。

まず、次の2つのタイプの構造をご覧ください。

〔形容詞＋名詞〕
　рýсский мáльчик　ロシアの少年
　интерéсный фильм　おもしろい映画

〔名詞＋生格名詞〕
　велосипéд студéнта　学生の自転車
　монитóр компью́тера　コンピュータのモニター

ここで、それぞれ下線を引いた形容詞と名詞に着目します。数詞はこの形容詞と名詞の中間的存在で、時に形容詞と同じ性質を示し、時に名詞と同じ性質を示します。さらに言えば数が小さいものほど形容詞的、数が大きくなるほど名詞的になります。それがどういうことか、これから具体的に見ていきます。

i）数の一致

まず、〔形容詞＋名詞〕の形容詞は、修飾する名詞が単数か複数かに合わせて変化します。つまり、名詞に対して数で一致します。

　рýсские мáльчики　ロシアの少年（複数）
　интерéсные фи́льмы　おもしろい映画（複数）

個数詞が修飾する名詞と数に関して一致するかどうかを見ると、数詞 оди́н「1」は修飾する名詞の数に合わせて変化します（☞ p.310）が、それ以上の数詞はそういうことはありません。

　оди́н стол　1つの机
　одни́ сáни　1つのそり
　＊сáни「そり」は複数形しかない名詞です　☞ p.27 。

つまり、数詞 оди́н「1」は修飾する名詞の単数・複数に一致して変化しますが、これは上の例の形容詞 рýсские や интерéсные と同じです。その一方、два「2」以上の数詞はそのような一致は行いませんが、これは〔名詞＋生格〕の構造における名詞と同じです。

1	2, 3, 4, 5 ...
形容詞的	名詞的

ii）すべての格で一致

〔形容詞＋名詞〕の形容詞は、名詞に対してすべての格で一致します。

［ロシアの少年］

рýсск**ий** мáльчик（主格）	рýсск**ого** мáльчика（生格）
рýсск**ому** мáльчику（与格）	рýсск**ого** мáльчика（対格）
рýсск**им** мáльчиком（造格）	рýсск**ом** мáльчике（前置格）

名詞 мáльчик が格変化するとそれに従って形容詞のほうも同じ格に変化し、格に関して一致しています。一方で、〔名詞＋生格名詞〕の名詞と生格名詞の格は基本的に別々なのは言うまでもありません。

すべての格で名詞に格を一致させるかという点について、数詞を見てみます。одúн「1」は形容詞と同様にすべての格で一致しますが、два「2」から上はすべての格で一致するわけではありません。数詞と数詞句全体が主格と対格のとき、名詞は生格となり、格が一致しないからです（数詞句全体の変化については 👉 p.315~319）。

［1つの机］

одúн стол（主格）	одногó столá（生格）
одномý столý（与格）	одúн стол（対格）
одни́м столóм（造格）	однóм столé（前置格）

［2つの机］

два стол**á**（主格＋生格）	двух столóв（生格）
двум столáм（与格）	два стол**á**（対格＋生格）
двумя́ столáми（造格）	двух столáх（前置格）

大きい数になると、名詞のほうが常に生格、という場合もあります。いずれにせよ、形容詞と同様にすべての格で名詞と格が一致しているのは одúн「1」だけで、два「2」以上では食い違う部分があります。

1	2, 3, 4, 5 …
形容詞的	名詞的

iii) 性の一致

〔形容詞＋名詞〕の構造の形容詞は、名詞に対して性が一致しています。

[ロシアの少年、ロシアの少女、ロシアの湖]
ру́сск**ий** ма́льчик（男性）
ру́сск**ая** де́вочка（女性）
ру́сск**ое** о́зеро（中性）

それに対して、〔名詞＋生格名詞〕の構造では名詞と生格名詞の性は無関係です。

性の一致については、оди́н「1」が形容詞同様に一致するのは数や格と同じですが、два「2」は女性の場合だけдвеと変化し（☞ p.310）、部分的に性の一致が見られます。три「3」以上は〔名詞＋生格名詞〕の名詞と同様、後続する名詞と性に関して一致するようなことはありません。

оди́н стол　1つの机（男性）
одно́ окно́　1つの窓（中性）
одна́ кни́га　1冊の本（女性）
два стола́/окна́　2つの机（男性）／窓（中性）
две кни́ги　2冊の本（女性）
три стола́/окна́/кни́ги　3つ(3冊)の机（男性）／窓（中性）／本（女性）

ということで、оди́н「1」は形容詞のように名詞と性に関して一致しますが、два「2」は一部だけ一致するので、部分的に形容詞的、три「3」以上は性の一致は一切せず、〔名詞＋生格名詞〕の名詞と同じように後続する名詞と性に関して一致するようなことはありません。

1	2	3, 4, 5 …
←形容詞的		名詞的

iv）活動体・不活動体の一致

ある種の男性名詞は活動体名詞だと対格が生格と同じ形になりますが、不活動体だと主格と同じ形になります。〔形容詞＋名詞〕の形容詞はその点で名詞と一致し、名詞の対格形が生格形と同じになれば形容詞も生格形に、名詞が主格形になれば形容詞も主格形になります（詳しくは ☞ p.50~55 ）。

[ロシアの少年]
ру́сский ма́льчик ➡ **ру́сского** ма́льчика
　　　　　　　　　　　　　生格と同形の対格

[おもしろい映画]
интере́сный фильм ➡ **интере́сный** фильм
　　　　　　　　　　　　　主格と同形の対格

つまり、形容詞は活動体・不活動体の区別に関しても名詞に一致するのです。

個数詞のうち、оди́н「1」から четы́ре「4」までは修飾する名詞と活動体・不活動体に関して一致します。つまり「1」〜「4」では活動体名詞を修飾する場合、数詞の対格形も生格形と同じになります。しかし、пять「5」以上ではそのようなことは起こりません（個数詞の変化 ☞ p.311~315、数詞句の変化 ☞ p.315~319）。

четы́ре студе́нта　4人の学生（主格）
　➡ **четырёх** студе́нтов
　　　活動体なので対格形は生格と同じ

пять студе́нтов　5人の学生（主格）
　➡ **пять** студе́нтов
　　　活動体だが生格形にならない

つまり、оди́н「1」から четы́ре「4」までは、活動体の対格形は修飾する名詞に一致して生格と同形に、不活動体の対格形は主格と同形になります。しかし、пять「5」以上ではそのような一致は起こりません。

324

1	2	3, 4	5, 6, ... 100, ... 1,000
	形容詞的	名詞的	

補足

ただし、数詞に先行する定語だけは、「5」以上の場合でも生格と同形になります（☞ p.317）。

э́ти пять студе́нтов　これら5人の学生（**主格**）
→ э́тих пять студе́нтов（対格）

名詞 студе́нтов は活動体ですが пять は対格形が主格と同形で一致していません。しかし、э́тих は生格と同形になっており、活動体・不活動体についての一致が見られます。数詞の前の定語も活動体の対格が生格と同形ではなくなるのは、ты́сяча「1,000」以上の大きい数詞の場合です（数詞句の変化 ☞ p.315~319）。

v) 自身の複数形

今度は〔名詞＋生格名詞〕の名詞に着目しましょう。この名詞は従えている生格名詞とは無関係に単数形になったり複数形になったりします。

велосипе́д студе́нта → **велосипе́ды** студе́нта　学生の自転車
〔自転車は複数、学生は単数〕

монито́р компью́тера → **монито́ры** компью́тера　コンピュータのモニター
〔モニターは複数、コンピュータは単数〕

つまり、〔名詞＋生格名詞〕の名詞は自身の複数形を持っています。それに対して〔形容詞＋名詞〕の構造の形容詞は、確かに複数形はありますが、それは自分自身のものではなく、名詞に一致した結果です。

では数詞はどうでしょう。まず оди́н「1」は確かに i) で見たように複数形がありますが、それ自身の複数形ではなく、修飾する名詞が複数であることを示しているにすぎません。また、два「2」から сто「100」までは数詞の変化表を見ればわかるように（☞ p.312~314）そもそも単数か複数かで変化しません。しかし、ты́сяча「1,000」

や миллио́н「100万」など大きな数詞は、名詞と同様にそれ自身の複数形を持っています。ты́сячи や миллио́ны のような複数形は、それ自身が複数あること、すなわち「数千」「数百万」を意味します（☞ p.314）。

つまり、数詞は 1,000 以上のもののみが、名詞と同様にそれ自身の複数形を持っています。

ただし、сто「100」には、一部の表現で複数形のようなものが名残として見られることがあります。

не́сколько **сот** лет наза́д　数 100 年前

сот というのは数詞 сто の変化表には出てこない形ですが、сто の複数生格形だと考えられ、部分的に名詞と同じ性質を持ちます。

1	2	3, 4	5, 6, …	100	1,000, 100万 ─────→
		── 形容詞的 ──		名詞的 ───	

vi）数詞に一致する定語

〔名詞 + 生格名詞〕の構造の名詞は、それに一致する定語を持つことができます。

э́тот велосипе́д студе́нта　学生のこの自転車
хоро́ший монито́р компью́тера　コンピュータの良いモニター

一方、〔形容詞 + 名詞〕の形容詞の前に定語を置いても、それは形容詞を修飾しているのではなく、名詞のほうを修飾しています。

э́тот ру́сский ма́льчик　このロシアの少年

名詞と同様にそれ自体を修飾し、それに一致する定語を持つことができるのは、ты́сяча「1,000」以上の大きな数詞です。

э́та ты́сяча студе́нтов　これら 1,000 人の学生
э́тот миллио́н студе́нтов　これら 100 万人の学生

この例で、э́та と э́тот は一見「これらの学生」というふうに студе́нтов「学生」を修飾しているようにも見えますが、そうではありません。э́та が女性形なのは女性の ты́сяча を修飾しているか

らですし、э́тот が男性形なのは男性の миллио́н を修飾しているから、と考えなければならないからです。

一方で、「1,000」より小さい数詞の例を見てみましょう。

э́тот оди́н студе́нт　この一人の学生
э́ти сто студе́нтов　これら100人の学生

これらの例で、э́тот/э́ти は数詞を修飾しているわけではありません。1つめの例で э́тот が単数形なのは оди́н が単数形なのと同様に学生が1人だからですし、2つめの э́ти は複数いる「学生」を修飾してそれに一致しているからです。

このように、名詞と同様に自身に一致する定語を持つことができる数詞は ты́сяча「1,000」以上で、それより小さい数詞は形容詞と同様にそれに一致する定語を持つことはできません。

1	2	3, 4	5, 6, ... 100	1,000, 100万
		形容詞的		名詞的

vii) 後続する名詞は必ず生格

〔名詞＋生格名詞〕の生格名詞は名詞の格に関わらず常に生格形です。これは ii) で見た「形容詞は名詞に対してすべての格で一致する」ということの真逆です。

[学生の自転車]
велосипе́д студе́нта（主格）　　велосипе́да студе́нта（生格）
велосипе́ду студе́нта（与格）　велосипе́д студе́нта（対格）
велосипе́дом студе́нта（造格）велосипе́де студе́нта（前置格）

велосипе́д は格変化していますが、студе́нта「学生」のほうはすべて生格形で、形が変わりません。

名詞と同じように100万以上の大きな数詞は、数詞と数詞句全体の格に関わらず、後続する名詞が常に生格であることを要求します。以下の例では миллио́н が主・生・与・対・造・前と格変化しているのに、後続する рубле́й は常に生格です。

[100万ルーブル]
миллио́н рубл**е́й**（主格）   **миллио́на** рубл**е́й**（生格）
миллио́ну рубл**е́й**（与格）   **миллио́н** рубл**е́й**（対格）
миллио́ном рубл**е́й**（造格）   **миллио́не** рубл**е́й**（前置格）

そして ii) で見たように、оди́н「1」は形容詞と同様に格が名詞と完全に一致します。два「2」から сто「100」までは数詞と数詞句全体が主格と対格のとき、従える名詞が生格になるものの、それ以外の格では数詞と名詞の格は一致し、部分的に形容詞のようなパターン、部分的に名詞のようなパターンになります。

なお、ты́сяча「1,000」は、常に名詞に生格を要求する場合（つまり миллио́н「100万」のように名詞と同じ）と、主格と対格では生格になる一方それ以外の格では数詞と名詞の格が同じになる場合（つまり「2」〜「100」のように一部名詞的、一部形容詞的）の、両方が可能です。

1,000ルーブル

	①	②
主格	ты́сяча рубл**е́й**	ты́сяча рубл**е́й**
生格	ты́сячи рубл**е́й**	ты́сячи рубл**е́й**
与格	ты́сяче рубл**е́й**	ты́сяче рубл**я́м**
対格	ты́сячу рубл**е́й**	ты́сячу рубл**е́й**
造格	ты́сячей рубл**е́й** ты́сячью рубл**е́й**	ты́сячью рубл**я́ми**
前置格	ты́сяче рубл**е́й**	ты́сяче рубл**я́х**

＊ ты́сяча の造格形には ты́сячью と ты́сячей の2つがありますが、ты́сячей に後続する名詞は生格のみで、造格にはなりません（☞ p.314, p.317）。

つまり、「100万」以上の数詞は名詞と同様に常に生格の名詞を従えます。「100」から下の数詞は少なくとも「常に」生格というわけではありません。その間の 1,000 は、その両方のパターンが併存しているわけです（数詞句の変化 ☞ p.315~319）。

1	2	3, 4	5, 6, ... 100	1,000	100万
←――――――――― 形容詞的 ―――――――――→				←― 名詞的 ―→	

これと ii) を合わせて考えると、
① оди́н「1」は、常に数詞と名詞の格が同じ
② два「2」～сто「100」は、主格と対格のとき名詞が必ず生格、それ以外の格のとき数詞と名詞の格が同じという混在パターン
③ ты́сяча「1,000」は、混在パターンと常に名詞は生格というパターンの両方が可能
④ миллио́н「100万」から上の大きな数は、名詞は常に生格
となります。

1	2	3, 4	5, 6, ... 100	1,000	100万 →
常に格が一致	主格と対格で名詞が生格に、それ以外の格では格が一致 (混在パターン)			常に生格	

混在パターンと常に生格パターンの両方が併存

まとめ

i)～vii) の7点を1つの表にまとめてみましょう。

		形容詞的 ←				→ 名詞的	
		1	2	3, 4	5	100	1,000 100万
i)	名詞との数の一致	形		名			
ii)	全ての格で一致	形		名			
iii)	性の一致	形			名		
iv)	活動体・不活動体の一致	形			名		
v)	自身の複数形			形			名
vi)	数詞に一致する修飾語			形			名
vii)	後続する名詞は必ず生格			形			名

この表で「形」とあるのは形容詞と同じように振る舞っていることを示し、「名」とあるのは名詞と同じ振る舞いを見せていることを示します。оди́н「1」がいちばん形容詞的な性質を多く持っており、そこから数字が大きくなるにつれて名詞的になっていくのがおわかりいただけるのではないでしょうか。学習上効率的なのはそれぞれの数詞について個別に振る舞いを覚えるのではなく、どこまでが形容詞的でどこまでが名詞的かを覚えることです。

（2）集合数詞

個数詞とは少し違った使い方をするものに集合数詞があります。集合数詞は以下の9つです。概して数が小さいもののほうがよく用いられる傾向にあります。

	集合数詞		
1		6	ше́стеро
2	дво́е	7	се́меро
3	тро́е	8	во́сьмеро
4	че́творо	9	де́вятеро
5	пя́теро	10	де́сятеро

a）集合数詞の変化

集合数詞の変化は2通りに分かれます。「2」〜「100」の個数詞と同様に複数形がなく、活動体と不活動体を区別します。

		-ое タイプ 2	-еро タイプ 4
主格		дво́е	че́творо
生格		двои́х	четверы́х
与格		двои́м	четверы́м
対格	活動体	двои́х	четверы́х
	不活動体	дво́е	че́творо
造格		двои́ми	четверы́ми
前置格		двои́х	четверы́х

b）集合数詞の用法

① 集合数詞と名詞が結合すると、名詞は複数生格形に変化します。個数詞と異なり、「2」〜「4」でも複数生格形になります（個数詞だと単数生格形に変化します）。

② 複数形しかない名詞が「2」〜「4」個の場合に数えるのに用います（☞ p.309 も参照）。

  дво́е су́ток　2昼夜　　　　**тро́е** часо́в　3個の時計
  че́творо сане́й　4つのソリ

③ 複数形しかない名詞を数える場合に合成数詞の最後の数詞を集合数詞にする例が見られますが、あまり好ましいロシア語とはされていません。

> двáдцать **двóе** нóжниц　22本のはさみ
> три́дцать **трóе** су́ток　33日間

④ 人間を表す男性名詞とともにもしばしば用いられます。

> **пя́теро** друзéй　5人の友人　　　**чéтверо** инженéров　4人の技師

⑤ 通常、代名詞と結合させて двóе нас のようには言いません。しかし、代名詞を文頭に移動して次のように言う例はごく普通にあります（「～はいくつだ」の項も参照 ☞ **p.319~320** ）。

> Нас **двóе**.　我々は2人だ。

(3) 数詞以外の数量詞と数量を表す語

個数詞や集合数詞以外にもものの数量を表す語はいろいろあります。個数詞の性質と比べながら整理しましょう。

a) 「5」以上の数詞と性質が似ているもの

мнóго　多くの	**мáло**　少ししかない、ほとんどない
немáло　少なからず、多くの	**немнóго**　少し
нéсколько　いくつか、いくらかの	
стóлько　それほどの、それほど多くの	
скóлько　いくつの、いくらの	

- いずれも数えられる名詞と結びつくと、「5」以上の個数詞と同じように名詞が複数生格に変化します。

> У нас **мнóго** студéнтов.
> うちにはたくさんの学生がいる。
> Мóжно задáть вам **нéсколько** вопрóсов?
> いくつかご質問してもいいですか？

- немнóго「少し」は肯定文、мáло「少ししかない、ほとんどない」は否定文として日本語にすると、そのニュアンスが出しやすいです。

У него́ бы́ло **немно́го** студе́нтов。
彼のもとには少し学生がいた。
У него́ бы́ло **ма́ло** студе́нтов。
彼のもとには少ししか学生がいなかった。

- сто́лько は単独で「それほど多くの」という意味を持つと同時に、ско́лько と呼応して「～だけの」という使い方もあります。

Вокру́г тебя́ **сто́лько** до́брых люде́й.
君の周りにはこんなにたくさんのいい人たちがいる。
У вас **сто́лько** де́нег, **ско́лько** вам ну́жно.
あなたには必要なだけのお金がある。

- ско́лько は疑問詞です。

Ско́лько челове́к у вас в семье́?
あなたは何人家族ですか？

- 「5」以上の個数詞と違うのは、これらは数えられない名詞も修飾できることです。数えられない名詞には複数形がありませんので、そのようなものと結びついた場合、名詞は単数生格になります。

мно́го влия́ния　たくさんの影響
не́сколько вре́мени　いくらかの時間
У нас **ма́ло** вре́мени. 我々にはわずかな時間しかない。
У нас **немно́го** вре́мени. 我々には少し時間がある。

- 変化は以下の通りです。мно́го を代表として示しますが、ма́ло は変化しません。それ以外はすべて同じ変化です。

мно́го　多くの	
主格	мно́го
生格	мно́гих
与格	мно́гим
対格 活動体	мно́гих
対格 不活動体	мно́го
造格	мно́гими
前置格	мно́гих

- мно́го, немно́го, не́сколько, сто́лько, ско́лько の活動体の対格は生格と同形に、不活動体の対格は主格と同形になります。その点では「2」～「4」の個数詞と同じです。ただし近年では、いずれも「5」以上の個数詞の場合と同様に活動体の対格も主格と同じ形になる場合が増え、とくに мно́го, немно́го, ско́лько, сто́лько は主格と同形になる傾向が強まっています。

Он пригласи́л **мно́гих**/**мно́го** госте́й.
彼はたくさんの客を招待した。

b）形容詞と性質が似ているもの

i) не́который「いくつかの」／ мно́гий「多くの」

基本的に表す量としてはそれぞれ не́сколько, мно́го と同じですが、形容詞の長語尾変化（ ▶ p.134~137 ）と同様に変化します（ не́который は硬変化Ⅰ ▶ p.134 、мно́гий は混合変化Ⅰ ▶ p.136 ）。ちなみに、前項で扱った мно́го の主格形（およびそれと同形の対格形）以外の変化形は、мно́гий の変化形と同じです。

また、не́сколько, мно́го はしばしば副詞として用いられます。一方、複数形の не́которые, мно́гие は名詞として「いくらかの人、多くの人」、中性形の мно́гое は「多くのもの・こと」という意味で用いられることがあります。

Он **не́сколько** измени́л своё мне́ние.
彼は自分の意見を多少変えた。（副詞）
Она́ всегда́ **мно́го** рабо́тает.
彼女はいつもたくさん働いている。（副詞）
Не́которые счита́ют, что он не винова́т.
何人かの人は彼に罪がないと考えている。（名詞）
Мно́гое зави́сит от тебя́.
多くのことが君次第だ。（名詞）

ii) весь「すべての、全～」

весь は、品詞としては通常 сам（ ▶ p.108 ）のような定代名詞とされます。また厳密に言うと、形容詞と同じ変化ではありません。ただ、修飾する名詞の性・数・格に従って変化するという点では形容詞と同じだと言えます。

весь「すべての、全〜」				
	男性	中性	女性	複数
主格	весь	всё	вся	все
生格	всего		всей	всех
与格	всему		всей	всем
対格 活動体	всего	всё	всю	всех
対格 不活動体	весь			все
造格	всем		всей (-ею)	всéми
前置格	всём		всей	всех

＊女性の造格形の（ ）で示した -ею という形は現代では普通は用いられませんが、文献などで出てくることがある形です。

　　все студенты　すべての学生
　　весь мир　全世界
　　вся жизнь　全生涯

　また、複数形の все は「すべての人、みんな」という意味で、中性形の всё は「すべてのもの、すべてのこと」という意味で用いられます。

　　Все об этом знают.　みんなそのことについて知っている。
　　Он всё знает.　彼はすべて知っている。

c）óба「両方の」

óба は意味を考えると要するに「2つ」ということですから、個数詞の два「2」によく似ていると言えます。文法的にも、以下に見るように два とそっくりです（☞ p.312）。

- 主格（およびそれと同形の対格）では óба が従える名詞は単数生格形になります。男性名詞・中性名詞を従えるときは óба で、女性の場合だけ óбе になります。

　　óба мáльчика　両方の少年（**男性名詞**）
　　óба письмá　両方の手紙（**中性名詞**）
　　óбе дéвочки　両方の少女（**女性名詞**）

- 形容詞などの修飾語は名詞の前にあると複数生格形になりますが、女性名詞のときだけ複数主格も可能です（むしろ、現代語では複数主格になるほうが普通です）。

  óба **япóнских** мáльчика　両方の日本の少年
  óбе **технологи́ческих** платфóрмы　両方の技術的プラットフォーム
  óбе **япóнские** компáнии　両方の日本の企業

- 名詞が単数生格形になるのは句全体の格（＝óбаの格）が主格（またはそれと同形の対格）のときだけで、それ以外の格ではすべて複数形（かつ句全体と同じ格）です。

  ［両方の才能ある俳優］
  óба талáнтливых **актёра**（主格）
  обóих талáнтливых **актёров**（生格）
  обóим талáнтливым **актёрам**（与格）

- óбаの対格形は、名詞が活動体のとき生格形に、不活動体のとき主格形に等しくなります。

  пригласи́ть **обóих мужчи́н**　両方の男性を招待する（活動体）
  читáть **óба журнáла**　両方の雑誌を読む（不活動体）

- двaとの違いは、主格（とそれと同形の対格）を含めてすべての格で男性・中性形と女性形が異なるということです。変化表をご覧ください。

		óба　両方の	
		男性・中性	女性
主格		óба	óбе
生格		обóих	обéих
与格		обóим	обéим
対格	活動体	обóих	обéих
	不活動体	óба	óбе
造格		обóими	обéими
前置格		обóих	обéих

ただし口語などでは、主格（およびそれと同形の対格）以外で男性・中性形が女性名詞を修飾する例も、時には見られます。ただし、それはあまり正しくない使い方とされています。

c）数量名詞

名詞の中には большинствó「大多数の」、меньшинствó「少数の」、часть「一部の」、ряд「一連の、たくさんの」などのように、後ろに生格の名詞を従えてその量を表す**数量名詞**があります。

большинствó студéнтов　大多数の学生
меньшинствó населéния　少数の住民
бóльшая **часть** пассажи́ров　多数の乗客

普通、単数形の名詞を主語とした場合、たとえ実際には複数の人を表していても、述語は単数形で一致します。

Грýппа студéнтов посети́ла э́ту вы́ставку.
学生のグループがその展覧会を訪れた。
Моя́ **семья́** состои́т из четырёх человéк.
私の家族は4人からなる。
Комитéт поддержáл егó предложéние.
委員会は彼の提案を支持した。

しかし、〔数量名詞＋名詞〕を主語とした場合、述語が複数形になり得るところが、普通の名詞と異なります（単数形も可能です）。

Большинствó студéнтов живýт в общежи́тиях.
大多数の学生が寮に住んでいる。
Меньшинствó людéй поддéрживают э́ти закóны.
少数の人だけがこれらの法を支持している。
Ряд учёных вы́сказали мнéние.
多くの学者が意見を述べた。
Бóльшая **часть** члéнов пáртии приéдут в Москвý.
党員の大多数がモスクワに来るだろう。

ただし、後に従えている生格名詞が数えられない名詞で単数形となっている場合は、たとえ複数の人を表していても、動詞は単数形（非過去形なら3人称単数、過去形なら中性形）になります。

Подавля́ющее **большинство́ наро́да** голосова́ло за президе́нта.
圧倒的多数の国民は大統領に投票した。

d）数を表す名詞

名詞として数そのものや数に関わるものを表す名詞がいくつかあります。

数を表す名詞			
1	едини́ца	7	семёрка
2	дво́йка	8	восьмёрка
3	тро́йка	9	девя́тка
4	четвёрка	10	деся́тка
5	пятёрка	100	со́тня
6	шестёрка		

これらは以下のような使い方をします。

ⅰ）数字として

набра́ть но́мер че́рез **девя́тку**
（電話で）9のあとに番号をプッシュする

три **семёрки**　3つの7（777）

同様の使い方は個数詞の нуль/ноль「0」でも可能です。нуль は男性名詞として変化します。

че́рез **нуль**　（電話などで）0を押してから　　три **нуля́**　3つの0（000）

ⅱ）数字が象徴するもの

тро́йка　3人組　　Больша́я **восьмёрка**　G8
деся́тка пик　スペードの10

ⅲ）単位としての「10」「100」

個数詞の де́сять と сто には ты́сяча「1,000」や миллио́н「100万」と違って複数形がありません。そのため、「数十」、「数百」を表すために деся́ток「10」、со́тня「100」の複数形が用いられます。

деся́тки ты́сяч　数万　　не́сколько **со́тен** лет　数百年

（4）順序数詞

a）順序数詞とは

順序数詞は今まで説明した数量詞と異なり、数量を表すものではありません。「〜番目の」というように、何らかの順番・序列の中で位置づけを行うためのものです。

順序数詞			
0	нулево́й／нолево́й	30	тридца́тый
1	пе́рвый	40	сороково́й
2	второ́й	50	пятидеся́тый
3	тре́тий	60	шестидеся́тый
4	четвёртый	70	семидеся́тый
5	пя́тый	80	восьмидеся́тый
6	шесто́й	90	девяно́стый
7	седьмо́й	100	со́тый
8	восьмо́й	200	двухсо́тый
9	девя́тый	300	трёхсо́тый
10	деся́тый	400	четырёхсо́тый
11	оди́ннадцатый	500	пятисо́тый
12	двена́дцатый	600	шестисо́тый
13	трина́дцатый	700	семисо́тый
14	четы́рнадцатый	800	восьмисо́тый
15	пятна́дцатый	900	девятисо́тый
16	шестна́дцатый	1,000	ты́сячный
17	семна́дцатый	100万	миллио́ный
18	восемна́дцатый	10億	миллиа́рдный
19	девятна́дцатый	1兆	триллио́нный
20	двадца́тый	1,000兆	квадриллио́нный

50番目〜80番目、200番目から900番目を見ると、それぞれ「個数詞の生格＋-деся́тый/-со́тый」という形をしています。1,000番台や100万番台など大きな順序数詞も同様に作ります。なお、前半の個数詞の生格の部分には第2アクセント（ p.11 ）が置かれているので、трёхсо́тыйや четырёхсо́тый のёはeになりません。

двухты́сячный　2,000番目の　　трёхмиллио́нный　300万番目の
девятимиллио́нный　900万番目の

次のように桁が増える場合も、同様の表現が可能です。

десятиты́сячный　1万番目の
пятнадцатиты́сячный　1万5,000番目の
шестидесятиты́сячный　6万番目の

合成数詞を順序数詞にする場合は、最後の1語だけ順序数詞になります。

два́дцать оди́н　21 ➡ два́дцать **пе́рвый**
сто оди́ннадцать　111 ➡ сто **оди́ннадцатый**

b）順序数詞の変化

　順序数詞は基本的に「～番目の～」というふうに名詞を修飾するものですので、形容詞の一種とも言えます。少なくとも変化は形容詞とほぼ同じで、ほとんどが硬変化Ⅰ（語幹にアクセントがあるもの）と硬変化Ⅱ（語尾にアクセントがあるもの）です（☞ p.134~135）。ただし、тре́тий「3番目の」だけは一見軟変化のように見えて少し違いますので気をつけてください。所有形容詞（☞ p.152~154）と同じ変化です。

		тре́тий　3番目の		
		単数		複数
	男性	中性	女性	
主格	тре́тий	тре́тье	тре́тья	тре́тьи
生格	тре́тьего		тре́тьей	тре́тьих
与格	тре́тьему		тре́тьей	тре́тьим
対格 活動体	тре́тьего	тре́тье	тре́тью	тре́тьих
対格 不活動体	тре́тий			тре́тьи
造格	тре́тьим		тре́тьей	тре́тьими
前置格	тре́тьем		тре́тьей	тре́тьих

2. 概数表現

正確な数を言わずに、「約〜」「〜以上」など幅を持たせる表現がいろいろあります。ここではそれを紹介しましょう。

(1) 倒置による「約、およそ」

〔数詞＋名詞〕を〔名詞＋数詞〕の語順に倒置すると、「約、およそ」という意味になります。

лет двáдцать　20年くらい
человéк двéсти　約200人

前置詞がつく場合は名詞と数詞の間に入ります。

часá **в** два　2時頃
дней **за** пять　約5日間で
минýт **чéрез** три́дцать　およそ30分後

ただし、これらは必ずこの語順になるとも限りません。чéрез минýт три́дцать という語順も時折見られます。本来的前置詞（☞ p.271, p.275~276）のような「典型的な前置詞」（☞ p.271）ほど名詞と数詞の間に入ることが普通で、ほかの品詞から派生した複合前置詞（☞ p.271）など「前置詞らしくないもの」ほど〔前置詞＋名詞＋数詞〕の語順が用いられる頻度が高くなります。

(2) 副詞による「約、およそ」

примéрно, приблизи́тельно は副詞として数詞を修飾し、「約、およそ」の意味を加えます。

Он получи́л **примéрно/приблизи́тельно** дéсять ты́сяч дóлларов.
彼はおよそ1万ドル受け取った。

前置詞を伴うことも可能です。

примéрно чéрез два часá　約2時間後に
приблизи́тельно в два рáза бóльше　約2倍多い

（3）前置詞によるさまざまな概数表現

　以下の前置詞は、いずれも「約〜」「〜以上」など幅を持たせた概数表現として用いられます。厳密に言うと前置詞と言えるかどうか難しいものも含まれていますが、前置詞と似た使い方をしているのは間違いありません。

◆ **о́коло**＋生格「約〜」
　Там рабо́тают **о́коло** ста челове́к.
　そこには約100人が働いている。

◆ **под**＋対格「〜近く」
　На пло́щади бы́ло **под** сто челове́к.
　広場には100人近くの人がいた。

◆ **бо́лее**＋生格「〜以上」
　Хочу́ отдыха́ть **бо́лее** го́да.
　1年以上休みたい。

◆ **бо́льше**＋生格「〜より多い」
　Арестова́ли **бо́льше** трёх ты́сяч челове́к.
　3,000人以上が逮捕された。

◆ **ме́нее**＋生格「〜より少ない、〜に満たない」
　Ему́ **ме́нее** десяти́ лет.　彼は10歳にもなっていない。

　　не ме́нее で使うことのほうがむしろ多いです。「〜以上、少なくとも〜」という意味になります。

　Да́йте **не ме́нее** пяти́ отве́тов.　少なくとも5つ以上の答えをください。

◆ **до**＋生格「〜未満、〜まで」
　Гости́ница мо́жет приня́ть **до** двухсо́т тури́стов.
　ホテルは200人まで観光客を受け入れられる。
　де́ти **до** десяти́ лет
　10才未満の子ども

◆ **ме́ньше**＋生格「〜より少ない」
　До экза́мена оста́лось **ме́ньше** двух неде́ль.
　試験まで2週間残っていない。

◆**свы́ше**＋生格「〜より多い」
Свы́ше десяти́ проце́нтов населе́ния составля́ют иностра́нцы.
住民の 10％ 以上が外国人だ。

　以上の例で〔前置詞＋数詞＋名詞〕という句は、いずれも主格あるいは対格が要求されている文脈で用いられています。通常、前置詞句を主語や補語として用いることはできませんが、これら概数表現は主語や補語として使うことができます。ただし、主格・対格以外が要求される文脈（例えば、занима́ться＋造格のように主格・対格以外を要求する動詞の補語）で用いることはできませんし、そもそもすでに前置詞が付いてますので、これ以上前置詞を付けて前置詞の目的語とすることはできません。

　概数表現とは違いますが、やはり数詞句を目的語とする前置詞 по「〜ずつ」で導かれる句も、主格の主語や対格補語の位置で使うことができます（詳しくは前置詞の章 ☞ **p.276~278** ）。

3. 分数・小数

(1) 分数と小数

　$\frac{n}{m}$「m 分の n」は、「個数詞＋順序数詞（女性形）」と表します。つまり、分子は個数詞で、分母は順序数詞の女性形で表し、「n 個の m 分の 1」と表現します。

$\frac{1}{2}$　одна́ втора́я　　$\frac{1}{3}$　одна́ тре́тья　　$\frac{2}{3}$　две тре́тьих

$\frac{3}{4}$　три четвёртых　$\frac{3}{5}$　три пя́тых　　$\frac{5}{8}$　пять восьмы́х

$\frac{7}{15}$　семь пятна́дцатых

　分母の順序数詞が女性形なのは、後ろに часть あるいは до́ля（いずれも「部分」という意味）という女性名詞が隠れているからです。分子が 2 以上になると分母の順序数詞が複数生格形になります（数詞「2」〜「4」に後続する形容詞タイプの名詞は数詞「2」〜「4」に後続する定語 ☞ **p.316** と同じ変化です）。帯分数の整数部分は **це́лая**「全体」を数えることで表現します。女性形なのは、やはり後ろに часть/до́ля

が隠れているからと考えてください。

　また、読み方の上では分数と小数の違いはありません。小数も分数として読みます。つまり、0,5なら$\frac{5}{10}$「10分の5」、0,23なら$\frac{23}{100}$「100分の23」と読み換えます。

$0{,}2 (=\frac{2}{10})$ 　　　　　нуль це́лых и две деся́тых

$1{,}5 (=1+\frac{5}{10})$ 　　　　одна́ це́лая и пять деся́тых

$25{,}47 (=25+\frac{47}{100})$ 　　два́дцать пять це́лых и со́рок семь со́тых

$78{,}543 (=78+\frac{543}{1000})$

　　　　　се́мьдесят во́семь це́лых и пятьсо́т со́рок три ты́сячных

- ちなみに、ロシア語では小数点はコンマ（запята́я）「,」、3桁ごとの位取りの点はピリオド（то́чка）「.」で表記するので、日本語と逆です。本書では基本的に日本式の表記で書いていますが、本節だけはロシア式に改めています。なお、手書きでは判読しにくくなるので勧められませんが、小数点の代わりにスペースを空けて「25 47」（＝25,47）とすることもあります。

- це́лая/це́лых はしばしば省略されます。

　$44{,}6 =$ со́рок четы́ре и шесть деся́тых

- нуль (це́лых) は省略可です。

　$0{,}2 =$ две деся́тых

- さすがに小数点以下の桁が多いと、この読み方だとわかりづらくなるのか、話し言葉では次のような言い方もあります。

　57,368: пятьдеся́т семь **запята́я три́ста шестьдеся́т во́семь**

- さらに桁数が多いとこれも難しくなりますので、適宜切り分けながら読む場合もあります。

　89,031723: во́семьдесят де́вять **запята́я нуль три́дцать оди́н семьсо́т два́дцать три**

- ただし、ロシア語ではあまり小数を音読しませんので、この読み方を知らない人も普通にいるようです。

（2）その他の分数・小数の表現

a） полови́на, треть, че́тверть

$\frac{1}{2}$ には полови́на、$\frac{1}{3}$ には треть、$\frac{1}{4}$ には че́тверть という単語もあり、いずれも女性名詞だと考えて変化させます。これらを使って小数点以下 0,5 と 0,25 を次のように表せます。

 7,5 семь с **полови́ной** 12,25 двена́дцать с **че́твертью**

b）分数、小数が名詞を修飾する場合

名詞を修飾するとき、単一のものの一部を表す場合は、名詞部分が単数生格になります。

 полови́на то́рта ケーキの半分

単位なども単数生格になります。

 два́дцать семь и пять деся́тых **проце́нт**а 27,5%

複数のものがあってその一部を表す場合は、名詞部分が複数生格になります。

 три пя́тых **ученико́в** 5分の3の生徒

с полови́ной「0,5」、с че́твертью「0,25」など〔с＋造格〕で小数点以下を表す場合は、それに先行する整数部分の数詞に従って名詞を変化させます。

 пятна́дцать с полови́ной **дн**ей 15,5日
 два с полови́ной **го́д**а 2,5年

整数部分の末尾が「1」あるいは「2」の場合、女性名詞を修飾しているのなら одна́、две と女性形に変化させてください。ただし、修飾されている名詞は上述の通り生格形です。

 два́дцать **одна́** и четы́ре деся́тых **то́нн**ы 21,4 t
 три́дцать **две** с полови́ной **то́нн**ы 32,5 t

c） пол-「半〜」

пол- は名詞の単数生格形と結合して、「半〜、〜の半分」という意味の合成語を作ります。

полчасá 半時間、30分
полминýты 1分の半分、30秒
полгóда 半年、6か月

名詞部分が母音、子音 л- で始まる場合や固有名詞の場合、пол- と名詞の間にハイフンを記します。

пол-лѝтра 半リットル
пол-апельсѝна オレンジ半分
пол-Москвы́ モスクワの半分

変化については、単数主格と単数対格では形が一切変わらず полчасá, полминýты のままです。ほかの格になると пол- は полу- に、後半の名詞は複数形も含めて час, минýта の通常通りの変化形になります。

полчасá 半時間、30分

	単数	複数
主格	полчасá	получасы́
生格	получáса	получасóв
与格	получáсу	получасáм
対格	полчасá	получасы́
造格	получáсом	получасáми
前置格	получáсе	получасáх

полминýты 1分の半分、30秒

	単数	複数
主格	полминýты	полуминýты
生格	полуминýты	полуминýт
与格	полуминýте	полуминýтам
対格	полминýты	полуминýты
造格	полуминýтой	полуминýтами
前置格	полуминýте	полуминýтах

d) полторá「1.5」

「1.5」を表す数量詞として、полторáがあります。主格・対格のみ男性・中性形と女性形が異なる形をしていますが、それ以外ではすべてполу́тораとなります。

	полторá 1.5	
	男性・中性	女性
主格	полторá	полторы́
生格	полу́тора	
与格	полу́тора	
対格	полторá	полторы́
造格	полу́тора	
前置格	полу́тора	

主格・対格のみ女性形が異なるのは、数詞の два「2」と同じです（☞ p.310）。また、数量詞句全体の格が主格・対格の場合は、後に続く名詞が単数生格形に、それ以外の格の場合は、名詞が全体の格と同じ格の複数形になります。これも数詞の два「2」などと同じです（☞ p.316）。

полторá гóда　1年半
〔гóда が男性名詞なので полторá〕

полторы́ минýты　1分半
〔минýты が女性名詞なので полторы́〕

в течéние **полу́тора** часóв　1時間半の間に
〔〔в течéние＋生格〕の表現。часóв が複数生格であることに注意〕

第16章 文の種類や仕組み

文とは「私は〜します」「これは〜です」など、コミュニケーションを行うための基本的な単位です。本章では、文の種類や仕組みについて紹介します。

1. さまざまな文型

本節ではロシア語の文の基本的な構造とタイプについて見ます。

(1) 文の要素

文はさまざまな成分（＝要素）から成ります。以下、ロシア語には大きく分類してどのような文の成分があるか、またそれらの成分はどのような語からなるか、概略を見ていきます。

a) 主要成分

まず、文の主要な成分は**主語**と**述語**です。主語は基本的には主格の名詞・代名詞から成り、これらを中心に形成されます。一方、典型的な述語は動詞で、主語と一致します。このように主格の主語と述語が揃っている文のことを**人称文**と呼びます。

Máша читáет. マーシャは読書している。
Он спал. 彼は寝ていた。

主語は主格の名詞かそれに定語が付いた名詞句が基本ですが、時に次のように前置詞とその目的語から成る前置詞句の場合もあります（このような前置詞については ☞ p.276~278 、☞ p.341~342 ）。

В кáждую кóмнату вошлú **по пять студéнтов**.
それぞれの部屋に5人ずつ学生が入った。

述語は動詞が基本ですが、名詞や形容詞が述語になることもあります。これらはそれ自体では述語になることができませんので、動詞 быть を伴って述語として用いられます（ただし быть の現在形 есть はふつう省略されます）。

16.1 さまざまな文型

Она́ **бу́дет писа́тельницей**.
彼女は作家になるだろう。

Ра́ньше он был толст.
以前彼は太っていた。

述語名詞については第2章も参照してください（☞ p.32~34）。

b）二次成分

また、主語と述語だけでなく、それらとともに句を形成する補語、定語、状況語などの二次成分もあります。

i）補語

補語は英語の文法などでは目的語と呼ばれるものです。補語は行為などが向けられる対象を示し、主に動詞と結びつき以下の例に見るような［動詞句］を形成しますが、その際、ないと文が不完全になってしまうものを補語と呼びます。補語のうち最も多いのは対格のもので、ほかに生格、与格、造格のものがあります。

Ма́ша [чита́ет **кни́гу**]. マーシャは本を読んでいる。（**対格**）
Я [бою́сь **соба́к**]. 私は犬が怖い。（**生格**）
Она́ [помога́ет **ма́ме**]. 彼女はお母さんを手伝っている。（**与格**）
Он [руково́дит **клу́бом**]. 彼はクラブを指導している。（**造格**）

補語にはさらに前置詞＋名詞、つまり前置詞句のものもあります。

Она́ [смо́трит **на меня́**].
彼女は私を見ている。
Мы [уча́ствуем **в соревнова́ниях**].
我々は大会に参加している。

ii）定語

定語は名詞を修飾する要素です。定語には**一致定語**と**不一致定語**があります。

一致定語は修飾する名詞に合わせて変化する（＝一致する）定語で、原則として名詞の前に置かれます。

[**Моя́** дочь] помога́ет ба́бушке.
私の娘はおばあさんを手伝っている。

> дочь が女性名詞の主格なので一致定語の моя́ も女性の主格に。

Дочь помога́ет [**свое́й** ба́бушке]. — ба́бушке が女性名詞の与格なので一致定語の свое́й も女性の与格に。

娘は自分のおばあさんを手伝っている。

一致定語になるのは以上のような所有代名詞のほか、形容詞、指示代名詞などがあります。

[**интере́сная** кни́га] おもしろい本

[**япо́нский** язы́к] 日本語

[**э́ти** кни́ги] これらの本

不一致定語は一致を起こさない定語で、修飾される名詞の性・数・格によって形が変わることはありません。原則として、修飾する名詞の後に置かれます。

[Дочь **Ива́на**] смо́трит телеви́зор. — どちらも Ива́на が後から дочь、сын を修飾しています。дочь「娘」は女性名詞、сын「息子」は男性名詞ですが、Ива́на の形は変わりません。

イワンの娘はテレビを見ている。

[Сын **Ива́на**] смо́трит телеви́зор.

イワンの息子はテレビを見ている。

不一致定語には上のような生格名詞(句)以外にも、ほかの格の名詞(句)、前置詞句、単一比較級（☞ p.145~148）など、一致による変化をしないものがあります。

[па́мятник **Пу́шкину**] プーシキンの記念碑（与格）

[владе́ние **иностра́нными языка́ми**] 外国語の能力（造格）

[кни́га **по исто́рии**] 歴史に関する本（по＋与格）

[пода́рок **для тебя́**] 君へのプレゼント（для＋生格）

[мужчи́на **ста́рше** меня́] 私より年上の男性（単一比較級）

iii) 状況語

状況語は動詞や形容詞、副詞、あるいは文全体を副詞的に修飾する要素です。補語と違い、基本的になくても文は成立します。主として副詞や前置詞句によって表現されます（☞ p.247）。

Он **хорошо́** рабо́тает.
彼はよく働く。

Мы отдыха́ем **на мо́ре**.
我々は海で休息を取っている。

Пото́м он ушёл.
その後彼は去って行った。

Она́ чита́ет **о́чень** интере́сную кни́гу.
彼女はとってもおもしろい本を読んでいる。

（2）主要成分が揃っていない文

時に主要成分である主語と述語が揃わない文というのも存在します。ただし、以下のような省略とは違います。

—Вы рабо́таете и́ли у́читесь?
「あなたは働いていますか？ それとも学生ですか？」
—Рабо́таю.
「働いています」

このやりとりの答えの文には主語がありませんが、これは単なる省略です。なくても話が通じるから省略しているだけで、主語が я「私」であることは明らかです。

以下でご紹介するのはそれとは違い、主語が何かは全くわかりません。そもそも存在しないのですから、わからないのは当然ということになります。

a）不定人称文

まず1つ目の<u>不定人称文</u>は、主要成分のうち主語が存在しないものです。英語で言えば形式主語の they を主語とする文ですが、ロシア語には形式主語というものは存在しません。主語が存在せず、<u>動詞が非過去形（ p.156 ）なら3人称複数形、過去形なら複数形になります。</u>

主語にあたる人や物は現実には存在していますが、言葉の上では表現されません。主語がわからないか、あるいは主語に対して関心がない、示したくない場合などに用いられます。このような使い方は受動態（ p.223~227 ）ともよく似ており、日本語に訳す際には受動態のように「〜される」と訳すとニュアンスがうまく出せることがしばしばあります。

Там **стро́ят** но́вые дома́.
あそこで新しい家が建てられている。
Говоря́т, что он роди́лся за грани́цей.
彼は外国で生まれたと言われている。

動詞の形は複数形ですが、想定される現実の主語が単数の場合でも必ず複数で用いられます。

Мне **подари́ли** кни́гу.　私は本をもらった。
Сего́дня мне **звони́ли** из ба́нка.　今日私に銀行から電話があった。

b）無人称文

無人称文も主格主語がないタイプの文です。こちらは英語で言えば形式主語の it が使われる文によく似ています。述語は動詞の非過去形（ p.156 ）なら3人称単数、動詞の過去形や述語副詞（ p.266 ）なら中性形になります。無人称文にはいくつかのタイプがあります。

i）述語副詞によるもの（述語副詞の詳細は p.266~269 ）

過去形なら бы́ло を、未来形なら бу́дет を添えてください。意味上の主語や「～にとって」は、もし表現するのならば、いずれも与格形で表します。

В Са́ппоро бы́ло **хо́лодно**.　札幌は寒かった。
Мне **ве́село** бу́дет с тобо́й.　私は君といたら楽しいだろう。
На́до мно́го чита́ть.　たくさん読書する必要がある。
Тебе́ **нельзя́** кури́ть.　君はたばこを吸ってはいけない。

ii）無人称動詞によるもの

もっぱら無人称文の述語として使われる動詞があります。いくつかの種類がありますので、意味上の主語があるとしたら格はどうなるか、主格主語のある人称文で言い換えることは可能か、などのポイントに気をつけて覚えましょう。

◆助動詞的無人称動詞

動詞の不定形を伴って助動詞的に用います。意味上の主語は与格で表されます。

хоте́ться	～したい	**сле́довать**	～すべきだ
уда́ться	うまく～できる	**приходи́ться**	～せざるを得ない
полага́ться	～することになっている		

Мне **хо́чется** спать.　私は眠い。
Нам **удало́сь** поговори́ть с ним.
我々はうまく彼と話をすることができた。
Ему́ **пришло́сь** ходи́ть туда́ три ра́за.
彼はそこに3回行かなければならなかった。

◆天候や環境など

主格の主語がなくても動詞だけで天候や環境などを表すことができます。

темне́ть	暗くなる	**света́ть**	明るくなる
холода́ть	寒くなる	**тепле́ть**	暖かくなる
сме́ркнуться	夕暮れが迫る	**вечере́ть**	日が暮れる

Постепе́нно **темне́ет**.　次第に暗くなっていく。
Зимо́й по́здно **света́ет**.　冬は明るくなるのが遅い。
Уже́ давно́ **сме́рклось**.　もう暗くなってからだいぶ時間が経つ。

漠然と天候や環境を表すのではなく、具体的に何が暗くなったり冷たくなったりするのかを主格主語として示すことが可能な動詞もあります。もちろんこれは無人称文ではありません。

Не́бо темне́ет.　空が暗くなる。
Ве́тер холода́ет.　風が冷たくなる。

◆体調・気分

体調や気分を表す動詞には、そのような体調・気分を持つ主体を対格で表すものがあります。要するに何か自分以外の力がそうさせる、という意味と考えられますが、主格の主語はなく、無人称文になります。

зноби́ть　悪寒がする(悪寒をもよおさせる)
тошни́ть　吐き気をもよおす(吐き気をもよおさせる)
рвать　吐く(吐かせる)
укача́ть　乗り物酔いする(乗り物酔いさせる)
лихора́дить　熱が出る(熱を出させる)

Меня ужасно **знобит**.
私はひどく寒気がする。(寒気をもよおさせる)

Его **рвало** кровью.
彼は血を吐いた。(吐かせる)

Меня **укачало** в машине.
私は車酔いした。(車酔いさせる)

Вчера ночью ребёнка **лихорадило**.
昨夜、子どもが熱を出した。(熱を出させる)

◆自然の力

自然の力など人間にはどうしようもないものが影響を及ぼすとき、主格主語なしで、影響を受ける対象が対格の補語、また影響を及ぼす力が造格となる無人称文で表されます。なお、影響を及ぼす自然の力を主格の主語とする人称文も可能です。

Магазин **залило** водой. (= Вода залила магазин.)
店は浸水した。

Его **убило** молнией. (= Молния убила его.)
彼は落雷で死んだ。

Ребёнка **унесло** рекой. (= Река унесла ребёнка.)
子どもが川に流された。

◆意図しない行為を表す -ся 動詞

意思や意図には関係なく自然と、あるいはどうしてもそうなる、という意味の -ся 動詞があります。意味上の主語は与格になります。-ся 動詞は通常は直接補語を持つ他動詞をもとに作られますが、このタイプの -ся 動詞には自動詞から作られるものが多くあります。(-ся 動詞の変化については p.172~174 、一般的な使い方については p.221~223)。

Мне **плачется**. 私は泣けてくる。
Мне сегодня не **работается**. 今日は働く気にならない。
Ему вчера не **спалось**. 昨日彼は寝付けなかった。

◆否定生格

存在を否定する否定生格の文も、主格主語がなく動詞が3人称単数（非過去）か中性形（過去）になりますので、無人称文と形式的には同じです。

У меня **не было** денег. (＜У меня были деньги.)
私にはお金がなかった。

Завтра **не бу́дет** газе́т.（＜За́втра бу́дут газе́ты.）
明日は新聞がない。

ただし、これらは肯定文であれば主格主語のある人称文になるわけですから、ほかの無人称文とは性質がだいぶ異なります。

c）不定形文

述語副詞などを伴わずに動詞の不定形だけで述語として機能している場合があります。このような文を不定形文と呼びます。ある種の無人称文と考えることもできます。主格の主語や主語と動詞の一致はありませんが、意味上の主語は与格で表します。また、過去形では быть の中性形 бы́ло、未来形では3人称単数の бу́дет を付け加えます。

◆ 義務や可能

不定形文で、義務や必要、あるいは可能・不可能を表すことができます。

Нам **идти́** да́льше. 我々は先に進まなければならない。
От судьбы́ мне не **убежа́ть**. 私は運命から逃げられない。

◆ 疑問詞とともに

〔疑問詞＋不定形〕で「〜すべきか」「〜したらよいか」といった意味の疑問文ができます。

Как **жить**? いかに生きるべきか？
Где нам бы́ло **рабо́тать**? 我々はどこで働くべきだったのか？
Что **де́лать**? 何をしたらよいか？

間接疑問文にすることも可能です。

Я не зна́ю, что **де́лать**. 私は何をしたらよいかわからない。

◆ 強い命令

例えば軍隊での号令のように、強く断定的な命令に不定形文が使われることがあります。

Встать! 起立！
Не **кури́ть**! 禁煙！
Всем **спать**! 全員就寝！

◆**бы** を伴って
〔不定形＋бы〕で願望を表すことがあります。

Пое́хать бы в Ло́ндон. ロンドンに行ければよいのだが。
Отдохну́ть бы. 休息を取りたいものだ。

◆**е́сли** とともに条件節で
е́сли に導かれる条件節では動詞が不定形で用いられることがあります。

Е́сли **пое́хать** в Аме́рику, то в како́й го́род?
もしアメリカに行くとしたらどの町に？

d）一般人称文（普遍人称文）

一般人称文も同様に主格主語のない文で、動詞が2人称単数形になります（過去形はありません）。英語で言うと形式主語の you を用いる文に似たもので、一般的・普遍的に通じる真理・道理を表現するのに用いられます。とくにことわざなどで頻繁に見られる文型です（☞ p.183~184, 186 も参照）。

Ти́ше **е́дешь**, да́льше **бу́дешь**.
静かに進めば遠くに行ける。（＝急がば回れ）
Ска́жешь сло́во — не **воро́тишь**.
言った言葉は取り返せない。（＝口は災いの元）
На войне́ **встреча́ешь** ра́зных люде́й.
戦場ではさまざまな人に出会うものだ。

その他の形で同様のニュアンスが出ることもあり、これらも内容から一般人称文と考えることもあります。

Цыпля́т по о́сени **счита́ют**.
ヒヨコは秋に数えるもの。（＝捕らぬ狸の皮算用）
Что **име́ем** — не **храни́м**, потеря́вши — **пла́чем**.
持っているものをしまっておかず、なくすと泣く。
Кто не **рабо́тает**, тот не **ест**.
働かないものは食べない。（＝働かざるもの食うべからず）

＊これは тот, кто「〜な人」が分裂したものです（詳しくは第5章 ☞ p.121~122 ）。

e）名辞文

これまでに説明した文型がいずれも主語がないものだとしたら、名辞文は逆に、述語がなくて主格主語だけのものと言えます。ただし、意味から考えると、主格主語は「〜だ」というふうに、主語というよりはむしろ述語として機能しています。小説や戯曲、詩などの情景描写でしばしば見られる表現です。

Осень. 秋だ。
Тишина́. 静寂。
Хоро́ший день. 良い日だ。
Двена́дцать часо́в но́чи. 夜中の12時だ。
Како́й ужа́сный день! なんてひどい日なんだ！

過去と未来を表現するには быть を使いますが、その際、主格の名詞に一致させます。

Была́ о́сень. 秋だった。

> о́сень が女性名詞なので女性形

Бу́дет хоро́ший день. 良い日だろう。

> день が単数形なので3人称単数形

2. 語順について

ロシア語は語順が比較的自由な言語です。例えば、以下の文は全部で3×2×1＝6通りの語順がすべて可能です。

息子が父を尊敬している。
- Сын уважа́ет отца́.
- Сын отца́ уважа́ет.
- Уважа́ет сын отца́.
- Уважа́ет отца́ сын.
- Отца́ сын уважа́ет.
- Отца́ уважа́ет сын.

もちろん、どういう語順にするのも完全に自由で、いつでもどの順番でも問題なし、というわけではありません。以下、語順が縛られる規則や傾向を見ていきます。

(1) なぜ語順が変わるのか

ロシア語は語順が「自由」だとしばしば言われますが、語順が変わるにはそれなりの理由があります。語順を決めるいちばん大きな要因は以下のような語順の原則です。

〔古い情報〕→〔新しい情報〕

つまり、相手がすでに知っている古い情報はなるべく先に言ってしまい、その文で伝える新しい情報、つまり最も大切な部分をなるべく最後に言う、という原則です。次のようなやりとりを見てください。

① —Где Наташа?「ナターシャはどこ?」
   —Наташа **дома**.「ナターシャは家だ」

② —Кто звонил?「誰が電話をくれたの?」
   —Звонил **мой друг**.「電話をくれたのは私の友人だ」

③ —Как он учится?「彼は勉強はどのくらいできるの?」
   —Он учится **хорошо**.「彼は勉強は良くできる」

④ —Кто написал этот роман?「この小説は誰が書いたのですか?」
   —Этот роман написал **Толстой**.
   「この小説を書いたのはトルストイです」

いずれのやりとりでも、答えの文では下線を引いた部分が重要で、下線を付してない部分はすでに相手が知っていることです。このことは、下線がない部分を省略して ① Дома. ② Мой друг. ③ Хорошо. ④ Толстой. とだけ言っても話は完全に通じるのに対して、下線の部分を省略すると話が全く通じなくなることからも明らかです。

では、相手が知っていることをなぜわざわざ言う必要があるのかというと、この文が何について語っているのか、文の主題を示すのがその大きな理由です。日本語ではこの主題を示すのは助詞の「〜は」です。ですから、日本語で「〜は」と言われているものは、ロシア語では文の最初のほうで言ってしまう傾向があると考えても差し支えありません。

ただし、この「すでに知っていることから伝えたいことへ」という語順の原則は必ずしも守られているわけではありません。とくに話し

言葉ではどこが言いたいところなのかをイントネーションやアクセントの強さなどで表現することも可能ですので、しばしばこの原則からは逸脱します。

— Кто там сиди́т?「あそこに座っているのは誰ですか？」
— **Мой друг** сиди́т.「私の友人が座っています」

この場合、мой друг には強調のための強いアクセント（論理強勢）が置かれ、強く発音されることによってそこが最も重要な箇所であることを示しています。

（2）文法的な制約について

前項で語順を変える原則を見ましたが、この原則に従って何でも好きなように動かしてもよいというわけではありません。純粋に文法的な理由から、動かしてよいものとそうでないもの、あるいは動かしやすいものと動かしにくいものがあります。

a）前置詞句（前置詞とその目的語）

ロシア語において前置詞とその目的語の結びつきは強固で、通常これらがばらばらに分解されて動くことはありません。以下の例で前置詞句 в Москве́「モスクワで」はさまざまな場所に移動できますが、в と Москве́ が離れることはありません。

В Москве́ Та́ня отдыха́ет. モスクワではターニャは休息を取っている。

英語なら、前置詞の目的語が疑問詞の場合などに前置詞とその目的語が離れることがあります。

What are you looking for?

しかしロシア語では前置詞の目的語が疑問詞であっても、前置詞と離れることはありません（☞ p.360）。

О чём ты говори́шь?
君は何について話しているの？

b）名詞とそれを修飾する定語

名詞と名詞を修飾する定語（ p.348~349 ）は、以下のような語順で並ぶのが原則です。

〔一致定語〕→〔名詞〕→〔不一致定語〕

но́вый год **Росси́и**　ロシアの新年
чита́льный зал **библиоте́ки**　図書館の閲覧室
лу́чшие кни́ги **про Пу́шкина**　プーシキンについての最良の本

この語順の原則は比較的厳しいもので、リズムなどが重要な韻文などでは原則から外れる例も見られますが、通常のロシア語では逸脱することはあまりありません（とくに不一致定語）。ただし、以下のような場合は原則から外れることが普通にあります。

◆3人称の所有代名詞

3人称の所有代名詞は一切変化しません（ p.102 ）ので不一致定語のようですが、ほかの所有代名詞と同様に修飾する名詞の前に置くのが原則です。

его́ оте́ц　彼の父
её мать　彼女の母
их роди́тели　彼らの両親

◆疑問詞

疑問詞は文頭に置かれるのが一般的ですので（本節の次項 c) 参照　 p.360 ）、名詞を修飾する一致定語 како́й「どんな」, чей「誰の」なども、名詞から離れて文頭に置かれるほうがむしろ自然なことが多々あります。

Чьё э́то письмо́?　これは誰の手紙ですか？

Кака́я сего́дня пого́да!　今日はなんていう天気なんだ！

◆ 生格の名詞句

名詞を修飾する生格の名詞句は不一致定語ですので、後から修飾するのが原則ですが、性質を表す生格名詞句は名詞の前に置かれることがあります（詳しくは第2章の生格の用法 ☞ p.38 ）。

кра́сного цве́та руба́шка　赤い色のシャツ
ма́ленького разме́ра ку́ртка　小さいサイズのコート

c）疑問文

◆ 疑問詞による疑問文

疑問詞は文頭に置かれるのが一般的です。

Что ты чита́ешь?　君は何を読んでいるの？
Почему́ вы так счита́ете?　なぜそう思うのですか？
Где вы живёте?　あなたはどこに住んでいますか？

疑問詞が前置詞の目的語となっている場合、前置詞と疑問詞をばらばらにすることはできません（☞ p.358 ）。前置詞を伴ったまま文頭に移します。

О чём вы говори́те?
あなたは何について話しているのですか？
Для чего́ вы рабо́таете?
あなたは何のために働いているのですか？

ただし、疑問詞は必ずしも文頭になければならないわけではありません。特に、日本語で助詞の「～は」で示される主題を示す要素は、しばしば疑問詞より前に置かれることがあります。

Ты **что** чита́ешь?
君は何を読んでいるの？
Вы **о чём** говори́те?
あなたは何について話しているのですか？

◆ ли による疑問文

助詞の ли を用いる疑問文（☞ p.115 ）では、ли を伴った要素が文頭に置かれます。こちらは疑問詞の場合と異なり、文頭に置かれるのが原則です。

Лю́бит ли он меня́?
彼は私を愛してるのだろうか？
Мо́жно ли смотре́ть телеви́зор?
テレビを見てもいいですか？
Обо мне ли вы говори́те?
私の話をしているのですか？

◆ 間接疑問文（☞ p.116）

疑問詞も ли を伴う要素も従属節の先頭に置かれなければなりません。

Я не зна́ю, [**что** он ду́мает].
私は［彼が何を考えているのか］わからない。
Она́ спроси́ла его́, [**Ма́шу** ли я жду].
彼女は彼に［私がマーシャを待っているのか］尋ねた。

d）形動詞と副動詞

形動詞（☞ p.228~240）と副動詞（☞ p.240~246）はそれぞれ形動詞節と副動詞節の先頭に置かれるのが原則です。

ма́льчик, [**уча́щийся** пла́вать в бассе́йне]
プールで水泳を習っている少年
Об э́том вы узна́ете, [**прочита́в** но́вый рома́н Харуки Мурака́ми].
村上春樹の新しい小説を読めば、そのことについて知るだろう。

ただし、副詞、とくに様態の副詞（☞ p.247~250）は、形動詞や副動詞の前に置かれることが比較的多く見られます。

ребёнок, [пло́хо **уча́щийся** в шко́ле]
［学校で勉強ができない］子ども
Она́ отве́тила, [внима́тельно **смотря́** на него́].
彼女は［彼を注意深く見つめながら］答えた。

第17章 一致に複数の可能性があるとき

ロシア語には、主語に合わせて動詞などの述語が変化したり、名詞を修飾する形容詞などが名詞の性別や格に合わせて変化したりする「一致」と呼ばれる現象がありますが、実は一致にはいくつかの可能性がある場合が存在します。本章ではそのような複数の答えが可能なケースを紹介します。

1. 数に関して

一致の際、ときに単数形で一致する場合と複数形で一致する場合の両方が可能な場合があります。

Пришло́/Пришли́ пять студе́нтов.
5人の学生がやって来た。

この例で、動詞「やって来た」は単数中性形の пришло́ でも複数形の пришли́ でも可能です。

Придёт/Приду́т сто ты́сяч челове́к.
10万人がやって来る。

こちらも、動詞は3人称単数形でも3人称複数形でも可能です。このように、同じ主語でも単数形と複数形のどちらも可能な場合があります。以下、いくつかのケースに分けて、このように複数の一致の可能性がある場合を見ていきます。

主語と述語が一致を起こす際、述語が単数形になる場合と複数形になる場合があります。等位接続構造（☞ p.288）か数量詞句（☞ p.305）を主語とする場合がそれにあたります。

（1）主語と述語の一致：等位接続構造

等位接続構造とは、接続詞などによって複数の要素が対等に1つに結びつけられた句のことを指します（詳しくは第14章 ☞ p.288）。例えば、[ма́льчик и де́вочка]「少年と少女」のように接続詞 и によって結びつけられた名詞句などが、これにあたります。このような句が主語となっている場合、述語が単数形になる場合と複数形になる場合の、両方の可能性があります。ма́льчик も де́вочка も単数形でどこ

にも複数の名詞がないから、と考えれば単数形ですし、あくまで2人の人間が主語だから、と考えれば複数形になるわけです。

a）接続詞 и

〔単数名詞＋и＋単数名詞〕という等位接続構造（☞ p.288）を主語とする文は、述語が単数形になる場合と複数形になる場合があります。

① В класс **вошли** [мáльчик и дéвочка].
   教室に少年と少女が入った。
② **Остáлась** [женá и сын].
   妻と息子が残された。
③ **Анализи́руется** [состáв и структýра] федерáльного бюджéта.
   連邦予算の構成と構造が分析されている。
④ [Росси́я и Амéрика] **стáли** друзья́ми.
   ロシアとアメリカは友人となった。
⑤ [Брат и сестрá] **гуля́ют** по пáрку.
   兄妹は公園を散歩している。

活動体名詞が主語のとき、とくに述語によって表される行為が主語の意図的に行うものである場合、複数形になる傾向が強いです（例えば①の「入る」は意図的な行為ですが、②の「残される」は意図して行うものではありません）。また、語順が「主語―述語」となっている場合のほうが、「述語―主語」の語順の場合より複数形になる傾向が強くなります（例えば③と④の語順の違いを見てください）。したがって、⑤のように主語が活動体で〔主語―述語〕の語順の場合は、述語はほぼ100％複数形になります。

また、②の例からも見て取れるように、述語が単数形になる場合は「近いほうの主語に一致する」というのが原則です。②の主語が逆の語順で〔сын и женá〕だったら、述語動詞は近いほうの сын に一致して男性形 остáлся になります。

一致定語（☞ p.348~349）の場合も同様に、単数形になる可能性と複数形になる可能性があります。単数形のときは近いほうに一致するという原則も同様です。

углеки́слый [газ и водá]　炭酸ガスと炭酸水

> газ に合わせて男性形

у мо**его́** [бра́та и сестры́] 兄妹のところに

> бра́та に合わせて男性形

У ка́ждого сво**я́** [роль и до́лжность]. 各人には自分の役割と任務がある。

> роль に合わせて女性形

наре́занн**ые** [зе́лень и мя́со] 細かく切った野菜と肉

> 2つのものがあるので複数形

Дороги́**е** [Ю́ля и Та́ня]! 親愛なるユーリャとターニャ！

> 2人いるので複数形

定語を単数形にすると、ときにどこまで修飾しているのかわかりづらくなることがあります。それを避けるときは複数形にするとあいまいさがなくなります。

постро́ить деревя́нн**ый** [дом и гара́ж] 木の家とガレージを建てる

> 木製なのは家だけ？ ガレージも？

→ деревя́нн**ые** にすれば問題は解決。

b)〔名詞＋前置詞 с＋造格名詞〕

и による等位接続構造に準ずるものとして、〔名詞＋с＋造格名詞〕という構造による主語があります。この場合も述語が単数形になる可能性と複数形になる可能性があります。単数形になるのはどちらかというと主格の人が主導して何かを行う場合で、複数形になるのはどちらかというと一緒に何かを行う場合とされます。

[Ма́ма с ребёнком] **пошла́** в больни́цу.
お母さんは子どもと一緒に病院に行った。
[Жена́ с му́жем] **пошли́** в теа́тр.
妻は夫と劇場に行った。

ちなみに接続詞 и でつないだときと違い、こちらは述語が単数形ならば主格の名詞としか一致しません（上の例ならそれぞれ ма́ма と жена́）。また、主格名詞と〔с＋造格名詞〕が離れた位置にあるときは、複数形になることはできません。

[Жена́] **пошла́** в теа́тр [с му́жем]. 妻は夫と劇場に行った。

（2）主語と述語の一致：数量詞句

数詞をはじめとする数量詞（☞ p.305）と名詞からなる数量詞句が主語として用いられると、述語との一致のしかたにいくつかのパターンが可能なことがあります。数量詞にもいろいろありますので、個々に見ていきましょう。

a）個数詞

① **Прош**ло́ [сто лет].
100年が過ぎた。

② **Приш**ли́ [сто студе́нтов].
100人の学生が来た。

③ **Аресто́ван**о [де́сять япо́нцев].
10人の日本人が逮捕された。

④ **Приш**ли́ [два ма́льчика].
2人の少年がやって来た。

⑤ На по́ле **рабо́та**ет [два тра́ктора].
畑で2台のトラクターが作業している。

⑥ У нас **рабо́та**ют [пять мужчи́н].
うちでは5人の男性が働いている。

数量詞句では修飾されている名詞が生格になってしまうため主語とは認められず、述語が一致する対象がなくなると考えることができます。そこで過去形や形容詞なら中性形、非過去形（☞ p.156）なら3人称単数形という最も中立的な形になる、というのが1つ目のパターン（①、③、⑤）です。一方で、内容を考えれば複数の人や物が主語なのだから複数形、というのが2つめのパターン（②、④、⑥）と考えられます。活動体名詞が主語のときのほうが述語が複数形になりやすい傾向にあるのは、等位接続構造と同様です。

ただし、主語が〔数詞 оди́н＋名詞〕の場合、述語は主語の名詞に合わせて変化します。

[Оди́н студе́нт] **приш**ёл. 1人の学生が来た。
[Одна́ студе́нтка] **приш**ла́. 1人の女学生が来た。
[Одни́ са́ни] **приш**ли́. 1台のソリが来た。
　＊са́ни は複数形しかない名詞です。

「2」を最小として、数字が小さいほど複数形が、数字が大きいほど単数形が使われやすい傾向にあると言われます。

[Два челове́ка] **рабо́таю**т на заво́де.
2人が工場で働いている。

по「～ずつ」、о́коло「約～」などの前置詞を伴った主語（☞ p.276-278、☞ p.341~342）の場合も、同様に2つのパターンが可能です。

В ко́мнату **вошло́**/**вошли́** [по два ма́льчика].
部屋に少年が2人ずつ入った。
В университе́те **у́чится**/**у́чатся** [о́коло ста студе́нтов].
大学ではおよそ100人の学生が学んでいる。

ただし、оди́н の場合は複数になることはあり得ません。過去形なら必ず中性形、非過去形（☞ p.156）なら必ず3人称単数形です。

На ка́ждом этаже́ **бы́ло** [по одному́ окну́].
各階には窓が1つずつあった。

ты́сяча「1,000」以上の大きな数詞を用いた数量詞句が主語の場合、数詞自体も主語として機能し、最大で3パターンの一致が可能になります。例えば、以下の例では数詞 миллио́н「100万」が用いられていますが、述語の動詞の過去形は中性形、複数形に加えて、миллио́н という男性名詞に一致した単数の男性形にすることも可能です。

[Миллио́н россия́н] **посети́ло**/**посети́ли**/**посети́л** Аме́рику.
100万人のロシア人がアメリカを訪れた。

b）数詞以外の数量詞

мно́го, не́сколько など数詞以外を含む数量詞句（☞ p.305）でも、同じように単数、複数の2つのパターンが可能です。

[Мно́го россия́н] **по́льзуют**ся интерне́том.
多くのロシア人がインターネットを利用している。
На столе́ **лежи́т** [мно́го книг].
机の上にたくさんの本がある。

これらは数詞とは異なり数えられない名詞を修飾することも可能です。そのような場合は名詞が複数生格ではなく単数生格になりますが、

述語も必ず単数形です。

Там **бы́**ло [мно́го наро́да]．そこにはたくさんの人がいた。
[Мно́го воды́] утек**ло́**．多くの水が流れてしまった。

c）数量名詞

большинство́「大多数の」、ряд「一連、多くの」、часть「一部の」、мно́жество「多数の」、ма́сса「大量の」のような、生格の名詞を従えてものの数量を表す数量名詞（☞ p.336~337）があります。これらはしばしば集合名詞の一種と考えられていますが、一種の数量詞と考えることも可能です（第15章参照 ☞ p.336~337）。これらが主語になると、述語が複数形になる場合と数量名詞に一致する場合の2種類のパターンが可能です。

Прие́хала [ма́сса тури́стов]．
　　　大量の観光客が到着した。

> 女性名詞 ма́сса に一致して女性形

[Большинство́ студе́нтов] хорошо́ **сда́**ли экза́мены．
大多数の学生が優秀な成績で試験に合格した。

> 内容を考えれば複数の学生が主語なので複数形。

上述した мно́го や ма́ло, не́сколько などの数量詞の場合と同じように、修飾している名詞が単数生格の場合は、述語も単数形になります。

[Большинство́ гру́ппы] не **согла́**сно．
クラスの大多数は反対だ。

このような複数形での一致を許すのは、数量を表す名詞です。単に「人の集団」を表す名詞は、単数形としての一致を要求します。

Междунаро́дный Олимпи́йский **Комите́т при́ня**л реше́ние．
国際オリンピック委員会は決定を下した。
На́ша **семья́** всегда́ **была́** дру́жной．
私たちの家族はいつも仲良かった。
Гру́ппа дете́й **собра**ла́сь в кружо́к．
子どものグループが円になって集まった。
Молодёжь лю́бит слу́шать му́зыку．
若者は音楽を聴くのが好きだ。

2. 性に関して

ロシア語の名詞には性別があり、それは男性、女性、中性の3つであるとされています。しかし、現実はもう少し複雑です。とくに人間を表す名詞の場合、現実の性別が非常に重要で、名詞が文法的に持っている性別と現実の性別との関係が話を複雑にさせています。

（1）総性名詞

人間を表す名詞のうち女性名詞のような -а/-я 終わりの第2変化名詞（☞ p.69）を辞書で引いてみると、性別のところに「男・女」と書かれてあることがあります。これは総性名詞（両性名詞、双性名詞）と呼ばれているもので、実際に指示する人物の性別に従ってその文法上の性も変わる名詞です。例えば、со́ня「寝坊」、пья́ница「酒飲み」などがあります（第1章も参照 ☞ p.22）。

Он ужа́сный со́ня. 彼はひどい寝坊だ。
> 男の人を指すので男性名詞扱いして ужа́сный は男性形

Она́ ужа́сная со́ня. 彼女はひどい寝坊だ。
> 女の人を指すので女性名詞扱いして ужа́сная は女性形

補足

ただし、時には男性を示しているにもかかわらず女性形で一致することがあります。

Э́тот по́пик ужа́сная пья́ница.
この坊さんはひどい酒飲みだ。

このような表現は、総性名詞が女性名詞と同様に -а/-я 終わりであることから起こると思われますが、現代のロシア語では避けられる傾向にあります。

（2）職業や社会的立場を表す子音終わりの男性名詞

職業など社会的立場を示す子音終わり、すなわち第1変化（☞ p.68）の男性名詞のうち、врач「医師」、дире́ктор「長」、инжене́р「技師」のように女性形を持っていないものは、しばしば女性を示すのにも使わ

れます。

> Она́ хоро́ший **врач**.
> 彼女は優秀な医者だ。
>
> Татья́на — **дире́ктор** заво́да.
> タチヤナは工場長だ。

以上の例では、主語が女性を表す人称代名詞の она́、女性の名前である Татья́на ですので、врач と дире́ктор は実際には女性を指していることがわかります。

これらの名詞は、男の人を示している場合は何の変哲もない男性名詞ですが、女性を示す場合は、定語や述語の一致についても女性名詞として扱われることがあります。

> **На́ша врач** — Мари́на Ива́новна.
> 我々の医師はマリーナ・イワノヴナだ。
>
> **Дире́ктор пришла́**.
> 社長がやって来た。

このような男性名詞は女性を示すことができ、かつ定語や述語が女性形で一致することがあるわけですから、一見総性名詞と同じように見えます。しかし、以下のような特徴を鑑みると、やはり総性名詞とは異なると言えます。気をつけてください。

- このような男性名詞は、女性を示すからといって必ず女性形で一致するわけではありません。実際は女の人を示していても、以下の例のように男性形で一致することもよくあります。とくに述語に比べて、一致定語はこれらの名詞と女性形で一致するのをどちらかと言うと避ける傾向にあります。あまり軽々しく使うことは勧められません。

> **Изве́стный инжене́р пришёл**.
> 有名な技士がやってきた。

- 女性形になったとしても全ての一致形が女性形になる必要はなく、次のように定語は男性形、述語は女性形というのもあり得ます。

> **Изве́стный инжене́р пришла́**.
> 有名な技士がやってきた。

ただし逆に、定語が女性形で述語が男性形になることはありません。

×Извéстная инженéр пришёл.

- また、総性名詞はすべての格で男性形の一致も女性形の一致も行えるのに対して、このタイプの男性名詞は女の人を示している場合でも、主格以外だと男性形の一致しか行えません。つまり、これらを女性扱いできるのは、主格の場合だけです。

с нáшим врачóм　我々の医師と

> 女性であっても с нáшей врачóм は不可

к нáшему врачý　我々の医師のところに

> 女性であっても к нáшей врачý は不可

- зубнóй врач「歯科医」のようにひとかたまりの熟語として扱われるものは、形容詞部分が зубнáя врач のように女性形で一致することはありません。ただし、さらにその前に置かれる定語だけが女性形になることならあり得ます。

молодáя зубнóй врач　若い歯科医

- писáтель/писáтельница「作家」や преподавáтель/преподавáтельница「教師」のように女性形がある職業名でも、男性形の писáтель や преподавáтель で女の人を示すことがあります。そのような場合も、一致は女性形で行われることがあります。

В э́том дóме **жилá писáтель** Áнна Ивáновна.
この家には作家アンナ・イワノヴナが住んでいた。

（3）-a/-я 終わりの男性名詞

ロシア語では -a/-я 終わりの第2変化名詞（☞ p.69）は基本的には女性名詞ですが、ときどき пáпа「お父さん」、мужчи́на「男性」、дя́дя「おじさん」、Вáня「ワーニャ」などのように -a/-я 終わりの第2変化の男性名詞も存在します。これらはいずれも「男の人であること」がその単語の意味に含まれていますので、いかなる時にも男性名詞として扱います。

しかし、なかにはсудья「裁判官」、ста́роста「級長」のような、必ずしも現実に男の人を指し示している必要がない男性名詞もあります。それが女性の裁判官や級長である場合、女性形で一致をすることがあります。前項の子音終わりの男性名詞（ p.368~370 ）の場合と異なり、主格以外でも女性形で一致することが可能です。

Э́ту ва́жную информа́цию **на́ша ста́роста сообщи́ла** накану́не экза́мена.
この重要な情報を私たちの級長が試験の前日に知らせてくれた。

Услы́шал но́вость об **э́той судье́**.
この裁判官についてのニュースを聞いた。

索引

文法事項索引

ア行
- 愛称形の性　20
- アクセント（形容詞短語尾形の）　138
- アクセント（前置詞の）　275, 284-286
- アクセントの移動（前置詞への）　284-286
- アクセントの移動（名詞の）　89-95
- アクセントの移動（過去形の）　171
- アクセントの移動（非過去形の）　168
- アスペクト　175-191
- 新しい情報　357
- 「行く」の自然な言い方　206
- 1人称の命令　213
- 一回（完了体の用法）　182
- 一瞬（完了体の用法）　182
- 一致　345, **362-371**
- 一致する状況語　269
- 一致定語　348, 359, 363
- 一般的真理（不完了体動詞の用法）　184
- 一般人称文　184, 186, **355**
- 移動動詞　192-208
- 移動動詞の変化（過去形）　195-196
- 移動動詞の変化（現在形）　193-195
- 移動の方法　261
- 意味上の主語（受動態の）　59
- 意味上の主語（無人称文の）　47
- 受け身（-ся動詞の用法）　221
- 往復（不定向動詞の用法）　198
- 重さ（造格の用法）　64
- 重さ（対格の用法）　57
- およそ（概数表現）　340

カ行
- 概数　275, **340-342**
- 回数（繰り返しの）　57
- 回数の副詞・状況語　183, 257
- 外来語　21
- 格　30
- 確定未来（定向動詞の用法）　197
- 確定未来（不完了体動詞の用法）　185
- 格変化（第1変化名詞の）　**68**, 70, 76
- 格変化（第3変化名詞の）　**69**, 80
- 格変化（第2変化名詞の）　**69**, 79
- 格変化（複数形の）　69-70
- 過去形（動詞の）　169
- 数えられない名詞　28
- 活動体名詞　50, 51, 53
- 仮定法　215-220
- 可能（述語副詞）　268
- 可能（不定形文）　354
- 環境（述語副詞）　267
- 環境（無人称動詞）　352
- 関係形容詞　133
- 関係詞　**117-127**, 304
- 関係節　**117**, 239
- 関係代名詞　118, 238
- 関係副詞　126
- 間接疑問文　**116**, 295, 361
- 間接補語　46
- 願望（不定形+бы）　355
- 願望の仮定法　217
- 勧誘　213
- 完了（完了体の用法）　181
- 完了体　**175-191**, 201
- 完了体だけを従える述語　189
- 完了体副動詞　243
- 季節　255
- 気分（無人称動詞）　352
- 義務（述語副詞）　268
- 義務（不定形文）　354
- 疑問形容詞　111
- 疑問詞　**110-116**, 354, 359, 360
- 疑問詞＋бы＋ни＋過去形　220
- 疑問詞＋不定形　354
- 疑問所有代名詞　111
- 疑問詞を使わない疑問文　115
- 疑問数量詞　112
- 疑問代名詞　110
- 疑問副詞　113
- 逆接　291, 300
- 空間の疑問副詞　113
- 空間の副詞・状況語　258
- 繰り返し（不完了体の用法）　182
- 繰り返し（不定向動詞の用法）　198
- 繰り返しの定向動詞　197
- 継起（完了体動詞の用法）　186
- 経験（不完了体動詞の用法）　184
- 経験（不定向動詞の用法）　198
- 継続（不完了体の用法）　182
- 継続時間　56
- 継続する距離　57
- 形動詞　**228-240**, 361
- 形容詞　**133-154**, 347
- 形容詞短語尾形　137-143
- 形容詞長語尾形　**134-137**, 269
- 形容詞の補語　42
- 経路（造格の用法）　61, **260**
- 結果残存（完了体の用法）　181
- 結果節　106, 216
- 原因・理由　298-299
- 現在形（動詞の）　156, 159
- 現在の普遍的事実を表す完了体未来形　186
- 行為名詞　40
- 合成形（最上級の）　150
- 合成形（比較級の）　144
- 合成（個）数詞　306
- 合成数詞の変化　314
- 合成接続詞　294
- 合成前置詞　274
- 合成未来形　159
- 後接辞　172
- 交通手段　261
- 硬軟が単数と複数で異なるものの変化　78

372

硬変化Ⅰ(形容詞の)	134	指大形の性	20	状況語(通過点の)	260
硬変化Ⅱ(形容詞の)	134	自発(-ся動詞の用法)	222	状況語(場所の)	258
硬母音	13	～しましょう	213	状況語(頻度の)	183, **257**
呼格	34	集合数詞	27, 320, **330**	状況語(目的地の)	258
語幹の交替	157	集合数詞の用法	330	状況語(様態の)	247
語幹の累加	26	集合名詞	**28**, 39	上下	259
語順	356-361	従属節	294	条件	300
語順(関係節の)	239	従属接続詞	293-304	条件節	216
語順(形動詞節の)	239	主格	31-36	小数	342-346
語順(複文の)	294	主格の形	31	状態(不完了体動詞の用法)	184
語順の倒置	227	主格の用法	31-36	譲歩	116, **220**
個数詞	305-329	主語	31, **347**	職業名の性	22, **368**
個数詞と名詞の結合	308	主語(不定形の)	49	女性(文法性)	16
個数詞の変化	310	主節	294	女性名詞	18
語末で見分けられない名詞	19	主題	36, 360	女性名詞の変化	79
固有名詞(同格の)	35	手段(造格の用法)	58	助動詞的無人称動詞	351
混合変化Ⅰ(形容詞の)	136	述語	32, 347	所有形容詞	152-154
混合変化Ⅱ(形容詞の)	136	述語(生格名詞句の)	38	所有代名詞	**100-104**, 349, 359
混合変化Ⅲ(形容詞の)	137	述語副詞	**266-269**, 351	所有代名詞の変化	101
		述語名詞	33, 59	進行(不完了体の用法)	181
サ行		強めの副詞	262	心理状態(述語副詞)	267
再帰(-ся動詞の用法)	221	出発点の副詞・状況語	258	数詞	38, 286, **305-346**
再帰所有代名詞	103	出没母音(形容詞短語尾形の)		数詞(形容詞から名詞への	
再帰代名詞	99		139	連続体として)	321-329
再帰代名詞の用法	100	出没母音(名詞の)	86-89	数詞以外の数量詞	331
最上級	150-152	受動形動詞	229	数詞句	**315**, 365
左右	259	受動形動詞過去	223, **234**	数詞句の変化	315
3人称の命令	214	受動形動詞過去の短語尾形		数に関する一致	362-367
-子音終わりの名詞	18		234, **236**	数量詞	38, **305-346**
子音交替	**14-15**, 156, 167	受動形動詞現在	225, **233**	数量詞句	365
時間の疑問副詞	113	受動態	223-227	数量名詞	39, **336**, 367
時間帯	254	受動態の意味上の主語	59, 223	数を表す名詞	337
時間の長さ	255	受動態の主語	225	～ずつ	**276**, 366
時間の副詞・状況語	250	受動態を作れない動詞	226	～するために(目的)	299
時刻	252	順序数詞	**338**, 342	性	16-23, 368-371
指示代名詞	**104-108**, 349	順序数詞の変化	339	性(愛称形の)	20
事実の確認		上位概念語	22	性(指小形の)	20
(不完了体動詞の用法)	184	状況語	**247**, 349	性(指大形の)	20
事実上の最上級	151	状況語(回数の)	183, **257**	性(職業名の)	22, **368**
指小形の性	20	状況語(空間の)	258	性(人称代名詞の)	97
自然性	16	状況語(時間の)	250	性(不変化名詞の)	21
自然の力(無人称動詞)	353	状況語(出発点の)	258	生格	**37-46**, 349

373

索引

生格の形	37, 83-85
生格の用法	37-45
生格補語	40, 43
生格名詞句	349, 360
生格名詞句(述語としての)	38
性質(生格の用法)	38
性質形容詞	133
正書法の規則	12
性に関する一致	368-371
性の見分け方(名詞の)	18
性別(名詞の)	16
節構造	287-304
接続詞	287-304
接頭辞(移動動詞の)	200-206
接頭辞(体の)	178-179
接尾辞(名詞の)	20
接尾辞(体の)	178-179
前後	259
先行詞(関係代名詞の)	106
選択	290
前置格	65-67
前置格の形	65
前置格の用法	65
前置詞	271-286
前置詞句	271, 348, 349, 358
前置詞へのアクセント移動	284-286
前置詞の特徴	275
前置詞へのоの添加	282
造格	33, **57-64**, 223, 237
造格支配の形容詞	63
造格支配の動詞	62
造格の形	57, 86
造格の用法	58-64
相互(-ся動詞の用法)	222
総性名詞	22, 368
双性名詞	22, 368
存在の否定	42

タ行

体	175-191
第1変化(動詞の)	160
第1変化(名詞の)	68
第1変化の硬変化(男性名詞の)	70
第1変化の硬変化(中性名詞の)	76
第1変化の軟変化(男性名詞の)	71
第1変化の軟変化(中性名詞の)	76
対格	50-57
対格の形(一致定語の)	53-55
対格の形(名詞の)	50-53
対格の用法	56-57
対格補語(否定文の)	43
第3変化(名詞の)	68, 69
第3変化名詞の変化	80
体調(無人称動詞)	352
第2生格	45
第2前置格	66
第2変化(動詞の)	166
第2変化(名詞の)	68, 69
第2変化の硬変化(女性名詞)	79
第2変化の男性名詞の変化	75
第2変化の軟変化(女性名詞)	79
体の形式	176-180
体の使い分け	181-191
体の作り方	177
体のペア	178
体の見分け方	177
対比	292
代名詞	96-109
ダッシュ	32
単位	39, 344
単一形(最上級の)	151
単一形(比較級の)	145, 349
単一比較級+всего́	152
単一比較級+всех	152
単位となる名詞	39
短語尾形(形容詞の)	137-143
短語尾中性形	**142**, 248
短語尾変化(形容詞の)	133
単純(個)数詞	305
単数	23
男性(文法性)	16
男性名詞	18
男性名詞の変化	70
単体動詞	179
抽象的な移動	199
抽象名詞	29
中性(文法性)	16
中性名詞	18
中性名詞の活動体	51
中性名詞の変化	76
長語尾形(形容詞の)	**134-137**, 269
長語尾形比較級	147
長語尾変化(形容詞の)	133
直説法	216
直接補語	56
通過点の副詞・状況語	260
強い命令(不定形文)	354
定語	315, **348**
定向動詞	192, **196**
定代名詞	109, 333
定動詞	192, **196**
典型的な前置詞	274
天候(述語副詞)	267
天候(無人称動詞)	352
等位接続構造	**288**, 362
等位接続詞	287, **288-293**
同格の固有名詞	35
道具(造格の用法)	58
動詞の変化	155-174
同時並行(不完了体動詞の用法)	186
倒置(概数表現)	340
倒置(受動態の表現)	227
時を表す関係副詞	126
特徴(生格の用法)	38
〜として(造格の用法)	61

ナ行

長さ (造格の用法)	64
名指し文	35
軟変化 (形容詞の)	135
軟母音	13
〜に (間接補語)	46
〜日に	44
〜にとって (与格の用法)	48
〜によって (造格の用法)	59
人称代名詞	96-99
人称代名詞の性	97
人称代名詞の用法	97-99
人称文	347
値段	57
年齢	49
〜の (生格の用法)	37
能動形動詞	229
能動形動詞過去	231
能動形動詞現在	229
〜の状態で (造格の用法)	61
〜のような	36
〜のように (造格の用法)	61

ハ行

〜はいくつだ	319
場所を表す関係副詞	126
場所を表す疑問副詞	113
場所の副詞・状況語	258
比較・比喩	301-302
比較級	144-150
比較級を強める方法	149
比較の差	64, **149**
比較の対象	44, **148**
非過去形 (動詞の)	156
非過去語幹	158
日付	44, **253**
必要性 (述語副詞)	268
否定生格	**42**, 351
否定代名詞	127-129
否定の命令の体	191
否定文の対格補語	43
被動形動詞	229
被動形動詞過去	234
被動形動詞現在	233
比喩・比較	301-302
頻度 (繰り返しの)	57
頻度の副詞・状況語	183, **257**
不一致定語	**348**, 359
不可算名詞	28
不活動体名詞	50, 53
不完了体	**175-191**, 201
不完了体だけを従える述語	188
不完了体のみの動詞	180
不規則な複数形 (名詞の)	24
不規則な命令形	212
不規則変化 (過去形の)	170
不規則変化 (非過去形の)	166
不完了体副動詞	241
複合数詞	306
複合数詞の変化	313
複合前置詞	271, 273
副詞	247-270
副詞 (回数の)	257
副詞 (空間の)	258
副詞 (時間の)	250
副詞 (強めの)	262
副詞 (出発点の)	258
副詞 (通過点の)	260
副詞 (場所の)	258
副詞 (頻度の)	257
副詞 (目的地の)	258
副詞 (様態の)	**247**, 361
副詞的造格	62
複数	23
複数形 (名詞の)	23
複数形 (女性名詞の)	23
複数形 (男性名詞の)	23
複数形 (中性名詞の)	24
複数形 (不規則な)	24
複数形しかない名詞	27
複数形の変化 (名詞の)	69
複数主格形	23
複数主格のみ規則的なパターンから外れるものの変化 (男性名詞)	74
複数主格のみ規則的なパターンから外れるものの変化 (中性名詞)	78
複数生格形	83-85
複数造格形	86
副動詞	240-246, 361
副動詞過去	243
副動詞現在	241
副動詞の主語	246
複文	294
複文の語順	294
2つの行為の継起	186
2つの行為の同時並行	186
物質名詞	28
物主形容詞	152-154
不定形	156
不定形＋бы	355
不定形による命令	215
不定形の主語	49
不定形の体	187
不定形文	354
不定向動詞	192, **198**
不定語幹	157
不定代名詞	130-132
不定動詞	192, **198**
不定人称文	226, **350**
部分生格	**44**, 45
不変化名詞	21
普遍的な可能・不可能 (完了体の用法)	183
普遍人称文	184, 186, **355**
古い情報	357
文型	347-356
分数	342-346
文の要素	347
文副詞	264
文法性	16
分量 (生格の用法)	**38**, 45
並列	288

375

索引

母音の硬軟	13
方向や目的地がない移動	198
補語	348
補語（形容詞の）	42
補語（行為名詞の）	40
補語に生格を要求する動詞	40
本来的前置詞	271, 272

マ行

名字の変化	82
未来形（動詞の）	156, **158**
未来のことを表す完了体過去形	186
無人称動詞	351
無人称文	266, **351**
無人称文の意味上の主語	47
名詞の性	16
名詞の性の見分け方	18
名辞文	35, **356**
命令	209-215
命令形の体	190
命令形の作り方	209-213
目的（〜するために）	218-219, 299
目的語	348
目的地の副詞・状況語	258

ヤ行

約（概数表現）	340
様態の副詞・状況語	**247**, 361
曜日	253
与格	46-49
与格の形	46
与格の用法	46-49
呼びかけ	34
〜よりも（比較の対象）	44

ラ行

理由・原因	298-299
理由を尋ねる疑問詞	114
両性名詞	22, 368
両体動詞	180
論理強勢	358

ワ行

話題の転換	292

ロシア語索引

А

а（接続詞）	292
-аとなる男性名詞（複数形が）	24
-а終わりの男性名詞	19, 370
-а終わりの名詞	18
-аватьの変化	162
-аватьの命令形	212
-айший（最上級）	151
А＝Bの構文	32

Б

бе́гать	192, 193, 201
бежа́ть	192, 195
благодаря́ тому́, что	298
бо́лее（比較級）	144
бо́лее（概数）	341
бо́льше（概数）	341
брести́	192, 194
броди́ть	192, 195
бу́дто	297
бы	**215-217**, 220, 355
быть	32, **156**, 159, 199, 212
-бытьの変化	165
бытьの未来形＋不完了体動詞の不定形	159
бытьの命令形	212
бытьを用いた移動の表現	199
бы＋不定形	355

В

в-（移動動詞の接頭辞）	202
в（前置詞）	258, 272, 278, 282
вとнаの使い分け	278
ваш	102
ведь	299
везти́	192, 194
вести́	192, 194, 208
весь	333
вз-（移動動詞の接頭辞）	205

376

водить	192, 195, 208
возить	192, 195
восемь	306, 312
восемьсот	306, 314
все, кто	122
всё, что	124
всего	152
всех	152
вы	96, **97**
вы-（移動動詞の接頭辞）	202
вы-（動詞の接頭辞）	211

Г

гнать	192, 195
гонять	192, 193

Д

да/нетで答える疑問文	115
да（祈願の表現）	214
давай(те)	213
давай + 命令形	214
давно	255
даже если	300
два	306, 312
двести	306, 314
девяносто	306, 313
для того, чтобы	219
до-（移動動詞の接頭辞）	204
до（前置詞）	272, 280, 341
до того, как	303
долго	255
дочьの変化	80
друг друга	109, 275

Е, Ё

-е（比較級）	146
-е 変化（動詞の）	160
-е 終わりの男性名詞	19
-е 終わりの名詞	18
-ё 終わりの中性名詞	76, 82
-ев（所有形容詞）	153
-еватьの変化	161

его（所有代名詞）	99, 102
-ее（比較級）	146
её（所有代名詞）	99, 102
ездить	192, 194, 201
-ей（比較級）	146
-ейший（最上級）	151
-ёнок	25, 73
-ёночек	25
-есаタイプの変化（中性名詞）	77
если	216, **300**, 355
есть（бытьの現在形）	32, 156
ехать	192, 194

Ж

-жь 終わりの名詞	20

З

за-（移動動詞の接頭辞）	204
за（前置詞）	256, 272, 282, 285
зачем	114

И

и（接続詞）	**288**, 363
и..., и...	290
-и 変化（動詞の）	166
идти	192, 194, 201, 207, 208
-ие 終わりの名詞の変化	81
из（前置詞）	258, 272, 278
из-за того, что	299
-ий（所有形容詞）	153
-ий 終わりの名詞の変化	81
или（接続詞）	290
-ин（所有形容詞）	152
-инタイプの変化（男性名詞）	72
-ин 終わりの人を表す名詞	25
их（所有代名詞）	99, 102
-ия 終わりの名詞の変化	81

Й

-й 終わりの名詞	18

К	
к（前置詞）	258, 272
как（疑問詞）	114, 248
как（接続詞）	36, 297, 301, 303
как будто	301
как только	303
каков	**112**, 142
какой（疑問詞）	111
какой（関係代名詞）	125
катать	192, 193
катить	192, 195
когда（接続詞）	302
кое-（不定代名詞）	131
который（関係代名詞）	118
который（疑問詞）	112
кто（疑問詞）	110
кто（関係代名詞）	121

Л

лазить	192, 195
лезть	192, 194
летать	192, 193
лететь	192, 194
ли	115, 360
-либо（不定代名詞）	130
либо	291

М

мало	331
матьの変化	80
менее~（比較級）	145
менее（概数）	341
меньше（概数）	341
миллион	306, 318
мимо（前置詞）	273, 281
многий	333
много	**263**, 331
можно	188
мой	101
мы	96
-мя 終わりの名詞	18, 19
-мяタイプの変化（中性名詞）	76

377

索引

Н

н-（3人称の代名詞の前接）	275
на（前置詞）	258, 272, 278, 285
наза́д	280
наибо́лее	150
наш	102
не-（否定代名詞）	128
не до́лжен	187
не́который	333
не́кто	132
нельзя́	188
нема́ло	331
не́сколько	330
несмотря́ на то, что	301
нести́	192, 194
нет（存在の否定の述語）	42
не́что	132
ни	43, 116, 220, 290
ни-（否定代名詞）	127
ни..., ни...	290
-нибудь（不定代名詞）	130
но（接続詞）	291
ноль	306, 337
носи́ть	192, 195, 208
нуль	306, 337

О

о（前置詞）	272, 280, 284
оの添加（前置詞）	282
-о 終わりの男性名詞	19
-о 終わりの名詞	18
об-（移動動詞の接頭辞）	204
об（前置詞）	284
о́ба	334
обо（前置詞）	284
-ов（所有形容詞）	153
-оватьの変化	161
оди́н（状況語）	269
оди́н（数詞）	306, 311, 365
оди́н и тот же	105
оди́ннадцать	306, 312
одна́ко	291

о́коло（前置詞）	273, 341, 366
он	96
она́	96
они́	96
оно́	96
-онок	25, 73
-оночек	25
-ость 終わりの名詞	21
от（前置詞）	258, 272
от того́, что	299
от-（移動動詞の接頭辞）	203
отчего́	114
о́чень	262

П

пере-（移動動詞の接頭辞）	204
пе́ред（前置詞）	272, **280**
пе́ред тем, как	303
пла́вать	192, 193, 201
плыть	192, 194
по（前置詞）	272, 276, 286, 366
по＋数詞＋名詞（〜ずつ）	**276**, 366
по＋与格（経路の表現）	260
по-（比較級の接頭辞）	150
по-（移動動詞の接頭辞）	180, 206
по-（完了体動詞の接頭辞）	182
по-＋与格（副詞）	250
под-（移動動詞の接頭辞）	203
под（前置詞）	272, 341
по́здно	251
пока́（接続詞）	303, 304
пока́ не	304
пол-（「半〜」の接頭辞）	344
по́лзать	192, 193
ползти́	192, 194
полови́на	343
полтора́	345
пора́	189
поско́льку	299
по́сле（前置詞）	273, **281**
по́сле того́, как	303

потому́ что	298
почему́	114
почти́	264
поэ́тому	298
пре́жде чем	303
при-（移動動詞の接頭辞）	202
про（前置詞）	272, 280
про-（移動動詞の接頭辞）	204
про-（完了体動詞の接頭辞）	182
пуска́й	214
пусть	214
путьの変化	74
пять	306, 312
пятьсо́т	306, 314

Р

раз	183
ра́но	251

С

с（前置詞）	258, 272, 278, 283, 364
с-（移動動詞の接頭辞）	205
с тех пор, как	303
сам	**108**, 269
са́мый（最上級）	150
свой	101, 103
свы́ше	342
себя́	99
сей	106
сквозь（前置詞）	281
-ски	249
ско́лько	112, 331
сли́шком	263
сло́вно	301
со́рок	306, 313
сосе́д / сосе́диの変化	73
сто	306, 313
сто́лько	332
-ся 動詞（使い方）	221-223, 224, 225, 353
-ся 動詞（変化）	172

378

Т

так	248
так же, как	301
так как	298
такóй	107
таскáть	192, 193
тащи́ть	192, 195
твой	101
-тель 終わりの名詞	21
-то（不定代名詞）	130
то, что（関係代名詞）	105, **123**
то, что（接続詞）	296
томý назáд	280
тот	104
тот же	105
тот, кто	105, **121**
то（帰結節を示す）	216
трéтий	339
треть	343
три	306, 312
три́ста	306, 314
ты	96, **97**
ты́сяча	306, 314, 328

У

у（前置詞）	258, 272
у-（移動動詞の接頭辞）	202

Х

ходи́ть	192, 194
хотя́	300

Ч

чей（疑問所有代名詞）	111
чей（関係代名詞）	125
чем	148
чéрез（前置詞）	272, **281**
чéтверть	343
четы́ре	306, 312
что（疑問詞）	**110**, 295
что（関係代名詞）	123
что（接続詞）	220, **295**
что за	282
чтóбы（чтоб）	**218**, 297, 299
-чь 終わりの名詞	20

Ш

-шь 終わりの名詞	20

Щ

-щь 終わりの名詞	20

Ы

-ын（所有形容詞）	152

Ь

-ь 終わりの名詞	18, 20
-ье 終わりの名詞の変化	81
-ья タイプの変化（男性名詞）	72
-ья タイプの変化（中性名詞）	77
-ья となる男性名詞（複数形が）	24

Э

э́то	32
э́тот	104

Я

я	96
-я 終わりの男性名詞	19, 370
-я 終わりの名詞	18
-я となる男性名詞（複数形が）	24
-ята タイプの変化（男性名詞）	73

379

参考文献

АН СССР (1960) *Грамматика русского языка*, в 2 тт., М.: Издательство Академии наук СССР.

АН СССР (1970) *Грамматика современного русского литературного языка*, М.: Наука.

АН СССР (1980) *Русская грамматика*, в 2 тт., М.: Наука.

Бельчиков, Ю.А. (2008) *Практическая стилистика современного русского языка*, М.: АСТ-ПРЕСС.

Виноградов, В.В. (1972) *Русский язык (грамматическое учение о слове)*, издание второе, М.: Высшая школа.

Граудина, Л.К., В.А. Ицкович, Л.П. Катлинская (1976) *Грамматическая правильность русской речи: опыт частотно-стилистического словаря вариантов*, М.: Наука.

Зализняк, А.А. (1964) "К вопросу о грамматических категориях рода и одушевленности в современном русском языке", *Вопросы языкознания*, No. 4, 25-40.

Зализняк, А.А. (1977) *Грамматический словарь русского языка*, М.: Русский язык.

Исаченко, А.В. (1960) *Грамматический строй русского языка в сопоставлении с словацким*, в 2 тт., Братислава: Издательство Словацкой академии наук.

Крылова, О.А., С.А. Хавронина (1984) *Порядок слов в русском языке*, Издание 2-е, исправленное и дополненное, М.: Русский язык.

Муравьева, Л.С. (2000) *Глаголы движения в русском языке (для говорящих на английском языке)*, 7-е изд., исправл., М.: Русский язык.

Пехливанова, К.И., М.Н. Лебедева (1990) *Грамматика русского языка в иллюстрациях*, Издание 5-е, исправленное и дополненное, М.: Русский язык.

Пешковский, А.М. (1956) *Русский синтаксис в научном освещении*, Издание седьмое, М.: Государственное учебно-педагогическое издательство Министерства просвещения РСФСР.

Розенталь, Д.Э. ред. (1984) *Современный русский язык*, издание четвертое, исправленное, и дополненное, М.: Высшая школа.

Розенталь, Д.Э. (1984) *Популярная стилистика русского языка*, М.: Русский язык.

Розенталь, Д.Э, (1997) *Справочник: управление в русском языке*, М.: АСТ.

Розенталь, Д.Э. (1998) *Практическая стилистика русского языка*, М.: АСТ-ЛТД.

Розенталь, Д.Э., И.Б. Голуб, Н.Н., Кохтев (1995) *Русский язык для школьников 5-9 классов: Путешествие в страну слов*, М.: ДРОФА.

Розенталь, Д.Э., Е.В. Джанджакова, Н.П. Кабанова (1998) *Справочник по правописанию, произношению, литературному редактированию*, М.: ЧеРо.

Babby, L.H. (1985) "Noun Phrase Internal Case Agreement in Russian", *Russian Linguistics*, 9, 1-15.

Babby, L.H. (1987) "Case, Prequantifiers, and Discontinuous Agreement in Russian", Natural Language and Linguistic Theory, 5, 91-138.

Barnetová, B., H. Běličová-Křižková, O. Leška, Z. Skoumalová, V. Straková (1979) *Русская грамматика*, в 2 тт., Academia.

Corbett, G.G. (1978a) "Numerous Squishes and Squisy Numerals in Slavonic", in B. Comrie (ed.) Classification of Grammatical Categories, Edmonton: Linguistic Research, 43-73.

Corbett, G.G. (1978b) "Universals in the Syntax of Cardinal Numerals", Lingua, 46, 61-74.

Corbett, G.G. (1979) *Predicate Agreement in Russian*, Birmingham Slavonic Monographs No.7, Birmingham: The Department of Russian Language and Literature, University of Birmingham.

Corbett, G.G. (1983) *Hierarchies, Tagrets and Controllers: Agreement Patterns in Slavic*, University Park: The Pennsylvania State University Press.

Forsyth, J. (1970) *A Grammar of Aspect: Usage and Meaning in the Russian Verb*, Cambridge, New York: Cambridge University Press.

Gerhart, G. (2001) *The Russian's World:*

Life and Language, 3rd, correced edition, Bloomington: Slavica.

Pulkina, I.M. (1987) *A Short Russian Reference Grammar (with a Chapter on Pronounciation)*, Eighth edition, Moscow: Russky Yazyk Publishers.

Rappaport, G.C. (1986) "On the Grammar of Simile: Case and Configuration", in R.D. Brecht and J.S. Levine (eds.) *Case in Slavic*, Columbus: Slavica Publishers.

Wade, T. (2011) *A Comprehensive Russian Grammar*, Third Edition, (revised and updated by D. Gillespie), Wiley-Blackwell.

秋山真一（2007）「主部に数詞を含む文の述語形態に関するコーパス分析 —複数の場合—」、『ロシア語研究　ロシア語研究会「木二会」年報』、No.20、31-55。

阿出川修嘉（2009）「可能性を含む名詞と語結合を成す不定詞の対のカテゴリーに関する一考察」、富盛伸夫、峰岸真琴、川口裕司（編）、『コーパスを用いた言語研究の可能性』、コーパスに基づく言語教育研究報告1、東京外国語大学大学院地域文化研究科、グローバルCOEプログラム「コーパスに基づく言語学教育研究拠点」、1-24。

阿出川修嘉（2014）「動詞語形成における語彙的アスペクトの意味的役割に関する一考察 —接頭辞по-の場合—」、『スラヴ文化研究』、vol. 12、17-33。

井上幸義（2001）「ロシア語の数詞と名詞句の結合における類像性（iconicity）の現れ」、『外国語大学紀要』、第36号、上智大学、85-117。

井上幸義（2003）「ロシア語における数詞を含む分割文について」、『外国語学部紀要』、第38号、上智大学、107-129。

宇多文雄（2009）『ロシア語文法便覧』、東京：東洋書店。

小川暁道（2004）「ロシア語のporaと共起する動詞不定形の体について —コーパスを用いた数量的考察—」、敦賀陽一郎、黒澤直俊、浦田和幸（編）『コーパス言語学における構文分析』、言語情報学研究3、東京外国語大学（TUFS）大学院地域文化研究科21世紀COEプログラム「言語運用を基盤とする言語情報学拠点」。

神山孝夫（2012）『ロシア語音声概説』、東京：研究社。

『現代ロシア語』編集部編（1974）『ロシア語便覧』、東京：現代ロシア語社。

後藤雄介（2014）「один за другимへの格付与をめぐって」、『スラヴ文化研究』、vol.12、154-176。

坂田礼（2015）「ロシア語における弱支配の対格に関する一考察」、『ロシア語研究　ロシア語研究会「木二会」年報』、No.25、1-25。

佐山豪太（2015）「学習価値の高い接頭辞とその意味の選定 —Janda et al.（2013）が提示する接頭辞の意味分類に基づいて—」、『ロシア語研究　ロシア語研究会「木二会」年報』、No.25、147-170。

城田俊（2010）『現代ロシア語文法』、改訂新版、東京：東洋書店。

城田俊、八島雅彦（2014）『現代ロシア語文法：中上級編』、改訂新版、東京：東洋書店。

菅井健太（2013）「ロシア語における「代名詞重複」について」、『ロシア語研究　ロシア語研究会「木二会」年報』、No.23、43-63。

菅井健太（2014）「ロシア語の「性質構文」の代名詞重複についての一考察 —文法化の観点から—」、堤正典編『ロシア語学と言語教育Ⅳ』、横浜：神奈川大学ユーラシア研究センター、109-124。

菅井健太（2015）「ロシア語の代名詞重複の構造について」、『ロシア語研究　ロシア語研究会「木二会」年報』、No.25、27-42。

中澤英彦（2008）「「пора＋不定形」の構造における動詞の体と語義の問題によせて」、『語学研究所論集』、第13号、23-42。

中澤英彦（2010）「ロシア語のアスペクト」、『語学研究所論集』、第15号、249-262。

船木裕（2010）『ロシア語ことわざ60選』、東京：東洋書店。

光井明日香（2014）「ロシア語におけるいわゆる総性名詞について」、『スラヴ文化研究』、vol.12、118-153。

光井明日香（2015）「ロシア語における名詞の性の分類をめぐって」、『ロシア語研究　ロシア語研究会「木二会」年報』、No.25、83-117。

宮内拓也（2015）「ロシア語の分配のпоを含む句の句構造をめぐる諸問題」、『ロシア語研究　ロシア語研究会「木二会」年報』、No.25、119-146。

村越律子（1998）「ロシア語の受動者の格表示」、Lingua、9、上智大学、147-158。

レシュカ・オルドジフ、ベセリー・ヨゼフ著、千野栄一、金指久美子編訳（1993）『必携ロシア語変化総まとめ』、東京：白水社。

和久利誓一（1961）『テーブル式ロシヤ語便覧』、東京：評論社。

匹田　剛
ひきた・ごう

東京都生まれ。東京外国語大学卒業。北海道大学大学院修了。小樽商科大学助教授を経て、現在、東京外国語大学教授。専門はロシア語学。2013年度NHKラジオ「まいにちロシア語」講師を担当。主な著書に『大学のロシア語Ⅰ』（共著、東京外国語大学出版会）。

ブックデザイン
堀田 滋郎（hotz design inc.）

DTP協力
ドルフィン

ロシア語監修・校正
アナトリー・ヴァフロメーエフ

校正
山下 宗久

イラスト
吉村 時子

編集協力
小林 丈洋

NHK出版　これならわかる
ロシア語文法　入門から上級まで

2016年2月20日　第1刷発行
2024年2月25日　第10刷発行

著　者　匹田　剛
　　　　©2016　Go Hikita
発行者　松本浩司
発行所　NHK出版
　　　　〒150-0042 東京都渋谷区宇田川町10-3
　　　　電話 0570-009-321（問い合わせ）
　　　　　　 0570-000-321（注文）
　　　　ホームページ　https://www.nhk-book.co.jp
印　刷　亨有堂印刷所／大熊整美堂
製　本　ブックアート

落丁・乱丁本はお取り替えいたします。定価はカバーに表示してあります。
本書の無断複写（コピー、スキャン、デジタル化など）は、
著作権法上の例外を除き、著作権侵害となります。
Printed in Japan
ISBN 978-4-14-035142-0　C0087

ロシア語入門のための**CDブック**！
ステップを踏んで学べるから、
初心者にも最適！

NHK CDブック
新ロシア語入門

ВВОДНЫЙ КУРС
РУССКОГО ЯЗЫКА
НОВАЯ РЕДАКЦИЯ

CD**2**枚付き
A5判・320ページ

佐藤純一

基本のアルファベットから、基本文法や日常会話、読み物まで、ステップを踏んで学べる初心者向けの学習書です。各章の例文は、楽しく読めて、実践的な内容。使いやすい「CD頭出し番号」付きなので、途中からの学習や、リピート学習にも最適です。

主な内容

- 第1部　文字と発音
- 第2部　読本と文法
- 第3部　練習のための読み物
  「3匹のくま」
  「犬を買おうとした話」ほか
- 第4部　文法表
- ■付録　文法事項索引・露和単語集 ほか

―― **NHK出版** ――

CDブック

「これなら覚えられる！単語帳」シリーズ
CD2枚付き

語学力は単語力＆発音力。
本気で話したい人必携！

これなら覚えられる！
ロシア語 単語帳

海外旅行や日常生活に役立つ単語を厳選して収載。品詞、ジャンル、表現ごとに単語を配列した覚えやすい構成で、文字と発音の両面からしっかりと学べる、本気で話したい人のための基本単語集です。

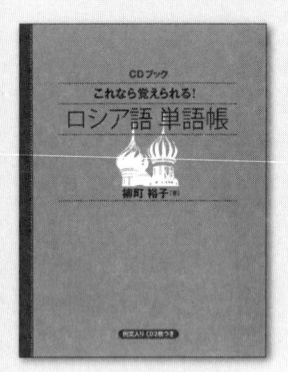

単語帳の決定版
入門～初級突破をめざす人へ！

柳町裕子

四六変型判　192ページ　CD2枚付き

大きな文字で見やすく、やる気の出るレイアウト。

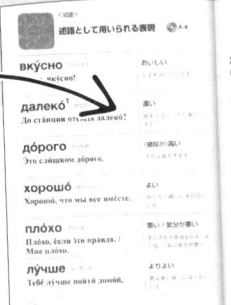

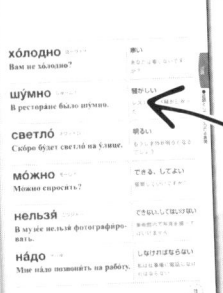

日常会話でよく使うやさしい例文も豊富！

「これなら覚えられる！単語帳」シリーズ

ドイツ語 単語帳 山本 淳	**中国語 単語帳** 胡興智	**ハングル 単語帳** 劉卿美	**アラビア語 単語帳** 師岡カリーマ・エルサムニー
スペイン語 単語帳 高垣敏博	**イタリア語 単語帳** 武田 好	**フランス語 単語帳** 六鹿 豊	

NHK出版